JN161633

アジア経済の
変貌とグローバル化

坂田 幹男 著
内山 怜和

晃 洋 書 房

　　　　　　　　　　は　し　が　き

　アジアでは今，「グローバリズムのビッグ・ウェーブ」，あるいは「メガFTA時代」と呼ばれるグローバル化の波が急速に拡大しつつある．そこには，14億人の巨大市場中国と13億人の巨大市場インド，さらに6.2億人の統一市場ASEANという3つの互いに性格の異なる経済地域が存在している．日本は，これらの国や地域との間で，Win-Win関係の構築を模索しているが，グローバル化の著しい進展とともに「大競争時代」の到来が告げられている今日，身の処し方に苦労している．
　本書は，このような時代におけるアジア経済の現状と課題について考察しようとしたものであるが，併せて，アジア経済の今日までの変貌過程についても，時代をややさかのぼって分析している．それは，アジア経済をはじめて学ぶ人にとっても，今日のアジア経済の全体像を把握しやすいようにするために，工夫した結果でもある．
　アジア経済の全体像把握にとって，戦後のアジア経済の変貌過程の理解は欠くことのできないものである．したがって，各国の細かな経済統計などは可能な限り避けて，経済発展の大まかな流れをつかむことに主眼を置いている．本書では，アジア経済の変貌過程を，おおよそ以下のように把握している．
　戦後の「自立的国民経済」建設を目指した輸入代替工業化期（経済停滞期：1950～60年代）→ NICsの成長（輸出指向工業化への転換）と「成長するアジア」へのパラダイム転換の始まり（1970年代）→ 中国の「改革・開放政策」への移行と市場経済化の模索（1980年代）→ インドの経済自由化（経済開放）の始まり（1990年代初頭）→ ASEANの拡大と市場統合化の進展・北東アジアの新時代の到来と多国間地域経済協力の試み（1990年代）→ 経済のグローバル化の加速と東アジア経済危機（1997年）→ 求められた構造改革と地域主義の台頭（2000年代初頭）→「グローバリズムのビッグ・ウェーブ」の到来と地域主義の混迷．
　以上のようなアジア経済の変貌過程をベースにして，本書は全9章によって構成されている．各章の概要は以下のとおりである．
　第1章「東アジアの成長をどう捉えるか」では，欧米において永らく支配的であった「アジア的停滞論」の原型と戦後の系譜を紹介し，「アジア的停滞論」

から「東アジアの奇跡」へのパラダイム転換がどのようにして起こったのかを明らかにした．その上で，東アジアの成長をどのように理解すればいいのかという視点から，「開発戦略の転換」，「後発性の利益」，「多国籍企業の役割」，「局地経済圏」，「太平洋トライアングル構造」など具体的な要因を挙げながら分析を加えている．その際，一般に「東アジアモデル」と呼ばれる開発政策について，その内実を具体的に明らかにすることに努めた．

第2章「東アジア経済発展の光と影を考える」では，「東アジアの奇跡」と賞賛される成長の内実について，開発のゆがみ，強権的な政治体制，拡張主義・成長至上主義の歪みなどに焦点を当てて，その影の部分を明らかにした．加えて，このような影の部分は，1997年に突然表面化した東アジアの経済危機の遠因となっていることを指摘した．その上で，危機の救済に乗り出したIMFが突きつけた構造改革とはどのようなものであり，その構造改革によってどのような変化が惹き起こされたのかを分析している．

第3章「NIESの経済発展について考える」では，NIESの経済発展を可能にした国際的要因と国内的要因について整理したのち，韓国，台湾，シンガポールの経済発展過程について概説し，今後の課題を提示しておいた．特に，NIESの奇跡的発展の典型として紹介されることの多い韓国の発展過程については，やや掘り下げて検討している．韓国の経済発展は，「東アジアの奇跡」の光と影を見事に映し出してくれるからである．

第4章「ASEANの発展と市場統合について考える」では，ASEANの発足に至る経緯から，ASEANが今日目指している「ASEAN共同体」へ至る道のりについて，AFTA，「ASEAN経済共同体」の内実を検討しながら順を追って考察している．ASEANの「制度的地域統合」にとって，「ASEAN Way」と呼ばれる結成以来の大前提（内政不干渉，全会一致の原則）と地域統合の深化に向けて必要な国家間の利害調整（国家主権の制限）との間には，依然としてジレンマが横たわっている．このジレンマを乗り越える方策を見出せない限り，「ASEAN共同体」は絵に描いた餅に終わらざるを得ない．

第5章「ASEANの二層構造と大メコン圏開発について考える」では，「ASEAN Wayのジレンマ」と並んでASEANの市場統合の深化にとって重大な障害として横たわっている，「ASEANディバイド」と呼ばれる二層構造問題を取り上げて検討している．CLMVと総称されるASEAN後発加盟国と先発加盟国との間に存在する著しい経済格差が解消されない限り，「ASEAN経済

共同体」の深化は望めないであろう．しかも，ASEANの二層構造は，ASEANを分裂させかねない火種を内包している．ASEANの二層構造の解消にとって，最も期待されているのが，「大メコン圏開発計画」であるが，その現状についてもあわせて分析しておいた．

　第6章「中国経済をどう捉えるか」では，世界第2位の経済大国に成長した中国の経済発展について検討している．その際，「計画経済」を断念し，市場経済化へと向かわざるを得なかった要因について，建国（1949年）以来の「計画経済」の失敗の原因を明らかにするところから出発している．さらに，「改革・開放政策」への移行以後の市場経済化については，それを3つの段階に区分してそれぞれの特徴を分析した．そのうえで，今日の中国の市場経済の特殊性について，マスコミをも巻き込んで議論が沸騰している「中国モデル」とは何かという視点から分析している．最後に，習近平体制が進めている「一帯一路」政策（「21世紀シルクロード経済圏構想」）についても分析しておいた．

　第7章「台頭するインド経済をみる眼」では，今や中国に次いで13億人という巨大な人口を抱えるインド経済について検討している．第5章と同様に，ここでも，インドが閉鎖的な内向きの経済政策から，外向きの開かれた市場経済化へと向かわざるを得なくなった背景について，1947年の独立以後の開発戦略の問題から掘り起こしている．インド経済は，1991年に「新経済政策」への転換がはかられるまでは，「ハイコスト・エコノミー」という言葉に象徴される高費用・不効率な経済制度の下にあった．そのインドが，「新経済政策」へ転換して以降どのような変貌を遂げていったかを中心に分析している．最後に，インドが抱えているいくつかの課題について整理しておいた．日印関係は一貫して良好であり，日本にとってインドとの連携強化は必須である．

　第8章「北東アジア経済をみる眼」では，北東アジアに焦点を当てて，地域経済協力の歴史，現状を分析している．日本にとっては最も身近でありながら，領土問題や歴史問題を抱える北東アジアは地域協力が最も難しい地域であり，政府は今日でも対応に苦慮している．北東アジアはさらに，核問題やミサイル問題まで抱えており，朝鮮半島をめぐる緊張が依然として続いている．しかし，このような北東アジアにも，グローバル化の波は確実に押し寄せており，二国間での経済連携と人的交流は急速に拡大している．こうした新しい状況は，北東アジアの地域協力に何らかの変化をもたらす可能性を秘めているのであろうか．本章では，グローバル化時代に対応した北東アジアにおける新しい経済連

携のモデルについても初歩的な示唆を行っている．

　第9章「グローバル時代の地域経済協力を考える」では，東アジアの地域経済協力について，リージョナリズムとグローバリズムという2つの立場からの地域経済協力の現状について考察している．現在は，「グローバリズムのビッグ・ウェーブ」の時代とも，「メガFTA時代」とも呼ばれるように，グローバル化の波は抗うことのできない現象である．このような時代にあって，東アジアにおいて「共生」型の地域協力を推し進めようとする「思想」には，それなりの根拠は認められるが，このような議論には必ずと言っていいほど，重要な前提が抜け落ちている．すなわち，多くの場合，「共生」型の地域協力の追求は，「東アジア共同体」の形成にストレートに結びつけられているのであるが，「共同体」とは何かという具体的な説明が全くなされていないことである．本章では，「機能的地域統合」と「制度的地域統合」を明確に区別することによって，「共同体」とは何かという点に論及している．

　およそ以上のような構成によって編まれた本書ではあるが，アジア経済の全体像を描くには不足している部分が多いことも十分承知している．それらの点については，甘んじて批判を受け入れなければならない．

　また，本書では随所に，重大な事件や事項，用語などを解説した「コラム」を挿入している．本文での記述を補足するためであると同時に，本文での煩わしい説明を避けるための工夫でもある．本文と併せて利用していただきたい．本書での人名と地名の取り扱いについては，韓国名については日韓両国の申し合わせに基づき可能な限り韓国語の発音に近いカタカナ表記でルビを付しておいた．中国・台湾については，日本語の発音でルビを付しておくと同時に，中国語の発音に近いカタカナ表記を示しておいた．近年のマスコミなどの傾向を踏まえたものである．

　本書は，2人の共著によるものであるが，もう1人の著者，内山怜和君は，大学学部生時代からの筆者の教え子である．彼が大学院に進学してからも，研究指導を担当することになったが，今から思えば筆者は「指導教授」というよりも「反面教師」であったかもしれない．はからずも今回，2人の共著を上梓できたことは望外の幸せである．本書では特に分担箇所を明記していないが，各章の構成から統計資料に至るまで2人で入念に打ち合わせをした上で，お互いの原稿に加筆・修正を施したものである．したがって，本書は2人の共同作業によるものであり，全体の内容については2人の共通認識であることを断っ

ておきたい．

　最後になったが，本書を出版するにあたり，晃洋書房編集部の丸井清泰氏と石風呂春香氏には大変お世話になった．ことに，丸井氏にはこれまでにも，2冊の編著と1冊の単著の出版をお引き受けいただくなど一方ならぬご好意を受けてきた．出版事情の厳しき折にもかかわらず，本書の出版を快くお引き受けいただき，改めてお礼申し上げる次第である．

　　2016年　初秋

坂 田 幹 男

目　次

はしがき

第1章　東アジアの成長をどう捉えるか……………………… *1*

　はじめに　(*1*)

　第1節　「アジア的停滞」から「東アジアの奇跡」へ　(*1*)

　　1　「アジア的停滞」論の系譜

　　　「アジア的停滞論」の原型／戦後の「アジア的停滞論」

　　2　新興工業国の台頭

　　　パラダイム転換の始まり／移植された資本主義制度

　　3　「東アジアモデル」としての賞賛

　　　「東アジアの奇跡」と「東アジアモデル」／「東アジアモデル」とは何か

　第2節　「雁行形態」の出現　(*12*)

　　1　開発戦略の転換――輸入代替から輸出指向工業化へ――

　　　輸入代替工業化とハイコスト・エコノミー／輸出指向工業化への転換

　　2　「後発性の利益」と「圧縮された発展」

　　　「後発性の利益」とは何か／「後発性の利益」と国家

　　3　「雁行形態」的発展の出現と多国籍企業の直接投資の拡大

　　　比較優位の追求と「雁行形態」／「雁行形態」と多国籍企業

　第3節　東アジアの成長と「局地経済圏」　(*23*)

　　1　経済的補完関係と「局地経済圏」

　　　「局地経済圏」とは何か／「華南経済圏」の出現

　　2　「局地経済圏」の時代

　　　東南アジアの「局地経済圏」／戦場から市場へ

　第4節　東アジアの成長と日本の役割　(*30*)

　　1　「太平洋トライアングル」構造と日本

　　2　トライアングル構造の変容と日本

　おわりに　(*33*)

第2章　東アジア経済発展の光と影を考える ……………………… 35
　はじめに　(35)
　　第1節　「東アジアの奇跡」と「開発主義体制」　(35)
　　　1　「東アジアの奇跡」と国家の役割
　　　　「権威主義体制」下の工業化／指導される資本主義
　　　2　「東アジアモデル」の限界
　　　　「不均衡成長戦略」の歪み／「組立型工業化」と裾野産業／「開発主義体制」の後遺症
　　第2節　「東アジアの奇跡」とアジア通貨危機　(43)
　　　1　「ダブル・スタンダード」の崩壊
　　　　「ダブル・スタンダード」はなぜ許されたのか／「グローバル・スタンダード」の拡大
　　　2　「成長神話」の崩壊
　　　　クルーグマンの警鐘／見過ごされた構造的脆弱性
　　　3　アジア通貨危機の意味するところ
　　　　「東アジアモデル」への過信／危機の勃発／危機の拡大と背景
　　第3節　構造改革とグローバル化の進展　(53)
　　　1　突きつけられた「グローバル・スタンダード」
　　　　IMFと構造改革／「グローバル・スタンダード」の採用
　　　2　「雁行形態的発展」の終焉と「大競争時代」の幕開け
　　　　「雁行形態」からの離脱の始まり／「雁行形態」から生産ネットワークへ
　　おわりに　(58)

第3章　NIESの経済発展について考える ……………………… 59
　はじめに　(59)
　　第1節　NIESの発展を可能にした諸要因　(59)
　　　1　国際的要因について
　　　2　国内的要因について
　　第2節　韓国の経済発展をみる眼　(64)
　　　1　権威主義体制の確立
　　　2　「国家主導型」発展の途
　　　3　経済危機と構造改革

1997年経済危機／金大中政権と構造改革
  4 韓国経済の新しい局面
    韓国経済と「歴史的中国機会」／世界同時不況と対中依存の増大
  5 韓国経済の課題
 第3節 台湾の経済発展をみる眼 (79)
  1 「中華民国」と「台湾」の狭間で
    「中華民国」の成立と台湾／「台湾人」としてのアイデンティティ
  2 「権威主義体制」の始まり
  3 「台湾経験」としての賞賛
  4 「歴史的中国機会」と台湾経済
  5 台湾経済の課題
 第4節 シンガポールの経済発展をみる眼 (93)
  1 植民地都市としての発展
  2 「権威主義体制」下の経済開発
  3 アジアの「ビジネス・センター」へ
  4 シンガポール経済の展望
 おわりに (100)

第4章 ASEANの発展と市場統合について考える 103

 はじめに (103)
 第1節 ASEANの発足と変容 (103)
  1 ASEAN結成の背景
  2 ASEANの転機
 第2節 ASEANの拡大とAFTAへの道 (109)
  1 経済協力の進展
  2 ASEAN10の実現
  3 ASEANと東アジア経済危機
 第3節 ASEANの市場統合の現状 (114)
  1 市場統合への歩み
  2 市場統合とASEANのジレンマ
  3 「ASEAN経済共同体」(AEC) の現状
    AECブループリントの意義と評価／今後の課題

4　「ASEAN共同体」について
　おわりに　(126)

第5章　ASEANの二層構造と大メコン圏開発について考える……127
　はじめに　(127)
　第1節　ASEANの二層構造について　(127)
　　　1　「ASEANディバイド」とは何か
　　　2　二層構造の実態
　　　3　CLMV諸国の開発課題
　第2節　「大メコン圏開発」と「三大経済回廊」　(135)
　　　1　GMSプログラムについて
　　　2　「三大経済回廊」の実現とその効果
　第3節　新興メコン諸国の現状と展望　(139)
　　　1　CLM諸国の政策課題
　　　2　比較優位産業の育成——ラオスの場合——
　おわりに　(144)

第6章　中国経済をどう捉えるか……147
　はじめに　(147)
　第1節　中国式「市場経済化」への途　(147)
　　　1　「計画経済」の破綻
　　　　　急ぎすぎた「社会主義」化／「文化大革命」と国内経済の疲弊
　　　2　NIESの衝撃と「4つの現代化」の提起
　第2節　「改革・開放政策」の始まり　(156)
　　　1　鄧小平の「先富論」と「不均衡開発論」の開花
　　　2　「4つの現代化」と「改革・開放政策」
　　　3　「社会主義初級段階論」の提起
　　　4　「社会主義市場経済論」の登場
　第3節　市場経済化の新しい局面　(162)
　　　1　無差別的外資導入政策の終焉
　　　2　第三局面の特徴
　　　3　「シルクロード経済圏」構想

第4節 「中国モデル」とは何か　(173)
　　1　イアン・ブレマーの警鐘と「国進民退」論
　　2　「北京コンセンサス」と「中国モデル」
　　3　「東アジアモデル」と「中国モデル」
　　4　「中国モデル」の展望
おわりに　(181)

第7章　台頭するインド経済をみる眼　183
はじめに　(183)
第1節　輸入代替工業化の追求とハイコスト・エコノミー　(184)
　　1　「自立的国民経済」の形成
　　2　重工業中心の「輸入代替工業化」の追求
　　3　「混合経済」としての歩み
　　4　「モンスーンに賭けるギャンブル」の克服
　　5　「ハイコスト・エコノミー」への帰結
第2節　新経済政策への転換と新興市場としての台頭　(195)
　　1　「新経済政策」への転換
　　2　「新興市場」としての台頭
第3節　インド経済の課題　(202)
　　1　差し迫った課題
　　2　長期的課題
おわりに　(210)

第8章　北東アジア経済をみる眼　213
はじめに　(213)
第1節　北東アジア新時代への期待　(214)
　　1　北東アジアの変貌
　　2　「北東アジア（環日本海）経済圏」形成への期待
　　3　経済圏構想の浮上
　　4　経済圏構想の具体化と挫折
　　　　「図們江（トゥーメンチャン）地域開発計画」の始まり／ずさんな開発計画／裏切られた期待

第2節　北東アジア地域経済協力の試練　(226)
　　　　1　北東アジアの現実
　　　　　　期待と現実のギャップ／北東アジアの特殊性
　　　　2　北東アジアの試練
　　　　　　経済的混乱の拡大／朝鮮半島の緊張
　　第3節　北東アジアのグローバル化と日本　(233)
　　　　1　北東アジアのグローバル化の現状
　　　　　　経済のグローバル化と日本／人流のグローバル化と日本
　　　　2　北東アジア経済への新たな視点
　　おわりに　(240)

第9章　グローバル時代の地域経済協力を考える ……… 241
　　はじめに　(241)
　　第1節　地域経済協力の2つの途　(241)
　　　　1　リージョナリズムと地域経済協力
　　　　　　リージョナリズム（地域主義）とは何か／リージョナリズムと「共同体(community)」／「東アジア共同体」論の台頭
　　　　2　グローバリズムと地域経済協力
　　　　　　グローバリズムとは何か／グローバリズムとAPEC／押し寄せたグローバリズムのビッグ・ウェーブ
　　第2節　東アジア地域経済協力の行方　(252)
　　　　1　リージョナリズムの後退と東アジアのジレンマ
　　　　　　ASEANのジレンマ／中国のジレンマ
　　　　2　グローバリズムの2つの潮流
　　　　　　RCEPを巡る駆け引き／RCEPからTPPへ
　　　　3　「メガFTA時代」の日本の針路
　　おわりに　(260)

参考文献　(263)
人名索引　(268)
事項索引　(270)

コラム目次

Column 1 　マルクス「インド論」のバイアス　　(*4*)
Column 2 　「アジア的停滞論」と「ユーロ・セントリズム」　(*5*)
Column 3 　「均衡成長理論」と「不均衡成長理論」　(*7*)
Column 4 　「一次産品交易条件の傾向的不利化」論　(*14*)
Column 5 　韓国の自動車産業と日本企業　(*18*)
Column 6 　「プラザ合意」と日本企業の海外進出　(*32*)
Column 7 　「開発主義国家」と「開発独裁」　(*37*)
Column 8 　前方連関効果と後方連関効果　(*39*)
Column 9 　韓国の首都移転計画　(*41*)
Column 10　「クローニー・キャピタリズム」と「レント・シーキング」　(*43*)
Column 11　「資源ナショナリズム」とオイル・ショック　(*45*)
Column 12　「南北問題」と「南南問題」　(*46*)
Column 13　「グローバリズム」と「グローバリゼーション」　(*55*)
Column 14　「チャイニーズ・ネットワーク」　(*63*)
Column 15　韓国の朴正煕大統領　(*65*)
Column 16　韓国の「セマウル運動」と農村近代化　(*66*)
Column 17　韓国の「重化学工業化宣言」　(*68*)
Column 18　台湾の「2・28事件」　(*82*)
Column 19　「台湾独立」のアイデンティティ　(*83*)
Column 20　シンガポールの人種暴動事件　(*99*)
Column 21　インドネシアの「9・30事件」　(*105*)
Column 22　ベトナム戦争とASEAN　(*106*)
Column 23　「ブミプトラ政策」について　(*112*)
Column 24　「チェンマイ・イニシアティブ」と地域協力　(*113*)
Column 25　「ASEAN憲章」について　(*118*)
Column 26　「プレア・ビヒア寺院」の帰属問題　(*119*)
Column 27　ラオスの「NAIC型工業化」について　(*133*)
Column 28　「チャイナ＋1」　(*134*)

Column 29　「オランダ病」について　(*141*)
Column 30　「人民公社」について　(*149*)
Column 31　毛沢東・周恩来・彭徳懐・劉少奇・鄧小平　(*151*)
Column 32　中ソ対立　(*152*)
Column 33　「文化大革命」と「四人組」　(*154*)
Column 34　中国の「天安門事件」　(*159*)
Column 35　鄧小平の「南巡講話」　(*161*)
Column 36　「国家資本主義」について　(*174*)
Column 37　スティグリッツ『世界を不幸にしたグローバリズムの正体』　(*177*)
Column 38　中国のジニ係数　(*181*)
Column 39　イギリス「東インド会社」とムガール帝国　(*184*)
Column 40　ドッブ＝マハラノビス・モデル　(*187*)
Column 41　インドの「混合経済」　(*188*)
Column 42　「緑の革命」と「赤い革命」　(*192*)
Column 43　東パキスタン（バングラデシュ）の独立と印パ戦争　(*194*)
Column 44　ガンディー家の悲劇　(*196*)
Column 45　「人口ボーナス」と「人口オーナス」　(*205*)
Column 46　「低所得国」・「中所得国」・「高所得国」　(*207*)
Column 47　「図們江地域開発計画」と日本の立場　(*222*)
Column 48　日本海の呼称問題　(*228*)
Column 49　韓国の儒教と日本の儒教　(*230*)
Column 50　北朝鮮の核開発問題　(*232*)
Column 51　「生産ネットワーク」と「ビジネス・アライアンス」　(*239*)
Column 52　GATTと地域主義　(*243*)
Column 53　「制度的地域統合」と「機能的地域統合」　(*244*)
Column 54　欧州統合と"community"　(*246*)
Column 55　難航する南シナ海「行動規範」策定　(*254*)
Column 56　TPPと「中国包囲網」論　(*259*)
Column 57　「ユーロ・リージョン」と「下位地域協力」　(*261*)

図 表 一 覧

図 3-1　日本と韓国の対中直接投資の推移（1991-2015年）
図 3-2a　韓国の輸出相手国の比較
図 3-2b　韓国の輸入相手国の比較
図 3-3　韓国の対中貿易の推移（2000-2015年）
図 3-4　韓国の対中貿易依存度の推移（2000-2015年）
図 3-5　韓国の成長率の推移（2000-2015年）
図 3-6　台湾と中国の貿易の推移（1990-2015年）
図 3-7　台湾の対中直接投資の推移（1990-2015年）
図 3-8　台湾の成長率の推移（2005-2015年）
図 3-9　シンガポールの成長率の推移（2000-2015年）
図 4-1　ASEAN10
図 5-1　３大経済回廊のルートとメコン川架橋状況
図 6-1　世界の対中直接投資の推移（1986-2015年）
図 6-2　中国の貿易額の推移（2000-2015年）
図 6-3　中国の成長率の推移（1991-2015年）
図 6-4　世界に占める中国のエレクトロニクス生産割合（2014年）
図 6-5　中国の自動車生産台数の推移（2000-2015年）
図 6-6　中国の海外旅行者数の推移（2005-2015年）
図 6-7　中国の原油輸入量の推移（2000-2015年）
図 6-8　中国の「一帯一路」構想
図 7-1　インドの貿易の推移（1985/86-2015/16年度）
図 7-2　インドの成長率の推移（2000/01-2015/16年度）
図 7-3　インドにおける高速鉄道計画
図 8-1　日本の貿易に占める中国の割合（1990-2015年）
図 8-2　日本と中国の相互貿易依存度の推移（2000-2015年）
表 1-1　アジア諸国の１人当たりGDPの推移（1970-2010年）
表 3-1　台湾の経済計画
表 4-1　「第２ASEAN宣言」にもられた各共同体の目標内容
表 4-2　「ビエンチャン行動計画」にもられた各共同体の目的と戦略的要点
表 5-1　ASEANディバイドの現状（2014年）
表 5-2　ASEAN諸国の貿易統計（2014年）
表 8-1　北東アジア３カ国の相互貿易の推移と伸び率の比較
表 8-2　北東アジアの人的交流の推移（2000-2015年）

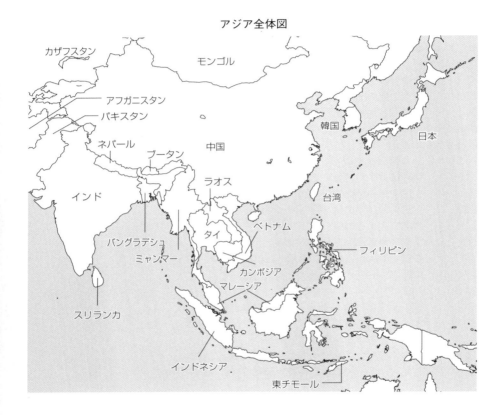

第1章　東アジアの成長をどう捉えるか

はじめに

　今日，東アジアは世界経済の成長の中心とみられている．しかし，このような「成長するアジア」像が定着したのは，さほど古いことではない．アジア社会は，19世紀にヨーロッパで定着した「アジア的停滞」論の延長で語られることが多く，長らく「停滞」のイメージが支配的であった．「アジア的停滞」論が支配的な中にあって，日本の成長だけが唯一例外とみなされていた．

　東アジアの成長が，世界的に注目されるようになったのは，「経済協力開発機構（OECD）」が1979年に発表した，『新興工業国の挑戦』（The Impact of the Newly Industrializing Countries）と題するレポートがきっかけである．その後，世界銀行が，『東アジアの奇跡』（The East Asian Miracle）と題する報告書を発表するに及んで，「成長する東アジア」というイメージはゆるぎないものとなり，今日に引き継がれている．

　第1章では，アジア経済の全体像を理解する出発点として，「アジア的停滞」から「東アジアの奇跡」へのパラダイム転換（その時代に支配的な思考の枠組みの劇的な変化）がどのようにして起こったのか，さらに，東アジアの成長をどのように理解すればいいのかという点について考えてみよう．

第1節　「アジア的停滞」から「東アジアの奇跡」へ

1　「アジア的停滞」論の系譜

「アジア的停滞論」の原型

　「アジア的停滞」論の原型は，古くは19世紀中頃にまでさかのぼる．しかし，ここでは，長らく欧米の人々に広く受け入れられていたドイツの社会・経済学者 M. ウエーバー（Max Weber：1864-1920年）が，『プロテスタンティズムの倫

理と資本主義の精神』(1905年) の中で指摘した資本主義的発展に不可欠な「エートス」(ethos) の欠如という指摘と、やはりドイツの政治・経済学者 K. マルクス (Karl Heinrich Marx : 1818-83年) がインド社会の分析から導いた「アジア的専制主義と村落共同体の没主体的隷属」という指摘の2つの「アジア的停滞論」を取り上げておこう.

マニュファクチャーの成立をもって資本主義の確立とみなす通説から言えば、市場経済を基底にもつ資本主義制度は、歴史的にはイギリスにおいて最初に確立されたものであるとみられている. その後, この資本主義制度は西ヨーロッパにおいて普及していくことになるが, アジア社会では自生的に発展することはなかった. ウエーバーは, 資本主義制度が最初に発展していったイギリス社会と, 資本主義制度が「自生」しなかったアジア社会との違いに注目した. その際, ウエーバーが着目したのが,「エートス」という切り口である.

ウエーバーによれば,「エートス」とは, 単なる社会の倫理的な規範とは区別される, 歴史的な流れの中でいつしか人間の血となり肉となった「社会の倫理的な雰囲気」であり, 人間の持続的な性格とか道徳性として社会集団に広くいきわたっているものであるという[1]. ウエーバーは, 当時のイギリスで普及していたプロテスタンティズムの「エートス」とは,「禁欲・勤勉・天職意識」(資本主義の発展にとって不可欠となる精神) に支えられているのに対して, 東アジアで支配的な儒教社会の「エートス」は,「賤商(せんしょう)意識」や「伝統主義の精神」(資本主義の発展を妨げる精神) に支配されていると考えた. しかも, 禁欲の倫理は儒教社会においても強いけれども, ピューリタニズムの倫理は, 現世を合理的に支配しようとしたのに対し, 儒教的倫理は現世に合理的に適応することを求めたという [大塚 1966].

いうまでもなく, 開発とは, すなわち「現世を合理的に支配する」ことであり, 低開発とは, すなわち「現世に合理的に適応する」状態のことである. 現世を合理的に支配しようとすれば, 社会に能動的に働きかけて, それを合目的 (人間の目的にかなうよう) に改造したり, 新しい社会システムを作り出そうとしたりすることになる. 反対に, 現世に合理的に適応することを求められる限り, 社会に対しては受動的になり, 社会秩序を乱したり, 社会変革を行おうとした

---

1) 一般的には,「エートス」に対しては「パトス (pathos)」が対置される.「パトス」とは, 怒りや悲しみなど持続性を伴わない「激情型」の感情を意味する.

りする意識は封印されてしまう[2]．

　他方，「アジア的専制主義と村落共同体の没主体的隷属」という視点から「アジア的停滞」を指摘するマルクスによれば，「アジア的専制主義」とは，共同体の中に埋没していて，なんら自立性をもたない個々人が共同体を媒介として専制君主に隷属するというアジアに特有の制度を意味している．マルクスは次のように述べている．「インドの牧歌的な村落共同体がたとえ無害にみえようとも，それが常に東洋専制政治の強固な基礎となってきたこと，またそれが人間精神をありうるかぎりのもっとも狭い範囲に閉じ込めて，人間精神を迷信の無抵抗な道具にし，伝統的な規則の奴隷とし，人間精神からすべての雄大さと歴史的精神力を奪ったことを忘れてはならない」［マルクス 1853a：124-126］．「インドの社会はまったく歴史をもたない．少なくとも人に知られた歴史はない．われわれがインドの歴史と呼んでいるものは，この抵抗しない，変化しない社会という受動的な基礎のうえに，相次ぐ侵略者が帝国をつくりあげた歴史に過ぎない．したがって問題は，イギリス人がインドを征服する権利があったかどうかにあるのではなく，インドがイギリス人に征服されるよりも，トルコ人，ペルシャ人，ロシア人に征服された方がましかどうかにある」［マルクス 1853b：213］．

　当時マルクスは，インドはもちろんアジア社会を直接観察したわけではない．彼は，イギリスによって支配されたインド社会をおもにインド駐在の官吏たちからのイギリス本国への報告をもとにして間接的に観察し，「アジア的停滞論」を組み立てたのである．その上で，「なるほどイギリスがヒンドゥスタンに社会革命をひきおこした（植民地として支配することによって牧歌的な村落共同体を破壊した：引用者）動機は，もっともいやしい利益だけであり，その利益を達成する仕方もばかげたものであった．しかし，それが問題なのではない．問題は，人類がその使命を果たすのに，アジアの社会状態の根本的な革命なしにそれができるかということである．できないとすれば，イギリスがおかした罪がどんなものであるにせよ，イギリスはこの革命をもたらすことによって，無意識に歴史の道具の役割を果たしたのである」［マルクス 1853a：127］と断定した（Column 1）．

　2）　日本でも，「明治維新」によって職業選択の自由が認められるまでは，「士・農・工・商」という社会秩序の下で，実態はともかくとして，「商売」（金儲け）は賎しいものとして虐げられてきた．そのような身分制度を根底から支えてきたのが，「朱子学」を中心とした儒教的倫理観であった．

Column 1　マルクス「インド論」のバイアス

　マルクスの「アジア的停滞論」は，おもに19世紀のインド社会の分析から導かれた．ただし，マルクスは，インド社会を実際に自分の目で観察したわけではない．マルクスが「アジア的停滞」をもたらしていると断罪したインドの「村落共同体」は，インド駐在の官吏たちがイギリス本国へ送った報告書を基にして「ノリとハサミ」（コピー＆ペースト）によってつくられた独断的なものであることは，今日ではよく知られている［小谷 1979］．イギリス本国へ送られた報告書は，それ自体必ずしも資料的な裏付けをもったものではなく，イギリスによる植民地支配を合理化するためのものである．

　小谷［1979］は，マルクスがインド社会分析にさいして参考資料として使った当時の文献を大英博物図書館（現・大英図書館）から丹念に追跡して，それがいかにずさんな使われ方（本来ある文章を省略し，本来ない文章を書き加えるという）をしているかを実証した．「ここには，インドの農民経営と村落共同体を自己完結的・自給自足的・閉鎖的な存在とみなすマルクスの先入観が作用しているといわざるをえない」［小谷 1979：61］という．

　つまるところ，マルクスのインド論（＝アジア的共同体論）は，「強い先入観」にもとづく発見，原書の誤読，都合の悪い箇所の省略，などによってつくり上げられたものにすぎず，「それは現実のアジアの歴史からは完全にかけ離れたものとならざるをえなかった」［小谷 1979：92］のである．そこには，明らかに，マルクスのアジア社会に対する「バイアス」（理論的偏向）を読み取ることができる．マルクスの「西の文明，東の野蛮」という図式的な世界史像は，このようなバイアスによって形成されているといえよう．小谷［1979］も，「今日においても，『アジア的共同体』を反文明，反近代を象徴するものとして告発する立場が日々に再生産されている」［小谷 1979：221］と警告している．

　要するにマルクスは，アジアに広くみられる伝統的な「村落共同体」を，発展の契機を欠いた没主体的存在としてとらえたのである．マルクスのこのような「アジア的停滞論」は，ウエーバーの「エートス」論とともに，その後ヨーロッパにおけるアジア認識に大きな影響を与えることになった．

　ヨーロッパにおけるこのようなアジア認識は，その後，ヨーロッパ列強によるアジアの植民地支配を合理化する論理へと転化され，「西の文明，東の野蛮」

という言葉に象徴される「ユーロ・セントリズム」(Euro-centrism：ヨーロッパ中心の歴史観)へとつながっていったのである(Column 2)．

戦後の「アジア的停滞論」

東アジアは，戦前，結果として大部分の地域が欧米列強の植民地に組み込まれ，「モノカルチャー(単一栽培制度)」，「モノイクスポート(単品輸出)」と呼ばれる畸形的な経済構造を余儀なくされた．しかし，これらの地域の大部分は第

Column 2 「アジア的停滞論」と「ユーロ・セントリズム」

資本主義発展のための「エートス」の欠如を強調するウエーバーのアジア理解も，「アジア的共同体」の「没主体性」を強調するマルクスのアジア理解も，ともにあまりにも一面的な理解でしかないといわざるをえない．このような一面的な理解は，つまるところ，ヨーロッパ社会の発展過程を唯一の尺度としてアジア社会を分析するという，ヨーロッパ中心の歴史観(ユーロ・セントリズム)に基づいている．

たしかに，当時のアジア社会はヨーロッパ世界に比して，「工業化」，「近代化」という面でははるかに遅れていたことは否定できない事実である．そしてそのことが欧米列強の植民地支配を招く結果に繋がっていったことも否めない事実である．しかしながら，アジアには文明がなかったわけではない．アジアにはアジア独自の文化が形成されていたのであり，たとえ停滞的にみえたとしても，そこには稲作を中心としたヨーロッパとは異なった自然と人間との営みが行われていたのである．

天水に依存する西欧の畑作と違って，大規模な水の共同管理と共同作業が不可欠な水田稲作耕作を基本とするアジア社会では，「村落共同体の安定」が何よりも重視された．このようなアジア社会を停滞論一色で描くことは，あまりにも恣意的な議論であるといわざるをえない．社会の発展には，その地域に特有の自然環境も大きく影響しているのであり，人間と自然のかかわり方にはそれぞれの地域によって違いがあるのは当然である．社会の発展をみる眼は，ヨーロッパ的発展モデルのみが正常なものであるとみなすような「単線的発展」史観ではなく，いくつかの発展類型があるという「複線的発展」史観が必要とされる．日本人の多くは，無意識のうちに「ユーロ・セントリズム」の弊害に陥っていたのではなかろうか．

2次世界大戦後間もない時期に独立を果たした．だが，戦後にいたっても，「アジア的停滞」論は形を変えて欧米の社会・経済学者によって継承されていった．

その代表的なものが，オランダ人のJ．H．ブーケ（Julius H. Boeke）に代表される「社会経済学派」による「二重社会論」である．ブーケによれば，アジアでは，白人が移植した都市の近代的部門（市場経済社会）と，農村の伝統的部門（自給自足部門）とが互いに交わることなく並存しており，この硬直的な二重社会が資本主義的近代化を妨げていると指摘した［Boeke 1953］．

ただし，社会経済学派と呼ばれる人々の「二重社会論」の中には，ブーケのように，都市の近代的部門と農村の伝統的部門とが互いに交わることなく並存している状態として，二重社会を固定的にみる立場から，移植された近代的部門が徐々に伝統的部門を蚕食していくという漸進的近代化を指摘するものもある［小段 1965］．しかし，強固な「二重社会」の存在が近代化の主要な阻害要因であるという認識は共通している．

「社会経済学派」と呼ばれる人々以外にも，アジア社会における伝統的な「村落共同体」の強固さが，近代化を妨げている主要な要因であると主張する見解は多い．米国の文化人類学者C．ギアツ（Clifford Geertz）は，インドネシアのジャワ社会の観察から，「農業インボルーションと貧困の共有」という伝統的農村社会の強固な存在を指摘した［Geertz 1963］．ギアツが指摘する「農業インボルーション」（Agricultural Involution）とは，人口の増加にもかかわらず，農業生産の方法を変化させることなく土地に対して極限まで労働力の投入を行いながらも限界労働生産性を維持しつつ，他方では貧困を共有しながら安定的で調和的な共同社会を維持しようとするインドネシアのジャワ社会の状況から導かれたものである．

さらに，開発経済論の草分け的存在としてしばしば取り上げられるエストニア出身の経済学者R．ヌルクセ（Ragnar Nurkse）は，「貧困の悪循環」というキーワードを用いて，低開発諸国の停滞と貧困の実態を分析した．ヌルクセによれば，「貧困の悪循環」とは，「貧しい国を貧しい状態に止めるような仕方で，相互に作用し反発する傾向をもつ，一群の循環的な力を意味している」という［Nurkse 1953：邦訳 7］．「貧困の悪循環」とは，つまるところ「低所得均衡」を意味しているが，それは経済開発にとって不可欠な資本形成に対して，需要面と供給面との2つの面から隘路をもたらしているという．資本の供給面からみた場合，低所得 → 低貯蓄 = 資本不足 → 低生産性 → 低所得，という悪循環が

形成されており，資本の需要面からみた場合，低所得 → 低購買力 → 低投資誘因＝資本需要の不足 → 低所得，という悪循環が形成されている．

ヌルクセは，「低開発均衡」を打破するためには，資本不足だけでなく資本需要の不足が同時に解決されなければならず，それを可能にするのは広範囲にわたる異業種産業が同時に発展するような開発戦略の策定が必要であるとして，「均衡成長理論」を主張したのであるが，このような開発理論の是非はともかくとして，彼の分析によって，低開発諸国はおしなべて「貧困の悪循環」（低

Column 3　「均衡成長理論」と「不均衡成長理論」

　ヌルクセの，低開発国の資本需要の不足を解消するためには，国民経済の全体にわたって均衡成長が図られなければならないという主張は，当時としてはむしろ当然のこととして受け止められた．当時猛威を振るっていた社会主義イデオロギーは，人間の平等と計画経済に基づく国民経済のバランスの取れた発展を喧伝していた．計画経済の下で均衡成長が可能かどうかは別にして，「バランスド・グロース」という主張は，当時の時代的背景の下では当然のことと考えられていたのである．

　だが，このような「均衡成長理論」に対して，A. O. ハーシュマン（Albert Otto Hirschman）は，「均衡成長理論を現実に適応するには，膨大な量の企業者能力，経営能力が必要である」が，現実の低開発国ではこれらは「きわめてわずかしか供給されない」ものであり，「もしある国が均衡成長理論を適応されるほどであるならば，その国は初めから低開発国ではないのである」［ハーシュマン 1961：94］と批判して，自らは「不均衡成長理論」を対置した．「不均衡成長論」の核心は，特定の分野への希少資源の集中的投入による経済的ダイナミズムの形成と，その投資分野の前方連関効果・後方連関効果（Column 8，39頁，参照）を通じたダイナミズムの波及効果を重視する点にある．

　「貧困の悪循環」を断ち切るためには，まず発展拠点を創り出す必要があり，乏しい資源を均等にばら撒くよりも，波及効果の高い分野を選定して，その分野に資源を集中的に投入することによって負の連鎖を断ち切る必要があるという指摘は，低開発国のエコノミストたちの共感をえていった．そして実際にも，「貧困の悪循環」から抜け出すことに成功した国は，「不均衡成長戦略」を採用した国であった．

開発均衡）に陥っているという認識は広く受け入れられていった（Column 3）．

また，1974年にノーベル経済学賞を受賞したスウェーデンの経済学者G. ミュールダール（Gunnar Myrdal）は，「軟性国家」（soft state）というキーワードを用いて南アジアの近代化への内的阻害要因を指摘した．ミュールダールによれば，「南アジア諸国においては，決定された政策が，仮に立法化されたとしても，しばしば執行されず，政府当局が政策を遂行する場合でさえ，国民に義務を課すことを嫌うという意味において『軟性国家』である」とされ，「発展計画を成功させるためには，現在南アジア諸国のどこで行われているよりもはるかに大きな程度に，国民を構成するすべての社会階層に対して義務を課する覚悟が要請される」と主張した［Myrdal 1968：邦訳 51-52］．

このように，おおよそ1970年代初頭の時期までは，欧米におけるアジア認識は，「停滞するアジア」であり，「貧困の悪循環」をもたらす前近代的伝統的社会構造が強固に残存する後れたアジアであった．このような認識が，一変するのは，「新興工業国」と呼ばれる一群の成長国家の出現によってである．次にこの点をみておこう．

2　新興工業国の台頭
パラダイム転換の始まり

OECDが，*The Impact of the Newly Industrializing Countries*（邦訳『新興工業国の挑戦』）と題する膨大な報告書を発表したのは，1979年である．「新興工業国」として取り上げられたのは，ヨーロッパのギリシャ，ポルトガル，スペイン，ユーゴスラビア，南米のブラジル，メキシコ，東アジアの韓国，台湾，香港，シンガポールの10カ国である．

東アジアに関していえば，「衝撃（impact）」とは，まさしく「停滞するアジア」から「成長するアジア」への大転換が目前に繰り広げられつつあることに対する先進諸国の「衝撃」に他ならない．

OECDは，「新興工業国」[3]（NICs：Newly Industrializing countries）の主要な指標

3）「新興工業国」は1988年の先進7カ国（G7）によるトロント・サミット以降，「新興工業経済群」（NIES：Newly Industrializing Economies）と呼ばれるようになる．そこには，香港と台湾は中国の一部であり，国家として扱うことは認められないとする中国政府の強い抗議が背景にあった．東アジアの場合には一般にNIESが使われることが多いので，本書でも可能な限りNIESに統一した．

として，①工業部門における雇用水準の増大とその全雇用に占めるシェアの急速な伸び，②製品輸出における市場シェアの拡大，③1人当たりの実質国民所得の先進工業国とのギャップの急速な相対的縮小，をあげた．

要するに，国内で著しい工業化が進展し，世界市場で先進国を脅かすほどに製品輸出が増大し，1人当たり所得も急速に上昇している国々が出現したという，驚きの表明であった．報告書では，「開発途上の世界において台頭しつつあるダイナミックで新しい製品輸出国が，先進工業国に動揺をもたらしている」とまで吐露している．

「パラダイム」とは，その時代に支配的なものの見方や共通する思考様式を意味する言葉であるが，その意味ではまさに，アジア社会に対する認識の「パラダイム」転換が起こり始めたのである．

移植された資本主義制度

「新興工業国」と呼ばれた工業化に成功した一群の成長国家が出現した要因には，「輸入代替工業化」から「輸出指向工業化」への開発戦略の転換，先進国が新興工業国に供与した「一般特恵関税制度」，「後発性の利益」の享受，先進諸国の多国籍企業による対外直接投資（FDI：Foreign Direct Investment）の拡大など，多くの点が指摘できるが，これらの要因については第3章（第1節 NIESの発展を可能にした諸要因）で詳しく検討するとして，ここではとくに，国家（この場合には差し当たって政府）が果たした役割について指摘しておこう．[4]

東アジアの工業化において国家が果たした役割について考察する際に，そのモデルとなるのが明治期の日本の経験である．よく知られているように，日本の近代化と工業化は，明治維新政府のもとで，「富国強兵」・「殖産興業」政策として進められた．明治政府が進めた一連の近代化政策は，一言でいえば，西欧の資本主義制度の政府の手による「移植」である．明治維新政府は，1873年には地租改正（〈地主―小作〉制度の導入）を行って新しく地主から地租（土地所有税）を徴収することによって国庫資金を確保しながら，鉄鋼，機械，造船などの重要産業を「官営工場」として設立し，自ら工業化の主体として機能した．これ

4）　実際には，国家と政府とは明確に区別しなければならない．日本では，政府とは内閣とその下にある行政機構を指すにすぎないが，国家とは行政機構だけでなく，司法，立法機関をも含み，軍事組織をも包摂する機構である．政府と国家の役割の違いは，「独裁政権」の下で行われる開発政策を検討する場合に決定的となる．その場合には，国家のあらゆる機構が総動員されることになる．

らの官営工場は，やがて政府の手によって民営化（官業払下げ）され，政府の保護の下で，資本主義的工業化の道が追求されることになった．要するに，日本の資本主義的工業化は，国家による上からの資本主義システムの移植とその後の産業の保護・育成政策によって発展の道を辿っていったのである．

1970年代末にいたって世界的注目を浴びるようになった東アジアの「新興工業国」（NICs）の出現は，まさにこの日本の経験ときわめて類似した発展過程を辿ってきたとみることができる．すなわち，資本主義的工業化に果たした国家の役割の大きさであり，国家の手による資本主義システムの移植である．東アジアでは，資本主義制度が「自生的」に発展する前に，国家によって「上から」移植されていったのである．このような資本主義制度の上からの移植は，第2次世界大戦後の多くの国でもみられたが，そのほとんどの国はさまざまな隘路に直面して挫折していった．そうした中にあって，この資本主義制度の移植に成功していった国こそ，「新興工業国」に他ならない．この成否を分けた鍵は，次節で述べる政府が採用した開発戦略にある．

3 「東アジアモデル」としての賞賛
「東アジアの奇跡」と「東アジアモデル」

「新興工業国」の「衝撃」は，1990年代には，ついに「奇跡」として賞賛されるまでになった．1993年，世界銀行（The World Bank）は，「東アジアの奇跡——経済成長と政府の役割——」（The East Asian Miracle : Economic Growth and Public Policy）と題する膨大な報告書（以下では『世銀報告書』と呼ぶ）を発表して，その成長を高く評価したのである［World Bank 1993］．この報告書のセンセーショナルな題名は，以後，東アジアの発展の代名詞として，広く流布することになった．

ここで取り上げられた東アジアとは，日本やNIES（韓国, 台湾, 香港, シンガポール）に加えて，マレーシア，タイ，インドネシアが含まれており，その成長がASEAN（東南アジア諸国連合）の一部にまで拡大していることをうかがわせた．『世銀報告書』では，これらの国・地域を総称して，「高いパフォーマンスを示す東アジア経済群」（HPAEs : High-performing Asian Economies）と呼び，これらの国・地域の経済的奇跡のエッセンスを，「公平を伴う急成長」と特徴づけて高く評価した．

世界銀行のこのような賞賛は，以後，「東アジアモデル」として流布されて

いくことになる.もっとも,『世銀報告書』では,東アジア諸国は「経験の多岐性（diversity of experience），機構の多様性（variety of institution）および政策の大きな変動性（great variant in policies）から，公平を伴った高成長に関して単一の東アジアモデルは存在しない」[World Bank 1993：366：邦訳350] と指摘している．にもかかわらず,『世銀報告書』が，これらの国を「高いパフォーマンスを示す東アジア諸国（HPAEｓ）」と一括りにして，「東アジアの奇跡」を「賢明な政府」による「健全な開発政策」の結果として分析したことによって,「東アジアモデル」という呼び名が一人歩きすることになった．上述の指摘にもかかわらず,『世銀報告書』は明らかに,「東アジアモデル」を提示していたのである．

「東アジアモデル」とは何か

一般に「東アジアモデル」と呼ばれている内容は，強い開発意志をもった国家の賢明な開発政策の立案，およびその高い実行力，市場メカニズムへの国家の介入（国家主導型発展），開発政策として世界市場での絶えざる比較優位の追求（輸入代替工業化から輸出指向工業化への転換),「不均衡成長戦略」などを特徴としている．

しかも,「強い開発意志をもった国家」とは，しばしば「権威主義体制」と呼ばれており，民主主義の制限など，非民主的な政策と分かち難く結びついていた．要するに,「東アジアモデル」と呼ばれる「東アジアの奇跡」を牽引した開発モデルは，強力な（しばしば強権的な）政府とその下での国家主導型の開発体制と不可分に結びついており，このような体制を筆者は「国家資本主義システム」と呼んできた（第6章，Column 36，参照）．ここでの国家の経済過程への介入は,「市場の失敗」を処方する対症療法的な（ケインズ主義的な）それではなく，開発と資本蓄積を牽引する主体としてあらゆる分野に及び,「指導される資本主義」とさえ呼ばれる特殊な体制を生みだしてきたのである．

たとえば,「東アジアモデル」の典型とみなされている韓国の場合には，クーデターによって政権を獲得した軍事独裁政権の下で，国家の経済過程への介入は広範囲に及び，開発戦略の画定，開発計画の立案（投資分野の選定，財源の確保と選別的配分，貿易政策，政策金融と税制支援），産業調整，行政指導，許認可制度，価格政策，為替管理，情報支援，技術開発，労働統制など，およそ考えうるすべての分野で権力的な介入が行われたのである．

ただし，韓国と並んでアジアNIES（NICs）として評価された台湾，香港，シ

ンガポールについては，国家の役割は必ずしも一様ではない．実は，日本の経験と最もよく類似しているのは韓国のみである．

台湾の場合には，政府の保護の下で財閥が育成されていった韓国とは対照的に，経済発展の担い手は基本的に中小企業であり，中小企業の「自助努力」によって資本主義的工業化が進められていった（この点については，第3章第4節で改めて詳しくみていく）．台湾では，国家は，「輸出指向工業化」を支えるためのインフラ整備（高速道路・鉄道・空港・港湾）など，輸出のための環境整備に力を入れ，自らは主に鉄鋼・造船・石油化学など重点産業（重化学工業）を中心に国営企業を設立して中小企業とのすみわけを行った．

他方，シンガポールは，当時の人口が240万人と，国家としての規模は著しく小さく，イギリスの植民地時代から栄えた中継貿易港と金融が集中するいわゆる「都市国家」としての性格をすでに備えていた．したがって，リー・クアンユー（Lee Kuan Yew）率いる「人民行動党」（PAP）の実質的な一党独裁体制が敷かれてはいたが，資本主義的工業化という点では，韓国とも台湾とも異なっていた．シンガポールは，製造業の面では比較的早い時期から外国資本を積極的に活用しながら，都市国家としての機能強化（東南アジアの物流と金融のハブ）をめざしていった．

また，香港は当時，まだイギリスの統治する植民地であり（人口約500万人），統治機構として香港政庁が置かれていた．香港政庁は，本国より任命された香港総督に権限が集中する独裁体制であったが，経済政策としては基本的にはイギリス本国に倣って，自由貿易を推進する政策を採った．

このように，アジアNIESは，独裁政権下での経済開発という点で共通点をもつが，開発政策の内容とその担い手という点で多様性がある．

第2節 「雁行形態」の出現

1 開発戦略の転換——輸入代替から輸出指向工業化へ——
輸入代替工業化とハイコスト・エコノミー

上述したように，東アジアのパラダイム転換を主導した「新興工業国」の出現には，「輸入代替工業化」から「輸出指向工業化」への開発戦略の転換が大きくかかわっている．

そもそも，「輸入代替工業化」とは，第2次世界大戦後に相次いで独立した

旧植民地国が，ほとんど例外なく採用した開発戦略であった．この開発戦略の背景には，植民地時代の貿易構造，すなわち先進国への一次産品輸出と先進国からの工業製品輸入という垂直的分業構造が続く限り，先進国への経済的依存状態は解消されず，政治的独立を達成したにもかかわらず依然として経済的従属を強いられることになるという，独立を主導したこれらの国の指導者たちの思想があった．

したがって，経済的自立を達成するためには，先進国からの輸入に依存している工業製品を国内で代替（自給）するような工業化が不可欠であると考えられた．そのため，「新興独立国」の多くが採用した開発政策は，日用消費財（非耐久消費財：主として軽工業製品）から耐久消費財（主として重工業製品）までをすべて国内的に自給できる「自立的国民経済」の確立を目指すものであった．

換言すれば，外国に依存しない自国資本による国内市場に依拠した内向きの工業化政策の採用である．しかも，このような工業化を理論的に合理化したのが，M．ドッブ（Maurice Dobb）やP．A．バラン（Paul A. Baran）など，マルクス主義経済学者による「ソ連型工業化モデル」を理論化した「重工業優先発展論」（第7章，Column 40，参照）であった［Dobb 1955；Baran 1959］．

だが，現実には，このような輸入代替工業化政策を採用した国々は，ほとんど例外なく「ハイコスト・エコノミー」と呼ばれる効率性の悪い非生産的な停滞した経済に陥っていった．その原因としてはさまざまな要因が指摘できる．輸入代替工業化を開始するためには，さし当たって先進国から機械などの生産設備を輸入しなければならない．おそらく，何がしかの技術の導入も必要になってくる．さらに，すべての中間財を自給できないとすれば，部品や中間財も先進国から輸入する必要があろう．石油をはじめとした原材料も輸入に大きく依存せざるをえない．これらのことを考えれば，輸入に必要な外貨はかなりの額に達するはずである．

他方，必要な外貨をまかなう手段としては，輸出を増大するか外国からの援助や借款のような海外貯蓄を利用する以外に方法はない．しかし，植民地時代の「モノカルチャー（単一栽培制度）」・「モノイクスポート」（単品輸出）構造を引き継いだこれらの国では，一次産品以外に主要な輸出品をもたない．一次産品の輸出だけでは，輸入に必要な外貨をまかなうことはとうてい無理であると考えられた．その背景には，一次産品の工業製品に対する交易条件は傾向的に不利化していくという当時の開発経済論の中心的な考えがあった（Column 4）．

先進国からの援助の獲得にしても,「ひも付き援助」といわれるような先進国からの工業製品の輸入が求められたり,政治的な思惑がこめられたりすることが多かった.先進国からの商業借款には,当然のことながら利子の支払いと元本の返済義務が生じる.したがって,それらが輸出拡大と結びつかない限り,国際収支の赤字とともに債務が累積してついには「債務不履行」(デフォルト)という国家破産の危機に直面することになる.今日では一般化している先進国の企業の積極的誘致など,当時としては最も警戒された政策であった.結局のところ,資本が不足(国内貯蓄が不足)し,自前の技術をもたず(圧倒的な人材不足),経営ノウ・ハウをもった有能な企業家も見当たらず,外国製品との競争を回避するために国内市場に高率関税をはじめとした貿易障壁を張り巡らした状態で行われた輸入代替工業化は,「自立的国民経済」とは程遠い,「ハイコスト・エコノミー」(非効率で高費用の経済構造性)に帰結するほかないのであった.

Column 4　「一次産品交易条件の傾向的不利化」論

　一次産品の交易条件の傾向的不利化とは,一次産品を輸入する先進工業国では,一次産品に対する「需要の所得弾力性」が小さく(個人の所得が増えてもその増加分は一次産品に対する需要には向かわず,工業製品への需要に向かう),工業製品を輸入する低開発国では,逆に工業製品に対する需要の所得弾力性が高いために,一次産品と工業製品との交易条件は一次産品に対して傾向的に不利化するというものである.

　他にも,先進国での一次産品需要は,合成ゴムの開発など,代替品の開発によって需要が低下するなどの点が指摘された.このような議論は,1960年代の南北問題の高揚を背景として南の側から主張されたが,その後の事態の推移は,一次産品の交易条件が必ずしも傾向的に不利化しているということを実証できるものではなかった.

　近年では,食の安全意識の高まりなどを背景として,オーガニック農産物など付加価値の高い一次産品に対する需要の所得弾力性は高くなっている.また,タイのハーブを原料とした化粧品産業のように,一次産品生産国自身が,国内で付加価値の高い製品に加工して輸出するというような工業化もみられる.これらのことは,近年,工業化の在り方を見直すきっかけになっている.

輸出指向工業化への転換

　このような「輸入代替工業化」の限界にいち早く気づき，比較的早い時期から「輸出指向工業化」に転換していったのが，韓国をはじめとした東アジアのNIES（NICs）である．輸出指向工業化とは，世界市場に向けた工業製品の輸出を目指した外向きの工業化政策である．競争原理が支配する世界市場では，輸出を拡大するためには当然のこととして何らかの「比較優位」が必要である．当時，東アジアNIESがもっていた唯一の比較優位は，教育水準の高い良質な低賃金労働であった．

　それゆえ，コストに占める賃金の割合の高い産業こそ，これらの国がもっとも強い競争力をもつ産業である．比較的少ない資本と低い技術によって参入可能な繊維・アパレル，玩具，皮革製品などの「労働集約的」軽工業製品こそ，その条件に合致する産業分野であることは容易に理解できよう．これらの国は，先ずこのような労働集約的軽工業の分野から輸出指向工業化を開始したのである．

　輸入代替工業化から輸出指向工業化へと開発戦略を大胆に転換した国々にとって，当時の国際経済条件も有利に作用することになった．当時，「南北問題」として世界的に注目されるようになった南（発展途上国）の側の経済発展の問題に関しては，南の側からの工業製品の輸出はまったく見込みがないものと受け止められていた．「南北問題」への関心の高まりを背景として国連の舞台で開かれることになった第1回「国連貿易開発会議」（UNCTAD：1964年）の事務局長を務めたアルゼンチン出身の経済学者R．プレビッシュ（Raul Prebisch）は，会議に提出した基調報告「新しい貿易政策を求めて」[Prebisch 1964]において，既存の国際経済秩序（先進国中心のIMF・GATT体制）の下では，南の側の工業製品の輸出を通じた発展は困難であるとして，貿易に関する新しい国際ルール作りを要求したのである．

　プレビッシュは既存の国際経済秩序に対して次のように批判する．GATTは，「すべての国の相互にとって利益となるように貿易を拡大するためには，世界経済の中でこれらの経済因子を自由に働かせ，それを拒む障害を除去しさえすればよいという考えの政策に啓示を得ているかのようにみえる」が，「これらの規則や原則は，また漠然とした経済の同質性という考えに基礎をおき，工業地域と周辺諸国との間に存在する大きな構造的相違に目を塞いでいる」[Prebisch 1964：邦訳 34]と．プレビッシュはその上で，先進工業国に対して南

の側との「構造的相違」を考慮した二重の基準を強く要求したのである.

UNCTAD・Iの場での途上国からの要求は,世界市場での二重基準を認めようとしない先進工業国の側からはことごとく拒否されることになるが,「構造的相違」への配慮という点においては,先進国側からはいくつかの譲歩が示された.その最初の具体化は,1965年のGATT総会において行われた「貿易と開発に関する新章」(いわゆる「低開発条項」・GATT規約第4部として追加)の採択である.GATTは,この新章において,先進国と発展途上国との間では貿易障害の軽減において「相互主義」を期待しないことなどを中心として,途上国の貿易促進のための先進国の協力を謳ったのである.UNCTAD・Ⅱ (1968年)での南の側の要求を受け入れて,途上国の工業製品輸出を促進するために1970年から先進国に導入された「一般特恵関税制度」(GSP：Generalized System of Preferences：発展途上国から輸出される工業製品に対して先進国がGATTで定められた最恵国待遇よりさらに低い関税率を適用する制度)は,こうした先進国側の譲歩として実現したものである.[5)]

「一般特恵関税制度」という先進国側の譲歩が,輸出指向工業化を追求した国々にとって競争上有利に作用したことはいうまでもない.当時,世界市場において,衣類などの労働集約的軽工業製品の分野で強い競争力(市場シェア)をもっていた日本製品は,コスト面と関税面の双方からNIES製品の挑戦を受けることになり,次第に市場を蚕食されていったのである.

2 「後発性の利益」と「圧縮された発展」
「後発性の利益」とは何か

早くも,1960年代の後半に,輸入代替工業化から輸出指向工業化へと大胆な政策転換を目指した新興工業国は,先進国が供与した一般特恵関税というメリットを背景に,世界市場での比較優位の追求という先進国への「キャッチ・アップ型工業化」を追求していったが,この工業化を成功に導いていったもう1つの外的要因として,「後発性の利益」という指摘がある.

---

5) 1970年10月のUNCTAD特恵特別委員会において,先進11カ国が,さし当たって今後10年間,91の発展途上国に対してGSPを実施することが決定されたが,このGSPには卒業条項がついており,GSPの恩恵を最大限享受したアジアNIESは,1980年代末には相次いで適応除外に置かれることになる.

「後発性の利益」とは，工業化の世界史において，遅れて発展に乗り出す後発国は，先発国からの資本や技術導入，模倣，学習など工業化に有利な条件を手に入れることができるために，先発国に比べて「圧縮された発展」（短期間での発展）を可能にするというものであり，もともとは19世紀の後発工業国（ドイツ，フランス，ロシアなど）の経験を基にして，ロシア出身の経済学者 A．ガーシェンクロン（Alexander Gerschenkron）によって引き出された一般的命題である［Gerschenkron 1962］．

20世紀後半の東アジアでは，この技術の伝播・追跡過程において，先発国日本の存在が大きかったと考えられている．とくに，東アジアのNIESが，世界市場での比較優位を求めて産業構造を一層高度化しようとした際に，日本における技術革新の進展が，標準化技術の輸出（プラント輸出なども含む）という形で重要な役割を果たしたからである．

「後発性の利益」が享受された実際の具体例として，韓国の自動車産業を例にとってみよう．韓国の自動車産業は，「第1次経済開発5カ年計画」(1962-1966年）にもとづいて，1962年に日本の「日産自動車」から主要部品を輸入して乗用車「ブルーバード」を組み立てるために，「セナラ自動車」を設立したことから出発した．「セナラ自動車」はわずか数年で経営不振と経営トラブルによって銀行管理下におかれ競売に付されることになるが，その後新しい自動車メーカーが相次いで登場した（Column 5）．今日，世界的に有名な「現代自動車」が設立されたのは1968年である．

今日，韓国の自動車産業の担い手となっている「現代自動車」が，独自モデル「ポニー」の生産を開始したのは1976年のことである．「現代自動車」は国内生産と同時に乗用車の輸出にも取り組み，1976年から「ポニー」の北米大陸向け輸出も開始された．現代自動車の「ポニー」は，1985年には，カナダ市場での乗用車販売台数において，日本の「ホンダ」を抜いてトップに躍り出たとも報じられた．

もちろん，当時はエンジンをはじめ主要部品は日本からの輸入に依存し，部品の内製化率は低かったが，その後着実に技術水準を高めていき，1991年にはついにエンジンの自主開発にも成功した．今日では，日本の自動車産業とほとんど技術格差はないといわれており，ある面では日本車を上回っているとさえ評価されている．

1962年にセナラ自動車富平工場で組み立てられた「ブルーバード」は年間

> Column 5　韓国の自動車産業と日本企業
>
> 　韓国の自動車産業は，日本の乗用車の組み立てから出発したが，その後日本の自動車メーカーとの関係は，日本の対中政策の変化によって完全に断たれることになった．日産自動車から部品供給を受けていた「セナラ自動車」は，競売の結果，「新進自動車」が落札し，その後「新進自動車」は日本のトヨタ自動車と技術提携して「コロナ」のノックダウン生産を手掛けた．しかし，1970年代初頭トヨタが技術提携を解消するに及んで，米国GMとの合弁で「GMコリア」を設立した．
> 　トヨタ自動車の「新進自動車」との技術提携解消は，1970年代初頭の日中国交回復時に，日中貿易の原則として中国の周恩来首相から示された「周四原則」（台湾，韓国と取引のある企業，米国の軍需産業と関係のある企業などとの貿易を禁止する）を日本企業が受け入れざるを得なかったことによるものである．「GMコリア」は，その後紆余曲折をへて，1983年から「大宇自動車」が経営権を取得した．その大宇も，1997年のアジア経済危機を引き金として2000年に倒産し，ふたたび米国のGMに買収されることになった．当初大宇自動車では，日本のトヨタに引き受け交渉を行ったようであるが，実現には至らなかった．

わずか1700台程度であったといわれる［玄 1991］．その後，韓国の乗用車の生産は1968年に1万台，1979年に10万台，そして1991年にはついに100万台を突破した．韓国の自動車産業は，わずか30年未満で100万台を突破するまでに成長したのである．その後，現代グループ（現代自動車・起亜自動車）の国内外での合計生産台数は2014年には，世界第5位の771万台にも達した（1位トヨタ，2位フォルクスワーゲン，3位GM，4位ルノー・日産グループ，6位フォード）．

　このように，韓国の自動車産業は1960年代初めのノックダウン生産から始まり，主に日本からの部品や技術の導入に依存しながらも，わずか14年で輸出産業に成長したのである．そして，1990年代末からは海外生産を手掛けるまでに成長し，いまや世界市場で日本のメーカーと熾烈な競争を演じている．これこそ，まさに「後発性の利益」であり，「圧縮された発展」の典型である．韓国の自動車産業の歴史は，先進国産業への「キャッチ・アップ」プロセスにおいては，「後発性の利益」を内部化することによって「圧縮された発展」が可能となることを見事に実証している．

「後発性の利益」と国家

　後発国の工業化にとって,「後発性の利益」は強力な推進力となりえたことは疑いない. だが,「後発性の利益」はすべての後発諸国に可能性として広く開かれているものであり, NIESにだけ開かれていたわけではない.「後発性の利益」を内部化するためには, 国内的な条件が必要である. この点についてガーシェンクロン [1962] は,「産業部門に対する政府の強力な指導＝特殊な制度的要素」が重要であると指摘している. すなわち,「後発性の利益」を内部化し得るか否かにとって核心となるのは, やはり「国家の役割」である.

　この点は, ふたたび韓国の自動車産業の歴史からも確認できる. 韓国の自動車産業は, 1962年から始まる「第1次経済開発5カ年計画」によって育成が打ち出され, 1973年の朴正煕大統領による「重化学工業化宣言」(Column17, 68頁, 参照) においては最重点産業に位置づけられ, 融資や外貨の割り当てなど政府による手厚い保護を受けた. さらに過剰投資によって構造調整を余儀なくされた1980年代初頭には政府による「産業合理化措置」によって, 乗用車の生産は現代自動車と大宇自動車の2社体制とし, 起亜自動車には小型トラックの製造だけを認めるという自動車産業の再編が強行された.

　しかも, 完成乗用車の輸入が自由化された1988年以降においても, 乗用車は「輸入先多角化品目」に指定されて, 日本からの乗用車の輸入は禁止された.「輸入先多角化品目」制度とは, 輸入を自由化した場合に, 特定の国によって輸入の大部分が占められる可能性があると思われる品目について, 輸入先を多角化する必要があるという名目によって, 事実上その国からの輸入禁止措置をとることである. その真のねらいは, 日本製品の流入による国内産業の打撃を回避しようとするものであった. こうして, 日本からの自動車や家電製品は, 事実上輸入が禁止された. この時期, 日本車の輸入が禁止されていなければ, 今日の現代自動車の発展はおぼつかなかったであろう.

　このように,「後発性の利益」と「国家の役割」とは不可分に結びついており, 国家の役割は単なる「産業政策」の域を超えているところに,「開発主義国家」(Column 7, 37頁, 参照) と呼ばれた根拠がある.

---

6) この措置は, 1996年に韓国がOECDに加盟したことにより段階的に撤廃されていくことになった.

3 「雁行形態」的発展の出現と多国籍企業の直接投資の拡大
比較優位の追求と「雁行形態」

　OECDが新興工業国の「衝撃」と受け止めた工業化は，いうまでもなく「輸出指向工業化」であった．この「輸出指向工業化」戦略に基づくNIESの成長は，ASEANのみならず中国やベトナムなど「計画経済」を建前としていた国々をも刺激することとなった．こうして，長らく，「輸入代替工業化」に固執していたASEANも，1980年代中頃以降，相次いで本格的な「輸出指向工業化」へと開発戦略の転換を模索するようになっていった．

　一般に，「輸出指向工業化」という後発国による世界市場での比較優位の追求は，まず，価格競争力の最も強い労働集約的非耐久消費財（主に繊維・衣類，皮革製品，玩具，雑貨などの軽工業製品）の輸出から始められ，次いで労働集約的耐久消費財（主として部品組立産業）へ，さらには資本集約的中間財・耐久消費財へと進んでいくものと考えられる．

　換言すれば，製造業には，資本や技術をあまり必要としない労働集約的な部門から，高度な技術や知識を必要とする先端産業までいくつかの段階があり，世界市場での競争を前提とすると，それぞれの国はそのいずれかの段階に比較優位をもっているはずであると想定される．だが，世界市場を支配する自由競争原理の下では，その比較優位は静態的・固定的なものではなく，国内経済が成長していくに伴ってより高次の段階へと移行しなければならない宿命にある．

　理論的には，低賃金を武器とした労働集約的産業は，国内経済の成長に伴う所得の上昇（賃金上昇）によって早晩比較優位性を失い，後から世界市場に参入して来る後発国から市場を奪われることになる．実際にも，NIESの成長は，工業化に伴う所得上昇によって低賃金労働に基礎を置く労働集約的部門の比較優位を失わせ，代わって「外向き」の工業化に転換したASEAN 4（タイ，マレーシア，インドネシア，フィリピン）がこの部門での比較優位を享受することになった．この時期には，NIESは，技術水準の階段を一歩先に昇ることによって産業構造の転換（高度化）を果たしていなければならない．

　だが，ASEAN 4の比較優位も，やがて「改革・開放」に乗り出してきた後続の中国やベトナムによって蚕食されることになる．その結果，ASEAN 4はより高次の比較優位を求めて産業構造の調整（高度化）を迫られることになり，玉突き的にNIESもさらにもう一歩技術の階段を昇らなければならない．しか

し，一言で「産業構造の高度化」といっても，それほど容易なことではない．このような産業構造の調整は，一度きりのものではなく，世界市場での比較優位を追求していこうとすれば絶えざる競争に晒されることになり，継起的・継続的に追求していかなければならないものである．したがって，ここでも，産業構造調整を主導する国家の強いイニシアティブが必要とされるのである．そして実際にも，NIESもASEAN 4もみごとにこの課題をクリアーしていったとみなされており，これらの国の優れた「政策転換能力」が評価されたのである[渡辺 1986]．

こうして，東アジアでは，「外向き」の政策への転換によって，1990年代には，世界市場での比較優位に基礎を置く産業の連鎖構造が形成されたとみられるようになった．日本―NIES―ASEAN 4―中国・ベトナムと整然と連なるこのようなみごとな連鎖構造を，日本では，「重層的追跡過程」あるいは「雁」が群れのリーダーを先頭に整然と飛んでいく姿になぞらえて「雁行形態」的発展と呼んでいる[7]．

同じような説明は，世界銀行やOECDのエコノミストたちによっても行われている．彼らは，"The Technological Ladder Hypothesis"という，技術水準によって規定される比較優位の位階構造（技術の階段）から，東アジアでの成長波及過程を説明しようとした[Tan 1992]．東アジアの成長波及過程は，同時に技術の伝播・追跡過程でもあり，その際注目されたのが上述した「後発性の利益」という考え方である．

国家による優れた産業転換能力と並んで，「雁行形態的発展」を惹き起こしたもう１つの重要な要因として，先進国の多国籍企業による「輸出指向工業化」に転換した国々への直接投資の拡大を挙げることができる．対外直接投資が拡大していくためには，資本が国境を越えて自由に移動することが保証されなければならないことはいうまでもなかろう．戦後の国際経済は，主として貿易の自由化の推進によって拡大・発展を遂げてきたが，やがてそれは資本の自由化に向けられることになった．

---

7)「雁行形態的発展」とは，もともとは，日本の産業構造の高度化（輸入 → 国内生産 → 輸出）と国際分業を説明する理論として，1930年代に赤松要によって提起された一国的発展理論である[赤松 1959]．今日，東アジアの成長を説明するモデルとして利用されている「雁行形態論」は，小島[2004]や山澤[1984]などによって海外直接投資（FDI）論と結合された赤松「雁行形態論」の応用理論である．

「雁行形態」と多国籍企業

　実は，輸出指向工業化に成功したNIESも，国内にさまざまな優遇措置（法人税の減免，輸入関税の戻し税，若年労働力の確保など）を講じた「経済特別区」（経済特区）を設置して，そこに先進国（主として日本）の企業を誘致する政策を1960年代末から積極的に取り始めていた．先進国の側も，70年代の相次ぐオイル・ショックによって著しい賃金上昇に直面し，労働集約的部門の海外移転を模索するようになった．東アジアにおいて，このような「経済特区」が設置されたのは台湾が最初であり，同様の「経済特区」は韓国やシンガポールにも設置された[8]．

　しかし，同じ「経済特区」でも，シンガポールの「ジュロン工業団地」（60年代後半から造成開始）と韓国の「馬山輸出自由地域」（1970年開設）とでは，工業化に果たした役割はかなり違っている．シンガポールの場合，国内の工業化を担ったのは多国籍企業が中心であったのに対し，韓国の場合，工業化の主役はあくまで国内の民族資本（後の財閥）であり，「経済特区」に進出した外国企業（主として日本企業）は大部分が中小企業であった．

　他方，発展途上国の側では，「輸出指向工業化」へと政策転換していくとしても，それをすべて国内貯蓄でまかなうには限界があった．ASEANのタイやマレーシアでは，すでに「輸入代替工業化」期にも，日本などの外国企業を国内に引き入れて利用するなどの経験をもっており，1980年代後半には，NIESの「経済特区」の成功例とあいまって，先進国企業の直接投資を受け入れることにさほど抵抗はなかった．こうして，ASEANでは，外国資本を利用した「輸出指向工業化」が本格的に開始されることになり，多国籍企業が「雁行形態的発展」に重要な役割を演じるようになったのである．

　米国の経済学者 R. バーノン（Raymond Vernon）の「プロダクト・ライフ・サイクル」［Vernon 1966］という多国籍企業の海外直接投資（FDI : Foreign Direct Investment）の必然性を説明する有名な理論は，まさにこのプロセスを説明したものである．バーノン［1966］は，商品のライフサイクル（新製品 → 成熟途上

8）　1960年代末から，アジアNIESの間で相次いで設立されていった「経済特区」は，「輸出加工区」（EPZ : Export Processing Zone）や「輸出自由地域」と呼ばれる場合が多い．台湾では，1966年に南部の都市・高雄にアジアではじめて「輸出加工区」が設置され，以後，シンガポールや韓国でも相次いで経済特区が設置された．

製品 → 標準化商品) とその商品の生産立地（米国→ヨーロッパ・日本 → 発展途上国）を組み合わせることによって，先進国の多国籍企業がなぜ発展途上国に向かって直接投資（製造拠点の移転）を行うようになるかという点を解明した（商品にライフサイクルがある限り生産立地としての優位性は所得の高い国から低い国に向かって移動するという）．

このように，「雁行形態的発展」の出現は，国家による優れた産業転換能力と，多国籍企業による海外直接投資の必然性という 2 つの側面から説明されている．

第 3 節　東アジアの成長と「局地経済圏」

1　経済的補完関係と「局地経済圏」
「局地経済圏」とは何か

東アジアの成長を牽引したいま 1 つの要因に，「局地経済圏」（Localized Economic Zone）の発展がある．「局地経済圏」とは，国境を跨いで隣接する特定の地域の間で，相互補完的な経済要素（資本・労働・技術・天然資源，など）が結合した結果として実現した地域経済のダイナミックな成長現象を指している．このような現象は，かつてはばらばらにしか存在していなかった経済要素が，この地域での新しい政治状況の出現によって現実に結合することが可能になった結果と考えられる．

おそらく「局地経済圏」という用語を定着させたのは，渡辺［1992］であろう．「局地経済圏」という用語は，共同体内分業の結果として封建社会の末期に現れ，統一的な国内市場の形成への橋渡しの役割を果たした局地的な市場圏をさすものとして，日本では大塚久雄によって用いられた「局地的市場圏」（Local Market Area）という概念［大塚 1969］をモデルにしていると思われる．封建社会を律していた経済外的強制が弛緩するに伴って，「局地的市場圏」が発展していったように，東アジアを律していた「冷戦」という枠組みが溶解していくに伴って，そこに存在していた潜在的な「経済的補完関係」が一気に開花したのが「局地経済圏」であると考えられる．

いうまでもなく，東アジアの「局地経済圏」には，NIESの成長が深くかかわっている．「局地経済圏」として最初にその輪郭を現したのは，「華南経済圏」と呼ばれた香港と隣接する中国の広東省(カントン)を結んだ地域においてである．

「華南経済圏」の出現

　1970年代におけるアジアNIESの成長は，1980年代に入って，ASEANからの急激なキャッチ・アップを受けて，それまでの低賃金に依拠した比較優位産業の国際競争力を低下させ，産業構造の転換を迫られることになった．

　こうした局面にいち早く直面したのが香港である．1970年にはわずか963ドルに過ぎなかった香港の1人あたりGDPは，早くも1980年には5695ドルにまで増大した．これは，アジアNIESの中では最も高く，アジアでは同年の日本の9072ドルに次ぐ第2位の水準であった（表1-1）．さらに，1989年には1万ドルの大台を超え，1万1241ドルの水準に達した．これは，同年の本国イギリスの1人当たりGDP，1万4540ドルに肉薄する水準であった．

　アパレル・繊維・玩具・皮革製品など，労働集約的産業部門の輸出を中心として発展してきた香港経済は，賃金の上昇や地価の高騰，サービス業など第3次産業への労働力の移動（＝製造業の労働力不足）などによって，もはや国内の労働集約財の輸出によっては経済成長を持続させることはできない状況に直面することになったのである．経済成長とともに賃金が上昇し，主要な輸出製品が国際競争力を失って成長の限界（高所得国への移行の壁）に直面する現象を，開発経済論の分野では，「中所得国の罠」と呼んでいるが，これを克服するためには，技術革新を行うなど産業構造を高度化していかなければならない．だが，もともと技術革新への基盤が弱い香港経済が，短期間のうちに技術集約型の産業構造へ転換していくことは不可能であった．

　産業構造の転換という困難な状況に直面した香港経済の救いの女神となったのが，中国の「改革・開放政策」への転換である．1980年に公布された「広東省経済特区条例」によって，広東省の深圳（シェンチェン），珠海（チューハイ），汕頭（シャントウ）に3つの経済特区が設けられ，外資導入のための特別な優遇政策が講じられることが表明された（経済特区は，台湾の対岸に位置する福建省の厦門［シアメン］にも設けられた）．

　中国政府が講じたこのような地域を限定した外資優遇政策が，主として香港と台湾資本の進出（導入）を念頭においたものであったことは明らかである．だが，長年にわたって「自力更生」路線をとってきた中国政府の，しかも突然の路線転換によるこのような対外開放政策については，香港や台湾の企業家だけでなく，諸外国の資本も当然のことながら疑心暗鬼の目でみていた．中国社会主義の歴史は，1949年の建国以来，共産党中央における権力闘争に明け暮れ

第1章　東アジアの成長をどう捉えるか　25

表1-1　アジア諸国の1人当たりGDPの推移（1970-2010年）

（単位：ドル）

	韓国	台湾	香港	シンガポール	マレーシア	タイ	インドネシア	フィリピン	中国	ベトナム	日本	インド
1970年	275	390	963	914	394	196	80	183	n.a.	n.a.	1,978	110
1980年	1,689	2,330	5,695	4,854	1,812	696	644	672	n.a.	n.a.	9,072	263
1990年	6,308	8,086	13,368	13,472	2,432	1,518	699	718	344	n.a.	24,547	378
1995年	11,979	12,865	23,003	24,114	4,358	2,826	1,144	1,105	604	289	41,969	386
2000年	11,347	14,641	25,199	23,414	4,030	1,967	807	987	949	402	36,800	460
2001年	10,655	13,108	24,753	21,194	3,864	1,836	773	906	1,042	413	32,214	463
2002年	12,094	13,370	24,351	21,705	4,112	1,999	928	958	1,135	440	30,756	477
2003年	13,451	13,738	23,443	23,320	4,409	2,229	1,100	973	1,274	489	33,134	543
2004年	15,029	14,986	24,403	27,046	4,898	2,479	1,188	1,040	1,490	554	36,059	620
2005年	17,551	16,023	25,998	29,401	5,319	2,709	1,300	1,159	1,715	637	35,633	716
2006年	19,707	16,451	27,489	33,114	5,951	3,174	1,636	1,351	2,028	724	34,150	791
2007年	21,653	17,123	29,783	38,700	7,122	3,918	1,916	1,624	2,566	835	34,268	989
2008年	19,162	17,480	30,696	39,256	8,390	4,300	2,209	1,918	3,266	1,048	37,976	1,090
2009年	17,110	16,359	29,917	37,220	7,252	4,151	2,299	1,827	3,744	1,068	39,489	1,079
2010年	20,765	18,588	31,786	44,789	8,737	4,992	2,981	2,123	4,434	1,174	42,863	1,370

注：インドの1970年は1人当たりGNP。中国は、政府発表の中間レートでドル換算。
資料：IMF, International Financial Statistics, World Economic Outlook, および各国政府統計他より作成。

た歴史であり，そのたびに激しい経済的混乱を惹き起こしてきた．3度の失脚の後に，不死鳥のごとく復活した鄧小平(トン・シャオピン)が掲げた大胆な経済改革路線も，毛沢東(マオ・ツォートン)時代の社会主義路線の堅持を主張する保守派とのイデオロギー闘争が盛んで，最終的な決着がついていたわけではなかった[9]．

　しかし，国内では，共産党内でのイデオロギー対立を残しながらも，農業発展の最大のボトルネックとなっていた「人民公社」(Column 30, 149頁, 参照)の解体と各戸農家生産請負制の導入，地域単位での自由な営利活動を認められた「郷鎮企業」という新しい経営組織の普及(第6章, 注4, 参照)，生産・販売計画・賃金形態などにおける企業自主権の拡大など，大胆な改革が次々と実行に移されていった．80年代の中頃までには，全国のほとんどの人民公社は解体され，「郷鎮企業」が全国各地で雨後の筍のように簇生していった．「農家生産請負制」の導入による農業生産性の上昇と「郷鎮企業」を中心とした消費財産業の発展に牽引されて，中国経済は本格的な成長軌道に突入していったのである．

　中国の対外開放政策は，このような国内改革と歩調を合わせて進められたところに際立った特徴がある．権力闘争による政策の揺り戻しへの不安を残しながらも，香港資本が，香港に隣接する広東省に設けられた経済特区での「委託加工生産」に乗り出していった背景の一端がここにある．しかも，「委託加工」方式は，原材料や半製品を中国に輸出し，中国企業との委託加工契約のもとで加工された製品ないし半製品をふたたび輸入するという方式であるため，現地生産を目的とした直接投資に比べて失敗した場合の損失(リスク)が格段に少ないという利点がある．

　香港資本による「委託加工取引」が始まったのは1980年代前半であるが，それが本格化したのは80年代の後半に入ってからである．香港政庁も，ようやく1988年第3四半期から，委託加工向け輸出の実態を公表し始めた．「香港貿易発展局」の調査によると，香港企業による広東省での委託加工工場は，1988年末ごろにはすでに1万2000カ所にものぼり，そこで雇用されていた労働者は，香港の当時の製造業就業者85万人を上回る85～120万人にも達していたと推計

---

9) 　中国が本格的な外資導入政策に踏み切るのは，1992年初頭の鄧小平の「南巡講話」(Column 35, 161頁, 参照)まで待たなければならなかった．実際にも，その間，1989年の「天安門事件」(Column 34)のような揺り戻しが避けられなかった．

されている[10].

　このような「委託加工取引」から始まった香港と中国・広東省とのリンケージは，「委託加工取引」の成功を背景として，次第に香港資本による経済特区への直接投資へと発展していった．これによって，香港と隣接する広東省深圳，珠海，汕頭では活発な経済圏が形成され，1990年代初頭にはそれは「華南経済圏」と呼ばれるようになった．

　とくに，1992年の鄧小平の「南巡講話」（Column 35, 161頁，参照）以降，中国の「改革・開放政策」は，「ルビコン川を越えた」とみなされるようになり，「華南経済圏」には，香港資本だけでなく，台湾やシンガポールなど他のアジアNIESの資本と日本や欧米など先進国の資本も殺到していった．さらに，広東省での外国資本の投資は，経済特区での低賃金労働者の利用という当初の目的から，次第に中国市場での販売を目的としたものに広がっていった．

　香港と広東省ほどの規模ではなかったが，同様のリンケージは台湾と福建省（厦門経済特区）との間にも形成されていった．中国革命（1949年）以来，厳しく敵対していた台湾（国民党）と中国（共産党）の関係は，1988年7月に中国政府が公布した「台湾同胞投資奨励規定」と，それを受けた台湾の部分的経済交流解禁政策によって，大きな風穴が開けられたのである．程度の差はあれ，香港と同様の厳しい局面（中所得国の罠）に直面していた台湾は，以後，香港を経由する間接貿易という形で，広東省や福建省での委託加工取引を増大させていった．もともと台湾には，福建省の出身者が多く，言語も福建地方の閩南語を共通語としているため，中小企業を中心とした小規模投資にも有利性が大きかった．その結果，中国側の発表によれば，1990年には，台湾の対中国投資は金額，投資件数とも日本，米国を抜き，香港に次ぐ第二位の地位に躍り出た．

　台湾と福建省との経済的リンケージは，当初，「海峡経済圏」とか「両岸経済圏」などと呼ばれていたが，後に香港と広東省のリンケージとあわせて，「華南経済圏」と総称されるようになった．中国政府は，1988年に，海南島を広東省から分離して海南省とし，島全体を5番目の経済特区に指定した．1990年代に「華南経済圏」と呼ばれた「局地経済圏」は，中国のこの5つの経済特区を中心として形成されたダイナミックな経済圏であり，中国の「改革・開放」政

---

10)　『ジェトロ白書・貿易編：1989年』日本貿易振興会，139頁．香港の製造業就業者はその後も加速度的に減少し，1994年9月には44万人にまで落ち込んだ．

策という「歴史的中国機会」を東アジア諸国がうまく捉えた結果として出現したものである．

2 「局地経済圏」の時代
東南アジアの「局地経済圏」

「華南経済圏」は，中国政府の思い切った政策転換によって，それまで潜在的に存在していた経済的補完関係（香港・台湾の資本と中国の労働力）が現実に結びついたことで出現した発展のダイナミズムであった．

こうした現実を前にして，東アジア諸国の間で，このような「局地経済圏」を，経済的補完関係が潜在すると考えられる地域に，政策的合意に基づいて意図的に創り出そうとする動き（局地経済圏構想）が急速に広がっていったことは，自然な成り行きであった．その結果，東南アジアでは，「華南経済圏」と並んで，「成長の三角地帯」，「バーツ経済圏（インドシナ経済圏）」などと呼ばれた「局地経済圏」が注目されるようになった．

「成長の三角地帯」とは，狭隘な土地と賃金の高騰に喘いでいたシンガポールのゴー・チョクトン第一副首相によって1989年12月に正式に提唱された，シンガポールとマレーシアのジョホール州，インドネシアのリアウ州（バタム島）とを結ぶ「局地経済圏」構想である．マレーシアは，1980年代のシンガポールの最大の投資先であり，その内3分の2がシンガポールに隣接するジョホール州に集中していた．他方，シンガポールとインドネシアの間では，すでに1988年のリー・クアンユー首相とスハルト大統領との首脳会談で，インドネシア側がかねてより提案していたインドネシア領リアウ州バタム島（415km²）の輸出加工基地としての共同開発が合意されており，「成長の三角地帯」構想は，このバタム島開発を中心として打ち出されたものである．この構想は，バタム島の輸出加工基地としての開発の進展とともに，「局地経済圏」としての実態を備えていき，シンガポールのみならず，欧米諸国，日本，台湾，韓国などの企業からの直接投資が集中していった．

「バーツ経済圏」（インドシナ経済圏）構想は，1988年8月に，タイのチャチャイ首相が「インドシナを戦場から市場に」と訴えたころから注目されるようになった．チャチャイ首相の演説の背景には，1986年から本格的にはじめられることになったベトナムの「ドイ・モイ」（刷新）と呼ばれた対外開放政策への転換と，同じく1986年にラオスが打ち出した「チンタナカーン・マイ」（新思考）

と呼ばれる対外開放政策への転換など，インドシナ半島における市場経済化への流れがある．しかも，インドシナ半島最大の懸案事項であったカンボジア和平においても，カンボジアからのベトナム駐留軍の撤退が開始されるなど（1988年6月），和平実現に向けた明るい展望が拓かれた．

　このような流れを受けて，タイ，ベトナム，ラオス，カンボジアの間では，民間の国境貿易が盛んになり，これらの取引にタイの通貨バーツが多く使われるようになった．これらの民間貿易においても，東南アジアの華僑・華人が重要な役割を担った．ベトナムには，かつて200万人を超える華僑・華人がいたといわれるが，度重なる戦火と南ベトナムの消滅（ベトナムの統一）によってその数は70万人近くにまで減少したと推計されている．しかし，「ドイ・モイ」路線への転換によって，ベトナムから脱出した多くの華僑・華人がふたたび新しいビジネス・チャンスを求めて続々と帰国し始めた．彼らは，タイの華僑・華人や東南アジアでの「チャイニーズ・ネットワーク」を利用して，金融・貿易・サービスなど，第三次産業を中心とした新しいビジネスに積極的に携わっていった．

戦場から市場へ

　東南アジアのこのような活発な「局地経済圏」を可能にしたのは，いうまでもなくインドシナ半島の安定である．その意味では，1993年のカンボジア和平の最終的な実現と立憲君主制への移行は，1940年以来続いてきた「戦場としてのインドシナ半島」に終わりを告げる画期的なものであった．これによって，インドシナ半島全体が，まさに「戦場から市場」に転換したのである．1994年4月には，オーストラリアの援助によって，タイ・ラオス国境（首都ビエンチャン郊外）のメコン川に建設されていた友好橋（第1メコン国際橋）が完成し，両国の国境貿易が一段と加速されることになった．タイ・ラオス友好橋は，メコン川に架かる橋としては最初のものであった．[11]

　東南アジアではさらに，カリマンタン（ボルネオ）島開発を軸にしてフィリ

---

11) メコン川にはその後，2006年にはタイ東北部・ムクダハン―ラオス・サバナケット間に，日本の円借款によって「第2メコン国際橋」が完成し，さらに2011年末にはタイ政府の支援によってタイのナコンパノム県とラオスのカムアン県の間に「第3メコン国際橋」が完成した．さらに，2013年12月には，中国の支援で建設が進められていたタイ北部チェンライ県とラオス北部ボーケオ県を結ぶ「第4メコン国際橋」（南北経済回廊）も完成した．

ピンを加えた「東ASEAN経済圏」構想や，メコン川の共同開発をめぐる経済圏構想などが取り上げられている．とくに，メコン川の共同開発については，1992年からアジア開発銀行（ADB）のイニシアティブの下で進められている「大メコン圏」（GMS：Greater Mekong Subregion）経済協力計画が着実に進展しつつある．すでにインフラストラクチャーの面では，タイとベトナム中部を結ぶ「東西経済回廊」，中国・昆明とタイを結ぶ「南北経済回廊」など道路網の整備が進み，GMS計画はメコン圏諸国（中国・ラオス・ミャンマー・タイ・カンボジア・ベトナム）の経済協力にとって重要な役割を果たしている（第5章，第2節，参照）．

このように，「局地経済圏」は，東南アジアを中心に，1980年代末から90年代にかけて急速に拡大していった新しい経済現象であり，東アジアの成長を牽引していったのである．

第4節　東アジアの成長と日本の役割

1　「太平洋トライアングル」構造と日本

最後に，東アジアの成長と日本の関係についてみておこう．戦後の日本と東アジアの関係は，基本的には垂直分業によって成り立っていた．すなわち，日本が東アジア諸国に電器・電子，機械，鉄鋼などの工業製品を提供し，東アジアからは農林水産物，天然資源（石油・天然ガスを含む）などの一次産品を輸入するという構造である．日本が東アジアの成長に果たした役割として最初に注目されるようになったのは，NIESの成長が脚光を浴びるようになった1980年代に入って以降のことである．

アジアNIESの成長に果たした日本の役割として，最初に指摘されるようになったのが，「太平洋トライアングル」構造と呼ばれたNIESの成長メカニズムの形成である．「成長のトライアングル」構造とも呼ばれるこの立論によれば，アジアNIESの成長は，日本から輸入した設備と部品・素材などの中間財を利用して組立・加工を行い最終製品として米国市場へ輸出するという，日本を供給者（サプライヤー），米国を需要者（アブゾーバー）とする成長のトライアングル構造の下で保証されてきたという．例えば韓国では，カラーテレビの国内放送がまだ行われていなかった時期に，日本からの輸入部品・中間財に依存したカラーテレビが生産されて主として米国市場へ輸出されていった．自動車産業においても，日本からの輸入設備・部品に依存して組立・加工された乗用車が

北米市場へと輸出されていった．

　【日本】−【アジアNIES】−【米国】を結んだこのようなトライアングル構造のもとで，NIESは輸出指向工業化を成功させ，併せて産業構造の高度化を達成してきたという指摘は基本的には本質を突いたものである．しかし，NIESの成長に果たした日本の役割に限ってみると，日本は必ずしも十分な貢献をしたとはいい難かった．

　かつて，本多［1986］は，NIES出現の国際的要因の１つとして，「近隣における大市場の存在，たとえばアジアNICsにとっての日本市場，ラテン・アメリカNICsにとっての米国市場，南ヨーロッパNICsにとってのEC市場」［本多 1986：10］を指摘したが，それは一面では正しい指摘であった．だが，米国市場・EU市場が果たした役割とは違って，日本は，設備・部品・素材の供給者としては重要な役割を果たしたが，NIESが提供する最終製品の需要者であったわけではなかった．

　このトライアングル構造の下で，アジアNIESでは，日本に対する貿易赤字を米国に対する貿易黒字によって相殺するという構造が維持されたのである．換言すれば，この構造の下では，アジアNIESが対米輸出で獲得した外貨は日本からの設備・部品・素材の輸入に充てられるという形で，大部分の利益が日本に還元されていくという，いわば日本が最大の受益者であったわけである．このことは，日本が長らく「フルセット自給型」産業構造をもっていたことに起因するものであるが，アジアNIESにとっては最大のアキレス腱であった．

　この点について，韓国のある経済学者は，東アジアは日本の「鵜飼経済圏」であると皮肉をこめて指摘したことがある［金 1988：42］．「鵜飼経済圏」とは，いうまでもなく「迂回輸出基地」をもじった比喩である．鵜飼の「鵜」は，「鵜匠」に操られて鮎を捕まえるが，ほとんどの鮎は吐き出させられて，自らは小魚しか飲み込むことができないという漁労法にちなんで，日本を「鵜匠」，アジアNIESを「鵜」，東アジアを「鵜飼圏」になぞらえて日本を批判したものである．

2　トライアングル構造の変容と日本

　しかし，このようなトライアングル構造は，1985年の「プラザ合意」以後の日本の急激な円高の進行によって変化を余儀なくされる．日本は，1980年代後半，急激な円高の進行の下で，国内の生産拠点を次々とASEAN諸国へ移転し

始めたのである．労働集約的産業はいうに及ばず，資本集約的な産業においても生産工程のなかの労働集約的な部分（主として組立・加工工程）を，積極的に海外に移転し始めたのである（Column 6）．多国籍企業と呼ばれるこれら海外進出企業は，カントリー・リスクが少なく，しかも輸出指向工業化政策に転じたタイ，マレーシアを中心としたASEANに向かい，これら諸国における工業化を主導していった．

台湾やシンガポールなどのNIES企業もまた，国内経済の成長に伴う賃金上昇圧力とグローバル戦略に基づいて，対ASEAN・中国直接投資を拡大し，ASEAN・中国の工業化に寄与した．とくにNIESがGSP（一般特恵関税制度：注5，参照）供与対象から除外されて以降は，「迂回輸出基地」として東南アジアへの直接投資が急増した．その結果，1980年代初頭までに形成された太平洋好循環トライアングル構造は，1990年代には大きな構造変化をきたすことになった．

他方，ASEAN・中国の輸出指向工業化に伴って，米国市場のこれまでのようなアブゾーバー機能にもかげりがみえ始め，東アジア諸国は輸出先の多角化を余儀なくされていった．かつては，「フルセット自給型産業構造」をもつと

Column 6 「プラザ合意」と日本企業の海外進出

「プラザ合意」とは，1985年9月に，ニューヨーク市のプラザホテルで開かれた「先進5カ国（日・米・仏・英・西独）蔵相・中央銀行総裁会議」（G5）において，ドル高是正のために各国が外国為替市場に協調介入することに合意したことを指している．米国は，1980年代初頭から進行していたドル高によって，貿易収支および経常収支の赤字が拡大の一途をたどり，財政赤字の進行と併せて「双子の赤字」に悩まされていた．

「プラザ合意」は，米国が主要先進国に対してドルの為替レート切り上げを求めることによって，経常収支の改善を狙ったものである．その結果，円の為替レートは，プラザ合意前は，1ドル240円前後で推移していたが，1年後には150円台まで上昇した．円はその後も上昇を続け，1988年に入ると120円台の水準に達した．日本では，このような急激な「円高」の出現によって，輸出産業は深刻な打撃を受けることになり，以後，日本企業は低賃金労働の利用と「迂回輸出」基地としての利用を目指して，ASEANを中心とした海外への生産拠点の移転を開始することになった．

いわれた日本も,「プラザ合意」以後の円高局面への移行に伴って内需拡大に努め,資本財・中間財の供給者としての地位に加え,最終製品の需要者（製品輸入国）としても登場することになった.

こうして,1990年代に入ると,かつてのトライアングル構造は大きく変化し,代わって新しく,【資本財・中間財供給国としての日本・NIES】-【最終製品生産・輸出国としてのASEAN・中国】-【最終製品市場としての米国・EU・日本】という多角的な連鎖構造が形成されていった.

このような多角的連鎖構造の形成は,東アジアの域内貿易に顕著な変化をもたらすことになった.その変化とは,一言でいえば,部品・中間財取引を中心とした東アジア域内貿易の急増であり,この拡大の中で,日本の役割は相対的に低下していったのである.

しかし,このような新しい成長のトライアングル構造も,やがて多国籍企業が主導した東アジアの生産ネットワークの形成（第2章,第3節,参照）によって終わりを告げることになった.とくに,1990年代初頭からの中国の本格的な市場経済化の進展によって,東アジアの生産ネットワークに占める中国の地位は急上昇していくことになり,東アジアの経済地図は大きく塗り替えられることになったのである.このような新しい状況については,第3章以降で詳しくみていくことにする.

おわりに

第1章では,「アジア的停滞」という欧米によってつくられてきた「アジア像」が,如何にして打ち壊されていったのかを中心に考察してきた.東アジアでは,NIES,ASEAN,中国,ベトナムが次々と「離陸」（Take Off）を果たし,一時期,まるで雁がきれいな列を成して飛んでいくような成長の連鎖構造（雁行形態）が形成されたことも指摘した.

今日,「東アジアモデル」と賞賛されている東アジアの開発戦略は,おしなべて,世界市場での果敢な比較優位の追求であり,それは先進工業国に追いつこうとする「キャッチ・アップ型工業化」であった.そのような工業化を支えたのは,国家の手厚い保護であり,輸出拡大のためのさまざまな優遇政策である.東アジアの成長に果たした国家の役割は計り知れないほど大きい.

表1-1は,1970年から2010年までの40年間のアジア諸国の1人当たり国内

総生産 (GDP) の推移をみたものである．1970年代初頭までの東アジアは，日本を除いて，たしかに貧しい地域であった．1970年までの韓国は，東アジアでも最も貧しい国の1つであった．しかしその韓国も，1970年代以降急激に豊かになっていった．韓国は，1996年にはOECD（経済協力開発機構）に加盟し，念願の先進国の仲間入りを果たしたのである．

　この表からは，1980年代に入ると，ASEANが目覚しい発展を遂げていった様子も窺うことができる．さらに，1990年代には今度は中国が目覚しい成長を遂げていった様子も窺うことができよう．この表から読み取れるように，東アジアは，1970年代以来，着実に成長してきたのである．しかし，東アジアの成長は，必ずしも手放しで賛美できるものではなかった．「東アジアモデル」には，多くの矛盾が内包されているし，その成長もけして「順風満帆」であったわけではない．第2章では，この点を中心に検討することになる．

第2章　東アジア経済発展の光と影を考える

はじめに

　第1章でみたように,「アジア的停滞」から「東アジアの奇跡」へのパラダイム転換は,世界中の人々のアジア認識を大きく転換させるものであった.東アジアの成長は誰の目にも明らかとなり,以後,マスコミを中心として「成長するアジア」,「世界の成長センター」ともてはやされることになった.
　たしかに,東アジアの成長には目を見張るものがある.ほんの一昔前までは,貧困と停滞が支配していたアジア社会が,わずか数十年で「世界の工場」にのし上がり,世界経済の成長を主導するまでに発展を遂げたのである.
　しかも,東アジアの発展を説明する「雁行形態的発展」論は,経済成長の波が次々と周辺諸国へと伝播していくという東アジアの明るい未来を描き出していたのである.
　だが,東アジアの経済発展は,光の部分だけではなかった.かつての「アジア的停滞論」が「ユーロ・セントリズム」(ヨーロッパ中心主義の歴史観)に基づく一面的なアジア理解しか提供しなかったのと同様に,「東アジアの奇跡」という手放しの賞賛も,アジア経済の特異な高度成長に目を奪われた一面的な理解に過ぎなかった.第2章では,東アジアの経済発展の光の部分だけでなく,影の部分にも焦点を当ててその全体像を描き出すことに主眼を置いている.

第1節　「東アジアの奇跡」と「開発主義体制」

1　「東アジアの奇跡」と国家の役割

「権威主義体制」下の工業化

　第1章で述べたように,「東アジアの奇跡」と賞賛された「キャッチ・アップ型工業化」の成功は,市場メカニズムに基づいた企業レベルでの輸出指向工

業化の成功を意味するものではない．そこでは，世界市場での絶えざる比較優位を追求するために，国内での産業構造の高度化を強力に牽引する国家の役割が重要な要因として作用する．輸出指向工業化を柱とした「キャッチ・アップ型」の工業化に成功してきた東アジアのほとんどの国は，「強い国家」を特徴としている．

このような国家の役割は，『世銀報告書』では，「賢明な政府」による「健全な開発政策」として評価されているが，実は，「賢明な政府」とは，「権威主義体制」とか「開発主義国家」と呼ばれるような，国内的には民主主義を著しく制限した強権的独裁国家を意味しており，「健全な開発政策」とは，そのもとで行われた経済過程への強力な国家介入であった．

こうした「権威主義体制」のもとで行われた開発政策こそ，「東アジアモデル」と呼ばれるものに他ならない．東アジアでは，このような国家体制は，「開発主義体制」とか「開発独裁」と呼ばれることもある（Column 7）．いずれの場合も，民主主義（国民の政治体制への参加）を著しく制限した強権的国家による開発のための経済過程への介入体制を指している．したがって，東アジアの場合，「権威主義体制」と経済成長の実現とが分かちがたく結びついているところに特徴がある．

要するに，「権威主義体制」とか「開発独裁」，「開発主義体制」と呼ばれる場合の国家体制とは，民主主義を制限する手段として権力機構に依存するだけではなく，経済成長という「実績」の達成によっても国民の支持を得ようとする特殊な政治体制である．しかも，このような開発体制をとった多くの国に特徴的なことは，国民が民主主義の制限をある程度やむを得ないこととして容認する共通の社会的・政治的背景が存在する点である．その共通する背景とは，民族対立，民族的分断（分断国家），激しいイデオロギー対立など，国内外での社会的・政治的緊張関係の存在である．このような厳しい政治的・社会的緊張が，「経済開発」を掲げた「権威主義体制」を許容していったのである．

指導される資本主義

1960年代から70年代にかけて韓国の工業化を主導した朴正煕（パクチョンヒ）政権は，「開発主義体制」の典型とみられているが，朴正煕大統領自らは，このような体制にたいして，「指導される資本主義」という言葉を好んで使っている．多くの研究者もまた，韓国の「キャッチ・アップ型工業化」に対して，「官主導型」あるいは「国家主導型」発展の典型として分析している．

Column 7 「開発主義国家」と「開発独裁」

「開発独裁」(Developmental Dictatorship) という用語は，1970年代にラテン・アメリカの政治学者の間で使われていた「権威主義体制」あるいは「官僚的権威主義体制」という用語が，その後，東アジアの実態に即して加工された概念であるといわれている．具体的には，「開発独裁」という用語は，東アジアに出現した「独裁政権下での経済開発」を指す体制として80年代から90年代初頭にかけて普及していった概念である．

だが，90年代半ばにいたると，「開発独裁」という用語のもつ曖昧性が指摘されるようになった．その最初の指摘が，末廣〔1994〕である．末廣は，「開発独裁」という言葉は，「開発と独裁の相互関係を必ずしも明確にしていない」として，「因果関係が曖昧な分析概念」であり，この言葉が流通しているのは「実は日本の学会やマスコミのなかだけでしかない」と指摘し，用語の再検討を迫った．その背景には，「独裁」という言葉のもつ曖昧性だけでなく，強い否定的イメージとその言葉のもつ「政治性」があったことは疑いなかろう．

実際にも，東アジアでは，1980年代末に至って経済成長に伴う民主化が進行し，あからさまな独裁政権は影を潜めることになった．したがって，「政治性」を排除して，分析概念として客観性をもたせるとすれば，東アジアの実態を反映した別の概念が必要とされたのである．その結果，1990年代中頃からは，「開発独裁」に代えて，「開発主義体制」あるいは「開発主義国家」という言葉が多用されるようになった．厳密にいえば，「権威主義体制」と「開発主義体制」・「開発主義国家」とは必ずしも同義ではないが，本書では両者を区別することなく併用して使っている．いずれの場合も，具体的には，1960年代後半から1980年代にかけて，東アジアで見られた民主主義を著しく制限した強権的国家による開発のための経済過程への強力な介入体制を指している．

このように，東アジアでは，「開発独裁」，「開発主義体制」，「権威主義体制」という概念は「キャッチ・アップ型工業化」とセットになった一般的概念であり，おしなべて「強い国家」の経済的役割が強調されてきた．アジアNIESの代表的存在である韓国・台湾では，1980年代末まで民主主義を極端に制限した強権的国家の下で「輸出指向工業化」が追求されていったのである．

韓国が，軍人出身政権の下でやむなく「民主化宣言」を行ったのは「ソウル・

オリンピック」を翌年に控えた1987年6月のことであり，台湾の国民党政権が1948年以来敷いてきた「戒厳令」を解除したのはやはり1987年7月である．シンガポールにおいても，リー・クアンユー（Lee Kuan Yew）率いる人民行動党の事実上の一党支配の下で,「国家主導型」の経済開発が図られていった．マレーシアでは，1981年から2003年まで22年間続いたマハティール（Mahathir）政権の下で，独立後に策定された「ブミプトラ政策」という極端なマレー人優遇政策を継承して「華僑・華人」資本の経済活動を著しく規制しながら，他方では積極的な外資導入政策が取られていった．

　このように，『世銀報告書』は，「東アジアの奇跡」という光の部分を強調するあまり，「権威主義体制」（民主主義の著しい制限）とそれがもたらした弊害という影の部分を背後に追いやってしまい，あまりにも現実と乖離した理論化をおこなっているといわざるを得ない．以下ではこの点を具体的にみていこう．

2　「東アジアモデル」の限界
「不均衡成長戦略」の歪み
　「東アジアモデル」と呼ばれる場合の成長モデルは，「不均衡成長戦略」・「輸出指向工業化」（キャッチ・アップ型工業化）・「開発主義体制」（権威主義体制）との「三位一体」の開発モデルであった．

　このような開発モデルは，たしかに効率的な工業化の実現という意味では，高いパフォーマンスを示しており，後れて開発に乗り出していく後発国にとっては魅力的な開発モデルかもしれない．しかし，この「東アジアモデル」には，いくつかの点で重要な問題点が含まれている．

　まず，「不均衡成長戦略」によって惹き起こされる格差の問題がある．たしかに，限られた乏しい資源を有効に活用するためには，最も効果が高いと思われる分野に資源を集中的に投入することによってその分野で成長のダイナミズムを惹き起こし，そのダイナミズムを他の分野へ波及させていくという考えは，初期開発政策としては有効な戦略となりえる．その際，前提とされたのが「前方連関効果」と「後方連関効果」という経済的波及効果である（Column 8）．

　だが，意図的に不均衡を作り出すことによって成長の核を作り出そうとする戦略は，そのことによって惹き起こされるであろう国内的不均衡（格差）をどの程度まで許容するかという新たな問題を発生させる．許容しうる不均衡の限度には，目にみえる指標は存在しない．しかも，ひとたび「不均衡成長戦略」

Column 8　前方連関効果と後方連関効果

　開発経済論の分野では,「不均衡成長戦略」の有効性を示す根拠として,「前方連関効果」と「後方連関効果」という経済波及効果が想定されている.「前方連関効果」とはある産業の川下部門の発展を刺激する効果であり,「後方連関効果」とは,川上部門の発展を刺激する効果である.たとえば,綿糸を輸入して織物産業を創出する場合,その発展は当然川上部門(主に素材を生産する部門)である紡績業の発展を刺激することになるし(後方連関効果),同時に川下部門(より最終製品に近い産業)である縫製業の発展を刺激することになる(前方連関効果).

　したがって,限られた乏しい資源(資本)を,経済波及効果の最も高いと見込まれる分野に投入することこそ,最も合理的な開発戦略であり,それによって引き起こされるかもしれない不均衡は一時的なものであり,やがて波及効果の拡大によって解消されていくものである,と仮定する.

　このような波及効果は,今日では,一般に「クズネッツの逆U字仮説」で想定されている「トリクル・ダウン効果」(特定の分野での成長の果実が,社会全体へと滴り落ちていく現象)とともに,「不均衡成長戦略」を容認する有力な考え方となっている.「クズネッツの逆U字仮説」とは,「クズネッツ曲線」とも呼ばれ,経済発展の初期段階では一般に社会の経済的格差は小さく(平等度が高く),経済発展(工業化)に伴って格差(不平等)は次第に拡大していくことになるが,この格差はある時点まで拡大すると,成長に伴う富の再分配機能(例えば労働力不足による賃金水準の上昇など)が働くことによって逆に格差は徐々に縮小していくというものである[Kuznets 1955].この点については,トマ・ピケティ(Thomas Piketty)の議論[ピケティ 2014](労働に伴う所得よりもむしろ資本・資産に伴う所得での格差が拡大することによって実際には経済格差が拡大していると主張)とともに,今日でも論争が続けられている.

によって成長部門が形成されると,そこから利益を得ることができる人々の利益集団が形成され,彼らの抵抗によって不均衡の是正へと向かう新たな政策が取れなくなってしまうという弊害が発生する.しかし,社会的不均衡をいつまでも放置することは,国内的には重大な事態を引き起こす結果につながることは,すでに多くの国の歴史が証明している[1].

　日本でも,かつて「表日本」,「裏日本」と呼ばれたような太平洋側への近代

的工業の立地の偏在によって地域格差が形成されたことは周知の通りである．しかし日本の場合，第2次世界大戦後の米軍政下での民主主義的諸制度の導入によって，地域格差の拡大を是正するための政策が同時に実施されることになり，結果として地域格差の拡大が抑えられていった．しかし，「東アジアモデル」に組み込まれた「不均衡成長戦略」は，日本にみられる以上の地域格差を発生させ，それは今日でも地域対立の温床となっている．

　韓国の場合，「不均衡成長」戦略がもたらした地域格差の拡大は，今日では最も深刻な問題である．2015年末現在，ソウル首都圏への人口集中はすさまじく，ソウル特別市（約1033万人，住民登録数）とその周辺都市（仁川広域市および京畿道）を含めた首都圏の人口は2559万人に達し，首都圏への人口集中度は49.7％にも達している（韓国の人口は，2015年末現在約5150万人，住民登録基準）．ソウル特別市内の住居はすでに飽和状態に達してかつてのような激しい人口増加傾向はおさまっているが，現在は地下鉄の延伸などによってソウル市を取り囲む京畿道（キョンギド）の人口が増え続けている．その結果，京畿道の人口はいまや1236万人にも達している．ソウル特別市と仁川（インチョン）広域市，京畿道を合わせた「首都圏人口」（国土面積の約12％）が50％を超えるのはもはや時間の問題であろう．全人口の半分が「首都圏人口」というのは，異常な状態であるといえよう．

　韓国では，地方での就業機会は著しく制約されており，人々は仕事を求めて依然としてソウル首都圏めざして移住を続けている．首都圏への集中は，当然，経済・文化・芸術・学術機関などあらゆる分野に及んでおり，韓国はまさに「人口集中の悪循環」に陥っているといえる（Column 9）．

「組立型工業化」と裾野産業

　また，「輸出指向工業化」の追求は，輸出実績を確保する手段として，最終製品の加工・組立が重視されるため，部品・中間財の輸入への依存や安易な模倣が行われることになる．とくに，輸出向け最終製品の加工・組立産業の場合には，時間をかけて国内で部品産業を育成する余裕はなく，いきおい先進国からの良質な部品・中間財の輸入に依存する方法がとられることになる．

1）　1979年10月の朴正熙大統領暗殺は，まさにこの「不均衡成長」戦略の矛盾が爆発したものである．それに続く同年末の全斗煥（チョンドファン）将軍の軍事クーデターと，20万人を超える民衆と軍隊の対峙によって多くの死傷者を出した1980年の「光州事件」は，「権威主義体制」下で「不均衡成長戦略」が追求された結果惹き起こされた不幸な歴史的事件である．

> **Column 9　韓国の首都移転計画**
>
> 　韓国では，首都圏への激しい人口集中に何とか歯止めをかけようと，2003年には，当時の盧武鉉（ノ　ム　ヒョン）大統領は選挙公約に掲げた「行政首都移転」を実行に移すべく，「新行政首都建設のための特別措置法」などを相次いで制定し，移転候補地として忠清南道公州市（チュンチョンナム　ド　コンジュ）の燕岐郡（ヨン　ギ）（ソウルから南へ約120km）を決定した．しかし，その後，移転に反対する国会議員，市会議員，民間団体など反対派の人々が憲法裁判所への違憲訴訟を起こし，その結果，裁判所からは首都圏移転について違憲判決が出された．
>
> 　結局，行政首都移転は，一部の行政機能を移転させる「新行政都市」建設計画に縮小され，2012年7月に「世宗（セ ジョン）特別市」が誕生し，国の行政機関9省および36政府関係機関の移転が開始された．大統領府，国会，大法院（最高裁），外交部，国防部，統一部，行政安全部などの主要機関は移転しない．目標達成最終年度の2030年でさえ，予想される人口規模は50万人程度に過ぎない．「大山鳴動して鼠一匹」とは，まさにこのことである．

　一般に，国内市場と違って先進国市場に輸出する場合には，安全面や機能面での水準は高く，要求される技術水準が高い．そのことが，また，輸入部品への依存につながっていく．結局，こうした安易な輸入部品・中間財への依存は，国内でのサポーティング・インダストリーの欠如（裾野産業の欠如）へとつながり，結果として地域格差の拡大を助長することになる（輸出向け産業は，港や道路などインフラの整備された特定地域に集中して立地される）．

　韓国を含む後発工業国の工業化パターンを「組立型工業化」と特徴づけ，その構造的弱点を指摘してきた服部［2007］によれば，韓国では，1997年の経済危機において機械類輸入が減少し，国産機械への代替が進むような兆候もみられたが，その後の推移はその傾向が順調に進展したとはみられず，基本的には多くの輸入部品に依存する「組立型工業化」パターン上を進んでいると指摘している．

　しかも，韓国の場合，「輸出指向工業化」は国家による財閥の育成・保護を通じて行われていった．その結果，韓国の財閥は肥大化し，「蛸足的経営（ムノパル）」といわれるようなまったく関連のない異業種部門へ次々と経営を拡大したため

に，競争力のある地場産業がほとんど育たないという弊害が生み出された．裾野産業の欠如と並んで，地場産業の未発達は依然として韓国経済のアキレス腱となっている．

「開発主義体制」の後遺症

さらに，「開発主義体制」(権威主義体制)がもたらす後遺症についても指摘しなければならない．「東アジアモデル」を評価する人々は，「開発主義体制」(「開発独裁」)は，「貧困の悪循環」から抜け出すための「必要悪」であり，「開発主義体制」は，経済が発展して社会の中に「中間層」と呼ばれる人々が形成され，彼らが民主化を求めることによってやがて「溶解」していくものである，と考えている．実際，韓国や台湾のこれまでの歴史は，「開発主義」を担った「権威主義体制」は経済成長に伴って溶解し，民主主義が定着していくプロセスを証明している．

しかし，「権威主義体制」が溶解するまでに払われなければならない犠牲は計り知れないほど大きいものがある．「民主化」を求めて弾圧された人々だけでなく，民主主義が犠牲にされたことによって生じた社会発展の歪み(地域対立・格差，環境・公害問題，社会福祉・社会資本整備の遅れなど)は，「必要悪」として片付けるにはあまりにも弊害が大きかった．

一般論としていえば，国家の経済過程への強引な介入は，「クローニー・キャピタリズム」，「レント・シーキング」と呼ばれるような利益集団と政権との癒着を惹き起こし，汚職やコネクション，権威主義や官僚主義などを温存させることにつながる (Column 10)．東アジアの「開発主義体制」の場合には，このような経済的腐敗は重要な問題とはならなかったが，しかしそれ以上に深刻な問題となったのは，国家の市場介入がもたらした「ダブル・スタンダード」(二重基準)の温存であった．

すなわち，東アジア諸国は，グローバル化が著しく進展した世界市場での自由競争原理への果敢な挑戦 (比較優位に基づく輸出指向工業化) と国内市場での国家による保護・規制という，相反する２つの原理に基づく開発戦略の下で工業化を成し遂げてきたのである．換言すれば，世界市場での「グローバル・スタンダード」の受容と国内市場での「ナショナル・スタンダード」の温存という二重の基準をうまく使い分けながら，工業化に成功してきたといえる．

しかし，このような「二重基準」はいつの時代においても可能となるわけではない．後述するように，幸いにも，東アジア諸国が本格的な「輸出指向工業

> **Column 10　「クローニー・キャピタリズム」と「レント・シーキング」**
>
> 　開発経済論の分野では，大統領のような強大な権力と権限をもつものから甘い汁を吸おうと群がっていったり，権力者が縁故者や取り巻きに経済的特権を与えたりすることが常態となっている社会をクローニー・キャピタリズム（crony capitalism：縁故型資本主義）と呼んでいる．インドネシアのスハルト大統領（在任1965-1998年）が，自身の三男に国産車の開発権を独占的に与えたり，側近に独占的な航空機製造プロジェクト権を与えたりしたケースなどが典型的な事例である．
>
> 　また，レントとは，国家による特殊な保護政策などの市場介入によって生み出される一種の超過利益のことを意味し，「レント・シーキング」（Rent seeking）とは，そのような保護政策によって利益を受けるものが，保護を獲得するために政策決定者（権力者）に働きかける非生産的な活動の事を指す．このような現象は，大なり小なり多くの国で観察されるものであるが，保護を獲得するために政策決定者に働きかける行為は，多くの場合政権の腐敗と結びついている．

化」を追求し始めた1970年代-80年代は，これらの国が，「ダブル・スタンダード」に依拠した「キャッチ・アップ型工業化」を追求する上で有利な国際環境に恵まれた時期であった．しかし，このような有利な国際環境は，1990年代に入って急激に変化することになる．その最初の試練こそ，1997年に突然勃発して瞬く間に東アジア全域を襲った経済・金融危機である．

　以上のことを考えれば，「東アジアモデル」は必ずしも普遍的なモデルとはなりえず，矛盾の多いモデルであったといわざるを得ない．次に，この点を詳しく見ていこう．

第2節　「東アジアの奇跡」とアジア通貨危機

1　「ダブル・スタンダード」の崩壊

「ダブル・スタンダード」はなぜ許されたのか

　上述したように，NIESやASEANが「輸出指向工業化」へと政策転換を目指

した1970年代〜80年代こそは,これらの国が「ダブル・スタンダード」(二重基準)に依拠した「キャッチ・アップ型工業化」を追求する上で有利な国際環境に恵まれた時期であった.

これらの国の「ダブル・スタンダード」が許容された有利な国際環境を形成していた基本的な要因こそ,「東西問題」と「南北問題」という当時の世界経済を律していた主要な制約である.とくに,1960年代初頭から1970年代にかけて高揚した「第三世界」の側からの既存の国際経済秩序(IMF・GATT体制)に対する異議申し立ては,国連の場に持ち込まれ,1964年に実現した第1回「国連貿易開発会議」(UNCTAD・Ⅰ)では,途上国の側から先進国に対して次々と要求が突きつけられていった.

第1章で述べたように,UNCTAD・Ⅱ (1968年) での南の側の要求を受け入れて,途上国の工業製品輸出を促進するために1970年から先進国に導入された一般特恵関税制度(GSP:Generalized System of Preferences)は,こうした先進国側の譲歩として実現したものである.

既存の国際経済秩序に対する「第三世界」の側からの異議申し立ては,1974年の国連資源特別総会での一方的な「新国際経済秩序(NIEO:Newly International Economic Order)」樹立宣言によってピークに達した.国連資源特別総会開催の提案者であるアルジェリアのブーメディエン大統領は,総会冒頭の

---

2)「東西問題」とは,第2次世界大戦後に直面することになった「ベルリンの壁」に象徴される西側資本主義国と東側社会主義国との体制の違いによる対立に起因する諸問題である.当時,東ヨーロッパ(社会主義陣営)と西ヨーロッパ(資本主義陣営)の間には,東西を分かつ「鉄のカーテン」(W.チャーチル)が引かれていると比喩的にいわれた.一般に「冷戦構造」とも呼ばれ,「ベルリンの壁」が崩壊した1980年代末まで続いた.

3)「第三世界」という呼び方は,とくに政治学の分野で多用されることが多い.「第一世界」を,欧米を中心とした先進資本主義諸国,「第二世界」を旧ソ連・東欧を中心とした「社会主義」諸国として二分し,それ以外のアジア,アフリカ,ラテン・アメリカの発展途上国を「第三世界」として分類した.「第三世界」の中でも,「第一世界」,「第二世界」のどちらからも距離を保とうとした国が,「非同盟諸国」と呼ばれた.

4)IMF・GATT体制とは,「ブレトン・ウッズ体制」とも呼ばれ,戦後の世界経済の再編に当って,米国主導で編成された金融と貿易面での新しい国際経済秩序を意味している.そこでは,「自由・無差別・多角」主義を原則として,先進工業国の協調(利害調整)が求められたが,「第三世界」の開発という視点はまったくなかった.

演説において,「今日の世界では,世界経済のすべての実権を高度工業国という少数派が握っており,開発途上国から輸入する原材料および開発途上国に輸出する商品・サービスの価格を自己の意のままに決定できる状況にある.人類の大多数の者の眼には,現存の経済秩序は,植民地主義秩序と同様に不正かつ時代遅れのものとして映っており,第三世界のすべての国の開発と進歩に対する希望を大きく妨げるものである」[川田 1976:7]と述べて,先進国と既存国際経済秩序に対して激しい批判を浴びせたのである.

「第三世界」の側の既存経済秩序に対するこのような攻撃は,当時高揚していた「資源ナショナリズム」の動向とあいまって,米国を中心とした西側先進国の放置できない脅威となっていたのである (Column 11).

以後,米ソの対立を軸とした「東西冷戦構造」(東西問題) と南北問題の同時

Column 11 「資源ナショナリズム」とオイル・ショック

「資源ナショナリズム」とは,「南北問題」の高揚を背景として,当時先進国の多国籍企業などによって支配されていた発展途上国の資源を,自国の手に取り戻そうとする動きを指す.具体的には,資源の採掘権,価格決定権などを,生産国が同盟を結ぶことによって先進国の多国籍企業(国際資本)の手から取り戻そうとする一連の動きを指している.

1973年末に勃発した,第1次オイル・ショックは,「石油輸出国機構」(OPEC) と呼ばれる石油生産国同盟が,国際石油資本(石油メジャー)から価格決定権を奪うことによって一気に石油価格を引き上げた(1バーレル約3ドルから11.7ドルへの引き上げ:1バーレルは159リットル)ことによって惹き起こされたものである.このような発展途上国の「生産国同盟」結成による先進国企業への挑戦は,UNCTADの場における先進国側の譲歩を引き出す有効な手段として利用されるようになった.

---

5)「第三世界」が要求した「新国際経済秩序」とは,先進国を中心とした「IMF・GATT体制」(自由・無差別・多角主義の原則)にかわる発展途上国の立場に立った新しい国際秩序である.しかし,国連資源特別総会での決議は,実際には何の法的拘束力ももたなかった.

並存という国際的環境のもとで，世界市場に向けた「輸出指向工業化」を追求する新興工業国（一部の発展途上国）の「ダブル・スタンダード」を許容ないし黙認するという先進国側のスタンスが形成されていった．

とくに，70年代に入ってから，韓国，台湾，シンガポールなどアジアNIESは，「新国際経済秩序」樹立路線を掲げた発展途上国の「77カ国グループ」（G・77）とは一線を画すことによって，「ダブル・スタンダード」のもたらす恩恵を最大限享受することができたのである．当時，発展途上国の中には，GSPの導入をめぐって，特恵の対象を製品・半製品に限定することによって先進国との合意を早期に実現しようとするアジアNIESなどの工業製品輸出国と，あくまでこれに一次産品を含めるべきであるとする一次産品輸出国との間に，激しい対立がみられた．米国など西側諸国は，このような対立をうまく利用することによって，「NIEO樹立宣言」に向けて収斂していった「G・77」の結束に亀裂の芽を植えつけていったのである（Column 12）．

このように，70年代-80年代こそは，東アジア諸国が，「ダブル・スタンダード」に依拠した「キャッチ・アップ型工業化」を追求する上で有利な国際環境に恵まれた時期である（しかも，2度にわたるオイル・ショックによる賃金上昇と欧米

Column 12　「南北問題」と「南南問題」

　国連を舞台とした先進工業国と発展途上国との対立が激しさを増していった一方で，1970年代後半に至って，「南北問題」とならんで「南南問題」問題といわれる新たな状況が出現することになった．NIESの輸出指向工業化の成功によって，南（発展途上国）の側にも新興工業国と呼ばれる一群の成長国家が出現し，さらにOPECによって惹き起こされたオイル・ショックの影響は，先進国のみならず非産油途上国の経済をも直撃し，MSAC (Most Seriously Affected Developing Countries：オイル・ショックによってもっとも打撃を被った国）と規定された国々が出現する結果となった．この時期には，NIESと並んで，石油のような有望な天然資源を保有する豊かな国（資源保有国）と，資源をもたない最貧国（LLDC：Least Less Developed Countries）が出現するなど，南の側が分極化する事態が進行した．このような状況は当時「南南問題」と呼ばれ，以後とくに発展途上国の貧困問題がクローズアップされるようになった．

第2章　東アジア経済発展の光と影を考える　*47*

との貿易摩擦に直面した日本企業が,「迂回輸出」を狙ってこれらの国に進出し,結果として工業化を後押ししたのもこの時期である).

「グローバル・スタンダード」の拡大

だが,1990年代に入って一挙に進行した東欧社会主義圏の崩壊と米ソの冷戦構造の終焉は,それまでの国際政治・経済環境を一変させ,新古典派経済学が寄って立つ「グローバル・スタンダード」が,唯一の基準として強要され始めることになった.

当時はすでに,NIESに対するGSP供与が相次いで打ち切られはじめており,先進国の新興工業国をみる眼は大きく変化し始めていたのである.

さらに,1995年にはGATTに代えてWTO(世界貿易機関)が設立された.GATTが政府間協定という位置づけに過ぎなかったのに対して,WTOはその名のとおり機関として設立されたものであり,GATTの機能強化が図られていった.WTOの設立に伴って,世界的な貿易自由化が進展し,それはモノの貿易だけでなくサービス貿易や知的所有権取引にまで対象が広げられ,さらにルール違反に対する罰則なども強化された.新興工業国にとっては,WTOの設立は,自国市場の開放圧力の強化と受け取られた.

このように,1990年代は,情報通信革命(IT革命)の進展と併せて,世界的なグローバル化が一気に進行した時期であった.にもかかわらず,「東アジアモデル」を過信していた東アジア諸国は,抜本的な対応を怠っていたのである.

もちろん,進展するグローバル化に対して,これらの国にまったく危機感がなかったわけではない.例えば韓国では,はじめての文民政権の誕生として期待された金泳三政権は,就任2年目を迎えた1994年,WTOの設立に伴って予想されたいっそうの市場開放圧力とグローバル競争の激化を前にして,韓国産業の国際競争力を強化するという名目で,大胆な財閥系企業の業種別専門化政策を打ち出した.業種別専門化政策とは,無秩序的に異業種拡大を続けてきた国内30大財閥のうち,上位10大財閥には3つの専門業種を,11位以下の財閥には2つの専門業種をそれぞれ選択させ,専門業種の中で売上高が10%以上の企業を主力企業と認定し,銀行の貸出規制の緩和などの優遇措置を講ずる一方,非主力企業の統・廃合を誘導するというものであった.しかし,このような思い切った政策も,金泳三政権の弱体化と財閥企業の抵抗によって結局実現されることはなかったのである.

1997年後半からの東アジア経済危機は,このような国際政治・経済環境の激

変によって，東アジア諸国が「グローバル・スタンダード」と「ナショナル・スタンダード」という「二重基準」を使い分けることができなくなった最初の危機の発現であったといえる．

2　「成長神話」の崩壊
クルーグマンの警鐘

P. クルーグマンが，「アジアの奇跡という神話」(The Myth of Asia's Miracle) という一文を発表して，「東アジアの奇跡」に警鐘を鳴らしたのは，1994年であった．その警鐘とは，「全要素生産性」(TFP：Total Factor Productivity) という基準からみた場合，東アジアの成長は単なるインプット（投入要素）の増大によってもたらされた一度限りの成長に過ぎず，それは「神話」に終わるというものであった [Krugman 1994]．

クルーグマンによれば，社会の持続的成長のためには，「全要素生産性」の上昇がみられなければならないが，東アジアの成長にはそれはみられないという．クルーグマンがいう「全要素生産性」とは，つまるところ，その国がもつ経済の生産効率全体のことであり，技術進歩，生産組織やマネージメントの革新などによってはかられるが，決定的に重要なのは，そのような進歩や革新が，社会の内部から繰り返し起こってくるような社会システムが形成されていることである，という．

つまり，クルーグマンの考える持続的な成長のための基準は，その国の経済が相対的に高い生産効率を備えた社会に到達しているか否かという点にあり，この基準ではかれば，単なるインプット（投入要素）の増大によって導かれる経済成長は持続性をもたない一度限りの変化に過ぎないということになる．旧ソビエト連邦や「改革・開放」前の中国経済が，工業製品の国産化を国是として，国際競争力を無視した自動車や家電製品を自給していたことはよく知られている．今日では，一部の軍需産業を除き，「社会主義」諸国で生産された工業製品で，国際競争力をもっているものはまったくない．クルーグマンによれば，それはTFPの上昇を伴わない単発的な成長にすぎなかったからである，ということになる．

その意味で，「東アジアの奇跡」という驚嘆は，かつて欧米の経済学者がソビエト連邦の急激な工業化に対して感じた脅威と同じ性格のものであり，これ以上の東アジアの持続的経済成長は望めない，という警鐘につながるもので

あった.

見過ごされた構造的脆弱性

クルーグマンのこのような指摘に対しては，当時は圧倒的に否定的見解が支配的であった.「雁行形態論」によって説明された東アジアの成長過程は，まるで「雁」がきれいな列をなして飛んでいくように，日本からNIESへ，NIESからASEANへ，ASEANから中国・ベトナムへと次々と成長の波が伝播していく継起的な追跡過程として描かれていた．そこでは，その前提として，「賢明な政府」による「健全な開発政策」によって，国内での産業構造の転換（高度化）が次々とはかられていくことが前提とされていた．もしそうであるならば，東アジアの成長が，「生産性の持続的上昇」を伴うものではないというクルーグマンの批判は，とうてい首肯しがたいものであった．

たしかに，東アジアの成長を，クルーグマンのいうように，単なる物的な投入要素の増大による一時的な現象にすぎないとみるには問題がある．韓国や台湾においては，学習・模倣あるいは技術導入を通じて，企業の生産性は確実に上昇していたのである．しかし，クルーグマンの真意は，TFPの上昇が認められるか否かではなく，TFPの持続的な上昇が社会的に構造化されているか否かという点にあったとみるべきであろう．そのような視点に立てば，たしかに，生産性の上昇は認められるにしても，それが持続的に上昇していくようなシステムが社会的にビルト・インされていたかという点については，必ずしもそうだとはいえない面があった．

クルーグマンの警鐘にもかかわらず，東アジア諸国はその後も相変わらず「開発主義」にもとづく拡張路線を突っ走っていった．だが，1997年に東アジアを襲った経済・金融危機は，「東アジアの奇跡」の弱点を見事に露呈させたといえる．経済危機の原因を何に求めるかについては，諸説があるが，東アジアの成長が内包していた「構造的脆弱性」（東アジアモデルの限界）は疑う余地がない．

3 アジア通貨危機の意味するところ

「東アジアモデル」への過信

1997年7月，タイで通貨危機が発生したとき，大方のエコノミストは，これが東アジア全域に次々と波及していくとはまったく考えていなかったし，かくも深刻な経済危機にまで進んでいくとは考えてもいなかった．とくに韓国については，マクロ経済指標は良好であり，経済のファンダメンタルズはしっかり

しているとみなされていた．にもかかわらず，経済危機はあまりにもあっけなく起こったのである．

　経済学者の中には，今でも，これを単なる「通貨危機」（流動性危機）と呼んで，深刻な経済危機だったとは認めようとしないものもいる．しかし，1997年末から「通貨危機」に見舞われた韓国では，最大180万人近い労働者が職を失い（失業率8.7％），中高年の男性を中心に自殺者が急増した．1998年の自殺者は，前年比42.1％増で，特に40代，50代の男性はともに68％増と，最大の増加率であった（韓国統計庁『死亡原因統計年報』2010年）．韓国のテレビでは，連日「お父さん死なないで」というキャンペーンまで流された．経済学者は，一家の大黒柱の失業も，失業率という数字でしか把握しないが，韓国の経済危機では家庭崩壊，自殺者の急増など，深刻な事態が進行したのである．これを「経済危機」と呼ばずになんと呼べばいいのだろうか．

　結局のところ，東アジアの経済危機に関する限り，大方の経済学者はほとんど無力であった．東アジアの国家指導者も，かくも深刻な経済危機が突然襲ってくるなどということは，想像だにしていなかったに違いない．そこで見過ごされていたのは，「東アジアモデル」に対する過信である．換言すれば，「東アジアの奇跡」，「21世紀は東アジアの時代」という心地よいキャッチ・フレーズが，いつしか人々の心を蝕み，高成長がもたらした影の部分（分裂効果）への対応をなおざりにしてきたのではないだろうか．このことは，とりもなおさず，「経済成長への慣れ」であり，高成長を当然のことと考えてきた「おごり」に他ならない．以下において，この点を具体的に検証しておこう．

危機の勃発

　東アジアのほとんど全域に広がった経済・金融危機の引き金となったタイのバーツ危機は，国内的には地場産業保護のために外資への直接投資規制を残しながら[6]，旺盛な需要が続く開発資金を調達するために国際短期資金（ホットマネー）を取り込もうとして，「オフショア市場」（Bangkok International Banking Facility：1993年[7]）を開設したタイ政府のこの「二重基準」を突かれたものである．

　国内貯蓄ではまかないきれない開発資金を補うために海外貯蓄を取り込もう

---

6) タイの国内産業保護を目的とした外資に対する直接投資規制は，外国資本の出資比率を制限したり，ローカルコンテンツ規制によって，高い比率（70–80％）の国内部品使用義務を課すなどの方法で行われていた．

と考えたタイ政府は，バーツをドルにペッグして為替リスクを国内的に引き受ける一方（外国投資家に為替リスクを負わせないようにして），オフショア市場に対しては預金準備率，金利規制の対象外におき，税制面での優遇措置も講じた．さらに，外国投資をひきつけるために，国内では高金利政策がとられた．

タイ政府のこのような外資導入政策は，ドルにペッグされたバーツの過大評価（＝輸出競争力の低下）を招き，その結果タイの貿易収支赤字を拡大させていった．当時，中国政府は，本格的な「輸出指向工業化」を目指して，米ドルに対して33％の元切り下げを行っており（1994年），台頭しつつあった中国製品の輸出競争力はいっそう強化されていた．

タイ政府の積極的な外資導入政策の結果，オフショア市場が開設された1993年から1997年6月までに，新たに53億ドルを超える外国銀行からの短期借り入れ資金が導入された．しかも，国内に流入した短期資金は，その多くが株式投資やマンション・ゴルフ場開発などの不動産部門へ，長期貸しが行われた．

当時タイ経済は明らかなバブル現象をきたしており，しかも1997年初頭から輸出にかげりがみえ始めたのである．タイは，それまでにも貿易収支は赤字であったけれども，資本収支の黒字でこれを埋め合わせることによって総合収支のバランスを保っていた．しかし，こうした輸出の停滞の結果，1997年2月以降，3カ月連続して総合収支は赤字を計上し，外貨準備も1月末の392億ドルから4月末には373億ドルへと減少を続けていたのである．にもかかわらず，タイ政府は，輸出の減少は一時的なものであるとして，バーツ切り下げを含む抜本的な対策を講じようとはしなかった[8]．それは，国内から短期資金が流出することを最も恐れていたからに他ならない．だが，その間にも，市場の変化に

---

7) 「オフショア市場」とは，国際間での自由な資本取引を促進するために設けられた国際金融市場の一部であり，税制面などいくつかの優遇措置が講じられている．オフショア市場には，外国（非居住者）と外国との金融仲介取引（外・外取引）だけが行われる市場と，外国と国内（居住者）の金融仲介取引（内・外取引）も区別することなく行われる市場との二種類がある．タイのオフショア市場は，後者を狙ったものである．

8) 中央銀行経済調査局のクレオソーン局長は，「（資本流失は）海外でのハイリターンを求めたものやドル投機に向かったものであり，一時的なものである」として楽観していた（JETRO『通商弘報』No.14006，1997年6月20日）．ちなみに，タイの外貨準備高が前年同期比でマイナスに転じたのは，1984年以来13年ぶりであった．それでも，当時はまったく危機感はなかった．

敏感な国際短期資金は，流出を続けていた．

　米国のヘッジ・ファンドを含むミューチャル・ファンド（米国の一般的な投資信託の呼称）は，ドルにペッグされたバーツの過大評価は，必ず修正されることになるだろうという判断の下に，オフショア市場でのバーツの売り浴びせを仕掛けたのである．結果として，タイ政府は，バーツを買い支える外貨準備が底を突き，変動相場制へと移行せざるを得なくなり，バーツの大暴落を招いたのである．[9]

　この一連の事態は，一般的に指摘される金融制度の脆弱性や，ヘッジ・ファンドのマネーゲームだけの問題ではない．本質的な問題は，「成長神話」に酔わされて，タイ政府が陥っていた「成長至上主義」にあったのである．

危機の拡大と背景

　韓国では，1997年1月，韓宝（HANPO）という財閥ランキング14位で韓国第2の鉄鋼会社が，世界で第5位に相当する大規模な製鉄所（年産900万トンクラス）を建設中に倒産した．しかも，韓国の複数の銀行は，この韓宝に対して十分な担保も取らずに当時の為替レートで約46億ドルもの巨額の貸し付けを行っていたことも明るみに出た．この銀行からの巨額の融資に当たって，金泳三大統領（当時）の次男が関与していたという疑惑も浮上した．

　韓国の銀行は，80年代初頭まで国家管理のもとにおかれ，民営化されて以降も政府の強いコントロールのもとにあった．韓国では一般に，「官治金融」と呼ばれている．銀行の側にも，政府は銀行の経営が悪化したとしても必ず救済してくれるはずだという甘えがあった．この事件をきっかけにして，銀行の不良債権問題が一気に浮上した．これに拍車をかけたのが，韓国第2位の自動車メーカー・起亜（KIA）の経営破綻である．韓国の自動車産業は，当時，現代，起亜，大宇の三社ですでに飽和状態にあった．その自動車産業に，97年から財閥ランキング第2位の三星（SAMSUNG）グループが日本の日産自動車から技術供与を受け，参入準備を進めていたのである（生産開始は98年3月）．起亜の経営破綻の直接の原因は，累積赤字の拡大による経営危機にあったが，三星グループの自動車市場参入が引き金になったことは間違いない．

9）　変動相場制に移行する前のタイ・バーツは，1ドル＝25.323バーツ（1996年平均）にペッグされていた．変動相場制への移行によって，1ドル＝41.36バーツ（1998年平均）にまで下落した（下落率38.8％）．

この他にも，97年には，拡張路線をひた走り異業種に次々と手を伸ばした多くの財閥が倒産した．97年11月に顕在化した外貨危機に端を発した韓国経済の未曾有の経済危機は，このような韓国企業の無秩序な拡張路線と政府の成長優先主義が背景にあった．

さらに，東アジアの経済危機の背景には，金融市場の脆弱性，企業の財務構造の脆弱性にとどまらず，政府の過度の介入によってもたらされた市場メカニズムの脆弱性，技術導入と模倣に過度に依存したことによってもたらされた技術基盤の脆弱性，貧弱なサポーティング・インダストリーにみられる産業構造の脆弱性など，構造的問題が横たわっていた．これらはつまるところ，「東アジアモデル」と賞賛された成長路線を過信し，依然として「ナショナル・スタンダード」へ依存し続けた結果もたらされた構造的脆弱性だといえる．

このような構造的脆弱性への対応を遅らせ，国内的には「ナショナル・スタンダード」に守られながら，世界的なグローバリゼーションの恩恵を享受しようとしてきたことの「つけ」を，ついに払わざるを得なくなったというのが，危機の本質である．

第3節　構造改革とグローバル化の進展

1　突きつけられた「グローバル・スタンダード」

IMFと構造改革

危機に直面した東アジアの多くの国は，IMF（国際通貨基金）に対して緊急支援を要請した．緊急支援とは，流出（外資の逃避）によって国内で底を突いた外貨（米ドル）を特別に融資してもらうというものである．

実は，もともとIMFと世界銀行では，融資対象が区別されていた．IMFは，国際収支難などの一時的な外貨不足に対して行う短期融資を，世界銀行は，発展途上国の開発支援を目的として行う長期融資を，それぞれ対象としていた．しかし，1973年末からの第1次オイル・ショックをきっかけとしてIMFが中期（通常三年）の融資制度として信用供与の拡大措置を講じたことにより，両者の垣根は狭められ，途上国の開発支援という性格を共有することになった．世界銀行も，1980年代に入ってから，従来からの特定のプロジェクトに対して行う融資とは別に，構造調整融資を新設した．こうして，途上国の累積債務問題に連携して対処する手段として，融資にともなう「コンディショナリティ」（構

造調整を目的とした融資条件)が重要な位置を占めるようになったのである．以後，IMFや世界銀行は，途上国への融資に当たって，受け入れ国の政策変更(内向きの政策から外向きの政策への転換)を求める「構造調整プログラム」を作成し，その遂行を求めるようになったのである．

　IMFが融資の見返りとして要求した「コンディショナリティ」は，市場開放を一段と推し進めさせるための規制緩和と自由化という流れに沿って，財政改革，税制改革，金融改革，為替制度改革，資本市場改革，労働市場改革など，経済全般にわたる広範囲の改革を求めるものであった．すなわち，一言でいえば，新古典派経済学が寄って立つ「グローバル・スタンダード」の採用である．構造改革を迫られた多くの国では，「コンディショナリティ」に示されたIMFの要求は，米国の利益を代表するものであるという批判が巻き起こったが，それはあながち的はずれではない．国際経済の専門家の間にも，「グローバル・スタンダード」の強要は，米国連邦政府・IMF・世界銀行三者の「ワシントン・コンセンサス」(Washington Consensus)にもとづくものであるという指摘がある[10]．

「グローバル・スタンダード」の採用

　こうして，IMFの緊急融資を仰ぐことになった韓国では，570億ドル(IMF210億ドル，世銀100億ドル，日本100億ドル，米国50億ドルなど合意総額)を超える特別融資を受ける見返りとして，国内市場の開放(貿易・投資・金融の自由化と政府規制の緩和)，公企業の民営化，財閥の構造改革，金融制度の改革，労働市場の柔軟化(整理解雇制の導入)，財政改革(緊縮財政)，金融引き締め，為替レートの柔軟化(実質的ドルペッグ制の廃止)，など国内市場の抜本的改革を約束させられた．

　東アジア経済危機の背景に，経済のグローバリゼーション(グローバル化)に対応できなくなった「構造的問題」が横たわっているというIMF・世銀の認識自体はおそらく間違っていないであろう(Column 13)．だが，IMFは，その構造的問題を，「効率性」と「小さな政府」という基準によって一挙に改革しようと考えた．しかし，「ダブル・スタンダード」によって守られてきた構造的脆弱性は，「効率性」という基準によって克服されるべき性格のものではない．むしろ，「トリクル・ダウン仮説」を前提として，「不均衡成長」理論に依拠し

---

10) "Washington Consensus"とは，いうまでもなく，米国政府の主要機関，IMF・世銀の本部がワシントンD.C.に立地していることによる比喩である．この三者は，世界経済の自由化を基本とする「グローバル・スタンダード」を共有していると考えられた．

Column 13 「グローバリズム」と「グローバリゼーション」

いうまでもなく,世界経済の場において「グローバル・スタンダード」(Global Standard) の採用を求める「グローバリズム」(Globalism) と「グローバリゼーション」(Globalization) とは明確に区別されなければならない.「グローバリズム」とは,1つの理念あるいは思想であり,第2次世界大戦後,米国によって主導されてきた経済の「自由化,無差別化,多角化」の理論的支柱となった「グローバル・スタンダード」に基づく世界的な自由・無差別主義の追求を意味している.

他方,グローバリゼーション(グローバル化)とは,こうしたグローバリズム(世界的自由・無差別主義)と急速に進展した情報通信革命によって導かれた世界的なボーダレス化現象であり,進行の度合いはともかくとしても,国家間の壁が限りなく取り除かれていく今日の世界では,基本的には抗うことはできない現象である.それゆえ,グローバリゼーションとは,ボーダレス化と表裏の関係にあり,世界的規模でのボーダレス化が進展していく以上,避けられない現象である.

したがって,理念としての「グローバリズム」と現象としての「グローバリゼーション」は不可分に関係しているとはいえ,両者は差し当たっては区別されなければならない.しかし,東アジアの成長は,世界経済のグローバル化と不可分に結びついており,その恩恵を最も受けてきたのも東アジアである.それゆえ,「グローバリズムのビッグ・ウェーブ」といわれる時代にあって,「グローバリズム」(グローバル・スタンダードの採用)を拒否しつつ「グローバル化」の恩恵だけを受け取るという都合のいい途は今日では許されなくなった.

第9章で詳しく見るように,グローバリズムの衝撃を,地域主義(リージョナリズム)によって緩和しようという試みも,必ずしもうまくいっているとは言えない.私たちは今,この迫りくる「グローバリズムのビッグ・ウェーブ」にどのように対処すればいいのかという厳しい選択を迫られているのである.

て拡張路線を邁進してきた結果として惹き起こされた「国内的不均衡」を是正することこそ,最大の課題であったはずである.IMFは,「構造的脆弱性」と「国内的不均衡」の問題を,「効率性」の問題にすり替えてしまった.

結局,危機に陥った国に,特別融資の見返りとしてIMFが要求した「構造改

革」は,「東アジアモデル」が内包していた「ダブル・スタンダード」の存立条件を取り除き,「グローバル・スタンダード」の採用を求めることによってグローバル競争へと身を投じさせる結果となった.こうして,2000年以降,世界経済のグローバル化が一気に進展し,「メガ・コンペティション」と呼ばれた世界的「大競争時代」が到来することとなったのである.

2 「雁行形態的発展」の終焉と「大競争時代」の幕開け
「雁行形態」からの離脱の始まり

東アジアの成長を説明する「雁行形態論」は,基本的には比較優位論に基づくものであり,一国における技術の段階的発展を前提としたものであった.したがって,「雁行形態的発展」は,「重層的追跡過程」とも呼ばれたように,成長の連鎖構造を示すものであった.

しかし,1990年代に入ってから,中国に対する海外直接投資(FDI)が本格化するに伴って,この成長のきれいな波は,大きくかき乱されることになる.いうまでもなく,中国の「世界の工場」化である.中国は,世界中の投資を惹きつけて,一気に技術の階段を駆け登ったのである.

他方,経済危機を引き金として東アジア諸国に突きつけられていった「グローバル・スタンダード」の採用は,政府の保護・規制を取り払い,企業はグローバル競争へと身をゆだねざるを得なくなった.このような時代にあっては,企業が生き残れる道は,「雁行形態的発展」が想定した技術の漸進的伝播に期待するのではなく,「雁行形態的発展」の経路からいかに離脱するかが課題となる.すなわち,「大競争時代」にあっては,技術の階段を1つずつ順番に登っていくような余裕はなく,一足飛びにハイテク製品までも造れるような技術を習得することが鍵となるからである.

そして,このような一足飛びを可能にさせたのが,「モデュラー型アーキテクチャー」に基づく新しい国際分業構造の東アジアへの広がりである.東アジアの国々は,この新しい国際分業に組み込まれることによって,自らにふさわしい地位を獲得していったのである.

こうして東アジアでは,「雁行形態」からの離脱が次々と始まり,代わって「生産ネットワーク」と呼ばれる新しいプロセスが広がっていった.

「雁行形態」から生産ネットワークへ

「雁行形態」に代わる新しい国際分業を理解する鍵は,「モデュラー型アーキ

テクチャー」と呼ばれる製品アーキテクチャーの一大技術革新である．「アーキテクチャー」とは，本来建築に関わる専門用語であるが，この場合には製品の基本設計構想を意味しており，新製品を開発する場合に，必要な部品をどのように配置するか，各部品の連結をどのように設計・調整するかなどの構造上の設計手法を指している．「モデュラー型」とは，製品に組み込まれる「基本部品（モデュール）」の機能がそれ自体で自己完結的であり，その連結部分が単純化ないし標準化されたものを指している．

したがって，「モデュラー型アーキテクチャー」とは，規格化された部品を組み合わせてそれぞれの機能を連結させるという手法で新製品を開発していく製造方法である．通信機能，カメラ機能，動画機能，音楽再生機能など，それぞれ規格化された機能をもつ部品を連結させることによって携帯電話の機能が進化していった例などが典型である．

こうした生産方法が確立された世界では，標準化された基本部品（モデュール）を供給する企業を利用して，「モデュラー生産ネットワーク」をもっとも合理的に組織したものが，世界市場を支配することになる．そして，実際，NIESやASEAN 4，さらには中国の企業までも利用して，こうした生産ネットワークを最初に組織したのが，米国系多国籍企業であったが，やがてNIES企業の中からも，三星（SAMSUNG）のような生産ネットワークを利用した世界的大企業が出現することになった．

他方，日本企業は，製品の設計から製造まで一貫した内製化にこだわり，各部品間の機能上の相互依存性が強い「インテグラル型（擦り合わせ型）」と呼ばれる手法に長く依存していたために，「生産ネットワーク」の形成においては遅れをとることになった．NIESやASEANに核心部品を供給していた日本企業も，結局のところこのような東アジア生産ネットワークに組み込まれざるを得なくなったのである．[11] こうして，2000年以降，東アジアでは，「生産ネットワーク」と呼ばれる新しい国際分業（サプライ・チェーン）が展開されるようになり，

---

11) たとえば，iPhoneで有名な米国のアップル社は，自社独自の工場をもっていない．このような企業を，「ファブレス企業」という．自らは，製品の設計や開発に特化し，製品の製造は外部企業（台湾企業など）に委託する．委託された企業は，この「生産ネットワーク」を利用してアップル社のブランド名で組立・生産し供給する．今日では，高度な技術をもつ日本企業も，この生産ネットワークに組み込まれている．

このネットワークに組み込まれるか否かが企業間競争の命運を左右するようになった．このことが，さらに国際競争を激しくさせ，「大競争時代」と呼ばれる果てしない競争へと導いていったのである．

おわりに

第2章では，「東アジアの奇跡」と賞賛された発展過程の影の部分に焦点を当てて，その問題点を考察してきた．東アジアの奇跡的な成長の影には，「権威主義体制」あるいは「開発主義体制」と呼ばれた強権的な国家体制と民主主義の制限がみられた．

経済学には，「成長か分配か」という議論があるが，「東アジアの奇跡」を可能にした「東アジアモデル」は，明らかに「先建設，後分配」（韓国の朴正熙大統領が掲げたスローガン）という成長優先のモデルであった．国家の発展のためには，個人の欲望は抑えなければならないというこの思想は，人々の自由な活動を抑圧することになる．

加えて，「東アジアモデル」への過信は，国内の矛盾を先送りすることによって拡張路線を突き進むことになった．開発至上主義，あるいは成長至上主義ともいえるこのような風潮の中で，1997年の経済危機は突然東アジア全域を襲ったのである．危機の救済に乗り出したIMFによって，多くの国に求められた構造改革は，国民に多大な痛みを強要する結果となった．

1997年からの経済危機以降，東アジアでは急速な経済のグローバル化が進行した．その結果，「大競争時代」と呼ばれる，人類がかつて経験したことのない規模と激しさをもった競争が，眼前で展開されることとなった．この新しい状況に直面して，東アジア諸国は今，身の処しかたを模索している．この点については，第9章において改めて検討することにしたい．

第3章　NIESの経済発展について考える

はじめに

　第1章で述べたように，「停滞のアジア」から「成長のアジア」へのパラダイム転換を惹き起こした最初のきっかけは，アジアNIES（NICs）の登場であった．

　第3章では，アジアNIESの経済発展を取り上げ，まずこれらの国の経済発展を可能にした国際的・国内的要因について考察し，次いで韓国，台湾，シンガポールの経済発展過程について具体的にみていくことにする．NIESには，「輸出指向工業化」などいくつかの共通する特徴もあるが，個別の発展過程においてはかなり異なった特徴を示している．大雑把に言えば，韓国は政府による財閥の育成を通じた工業化に取り組み，台湾は中小企業の自助努力によって発展してきた．また，シンガポールは多国籍企業の誘致を積極的に進めながら工業化に取り組んでいったという点で，韓国・台湾とも違う特徴的なパターンを示している．

　このように，NIESといってもその経済構造は異質であり，類似性と同時に多様性も併せもっている．本章では，とくに，NIESの優等生とみなされ，「漢江の奇跡」とも賞賛された韓国の経済発展について，やや詳しくみておくことにする．韓国の発展は，「東アジアモデル」と賞賛された「キャッチ・アップ型工業化」の典型的な発展プロセスをみせていると同時に，「光」と「影」の両面を鮮やかに映し出してくれる．

第1節　NIESの発展を可能にした諸要因

1　国際的要因について

　NIES（NICs）の出現から始まった「東アジアの奇跡」が，「輸入代替工業化」

から「輸出指向工業化」への開発戦略の転換によって実現されたとしても，それだけですべてを説明しきれるわけではない．そこには，いくつかの国際的・国内的な要因が複合的に作用していることが考えられる．

まず，国際的な要因としては，戦後米国の主導の下で進められた国際経済の自由化の進展（主として，GATTの下で進められた工業製品関税の引き下げとIMFの下で進められた金融自由化）があげられる．国際経済の自由化の進展によって，発展途上国からの工業製品輸出（主として労働集約的非耐久消費財の輸出）に有利な環境が生まれた．さらに，第1章で述べたような南北問題への対応として1970年から先進国に導入された「一般特恵関税制度」(GSP) など先進国側の譲歩が，発展途上国の工業製品輸出を促進する役割を果たしたことがあげられる．

加えて，1973年末からの第1次オイル・ショックを引き金とした先進国での急激な賃金上昇が，NIESにおける産業構造の転換を容易にしたことが指摘できる．とくに，先進国での激しいインフレーションと賃金上昇をもたらした1970年代は，ASEANからの追い上げを受けてNIESが労働集約的産業から資本集約的産業への産業構造の転換を迫られていた時期であり，折から日本など先進国ではエネルギー多消費型の「重厚長大産業」から「技術集約型産業」への転換が叫ばれていた時期である．先進国での産業構造の転換と，NIESでの産業構造の転換は相互に連動している．

さらに，国際的な資本の自由化と規制緩和に伴って，先進国の資本が発展途上国に向けて直接投資されるようになったことも重要な要因である．これらの直接投資（FDI：Foreign Direct Investment）を主導したのは，主として「多国籍企業」と呼ばれる先進国の巨大資本であり，その発展途上国への進出は，「資本・経営ノウ・ハウ・技術」をパッケージとして移転するケースが多かった．これらの多国籍企業は，さしあたり，進出先の政府の外資優遇措置の具体的内容やインフラの整備状況など経済的要素を考慮するものであるが，何よりも重視されたのは，政治的安定度を基準にした「カントリー・リスク」の多寡である．

東アジア諸国のうちでも，比較的「カントリー・リスク」の低い国とみられていたのは，NIESやASEAN 4 である．しかし，韓国の場合，政府は国内の民族資本（地場資本）の育成に力を入れており，外国企業の直接投資に対してはきわめて警戒的・選別的であった（韓国は，外資をおもに借款という形で利用した）．それに対して，シンガポールなどは，国内資本の未熟さを反映して，当初から外資（直接投資）を積極的に利用した「輸出指向工業化」を目指していった（第

1章，第2節，22頁，参照）．

　NIESに次いで高度成長を始めたASEANでも，マレーシアやタイは「カントリー・リスク」の低い国と評価され，比較的早い時期から外国企業の直接投資が行われていた．とくに，マレーシアやタイについては，1985年の「プラザ合意」に基づくドル高是正局面で出現した急激な円高に直面して，日本企業が行った直接投資が重大な転機となった．この時期以降，ASEAN 4も完全に「輸出指向工業化」に転換したとみられるようになった．ASEANのこのような政策転換の背景には，NIESの成功があることは疑いない．

　また，NIESの中でも，とくに韓国と台湾にとっては，日本の存在が大きかった．具体的には次節で詳述するが，韓国の企業は日本から良質な部品・素材を輸入してそれを最終製品へと加工・組立して北米市場に輸出するという工業化の道が可能となったし，台湾の中小企業は日本企業の下請け・孫請けから出発して順次独立した部品供給メーカとして発展していく道が可能となったのである．日本と韓国，台湾の関係は，厳密にいえば，国際的要因というより，特殊な要因といったほうが正確であるかもしれないが，近隣におけるこのような先進国との経済的補完関係の形成が，両国の経済発展に重要な役割を果たしたことは否定できない．

2　国内的要因について

　NIESの成長を語る場合，国内的要因のもつ意味はとくに重要である．なぜなら，国際的要因のほとんどは，広くすべての発展途上国に開かれており，それを内部化しえるかどうかは途上国側の対応力いかんにかかっており，それはその国の内部から分析することによってしか明らかにすることは出来ないからである．

　国内的要因のうちでも，特に政府の役割が大きかったことは，すでに紹介した『世銀報告書』［World Bank 1993］も指摘しているとおりである．「東アジアの奇跡」は，「賢明な政府の，健全な開発政策」によって実現されたというのが，世銀エコノミストの見解であった．しかし，このことは，第2章でも指摘したように，「権威主義体制」あるいは「開発主義体制」下での「国家主導型発展」という指摘と軌を一にしている．「賢明な政府」とは，国民の不満を抑え込んで開発に向かわせることができる「強い政府」でなければならなかったのである．

さらに，農業や商業の発展を基礎とした産業資本家の存在が指摘できる．とくに，後述するように韓国，台湾では，戦後〈地主-小作〉制度の解体を目指した土地改革が進展し，工業化にとって不可欠である農業の近代化と国内市場の拡大が図られていった（香港やシンガポールのような中継貿易港として栄えた都市国家では土地改革という課題はほとんど問題にならなかった）．こうした国内市場の拡大が，地場産業の発展を保障したのである．

　また，香港やシンガポールでは「華僑・華人」を中心とした商業資本の蓄積がみられた．当初，貿易，金融，サービス業など第三次産業を基盤にして発展してきた「華僑・華人」資本は，国内での工業化の進展という新しい状況の出現を受けて，次第に製造業へと投資を拡大させていった．その際，「チャイニーズ・ネットワーク」と呼ばれる国内外に張り巡らされたネットワークが重要な役割を果たすことになった（Column 14）．「華僑・華人」資本は，このネットワークを利用して，事業拡大を図っていったのである．

　これらの国ではまた，第2次世界大戦前の比較的早い時期から，鉄道や道路，港湾といったインフラストラクチャーが整備されており，「権威主義体制」下において経済発展に乗り出してからも，政府は引き続きインフラ整備に積極的に取り組んだ[1]．

　また，比較的良質な労働力の存在も指摘される．東アジアは，特に儒教の影響が強い地域であり，東アジアNIESはいずれも「儒教文化圏」という共通性をもっている．儒教と経済発展の関係については，従来M．ウエーバーの否定的見解（第1章，第1節，参照）が支配的であったが，東アジアNIESの発展とともにこの儒教と経済発展の関係が見直されることとなり，今日では，経済発展に及ぼす儒教の肯定的な影響が指摘されるようになった．そのさい強調され

---

1)　韓国や台湾では，工業化の初期段階から比較的整備されたインフラストラクチャーを備えていたことが，NIES化を可能にした国内的要因の1つとして指摘されている．このような比較的早い時期からのインフラ整備に関連して，「植民地近代化論」という議論がある．実は，韓国，台湾では，鉄道や道路，港などのインフラの大部分は戦前の植民地時代に宗主国日本によって建設されており，それが独立後の工業化を支えたという面は否定できない．もちろん，日本は，韓国や台湾の人々のためにインフラを建設したのではなく，日本の植民地支配をスムーズに行うために建設したわけであるが，それが独立後の工業化を進める過程で利用され，工業化を促進させる要因になったことは否定できない．

Column 14 「チャイニーズ・ネットワーク」

　「チャイニーズ・ネットワーク」とは，本来は，中国大陸（中華人民共和国）と台湾，香港以外の海外に居住する中国人（華僑）の国境を超えたネットワークを指す言葉として使われていた．海外「華僑」の出自は，もともと中国大陸であるが，多くは19世紀以降，欧米の植民地となった東南アジア各地に労働者として移住していったものや，清朝の苛斂誅求（かれんちゅうきゅう）（厳しい税の取り立て）を逃れて中国大陸を脱出したものなどが多い．華僑は，基本的には中国国籍をもったものであると考えられているが，海外に渡った華僑の中には，現地で国籍を取得したものや，彼らの二世，三世など，次第に現地国籍しか持たないものも多くなった．一般に，現地の国籍をもつ人々を，「華人」（彼らの多くは戦後世代である二世，三世）と呼んで，「華僑」と区別している．

　彼らの大部分は，現地社会に溶け込むのではなく，「チャイナタウン」を形成し，自分たちで学校を設立して中国語を学ばせるなど，華人文化を継承しているケースが多い．それゆえ，現地社会との間にしばしば摩擦を起こすこともあるが，彼らは圧倒的少数者であり，しばしばビジネスなどにおいて，強い紐帯（ちゅうたい）を結んで助け合う習慣が広がっていった．当初，彼らのビジネスは，製造業のような固定資本の投資を多く必要とする分野を避けて，貿易，金融，サービス業など，第三次産業を中心とするものが多かった．このような「華僑・華人」のネットワークは，中国の「改革・開放」以後，中国大陸，台湾を巻き込んで一気に広がっていった．今日，「チャイニーズ・ネットワーク」という場合，中国大陸も含めて，世界中に散らばっているチャイニーズのネットワークと位置付けられている．これらのネットワークは，多くの場合，彼らのビジネス上の取引でのWin-Win関係を目指したものであるが，すべての「華僑・華人」がビジネスに従事しているわけではない．チャイニーズ・ネットワークは，「華人経済圏」と呼ばれることもある．

るのが，「科挙制度」に代表される社会的上昇のチャネルとしての「教育重視の伝統」であり，その伝統を受け継いだ東アジアの高い教育水準である．あわせて，「組織的秩序を尊ぶ伝統の継承」，「厳しい上下関係」（年功序列），「社会的エリートとしての官僚と徳治主義」，「中庸の徳」（協調主義），「集団主義」（組織への強い帰属意識）などが，経済発展を促進した儒教的要因として指摘された．

アジアNIESの成長は，およそ以上のような国際的，国内的要因の結合によって実現したとみることができる．しかし，これらの要因は，あくまでも一般論である．アジアNIESの発展を考える場合には，さらに掘り下げて，個別に分析してみる必要がある．

第2節　韓国の経済発展をみる眼

1　権威主義体制の確立

韓国における権威主義体制は，大韓民国初代大統領李承晩（イスンマン）政権崩壊（1960年4月）後の政治的混乱のさなかに，軍事クーデター（1961年5月16日）によって権力を掌握した朴正熙（パクチョンヒ）政権の成立に始まる．朝鮮半島の分断と北朝鮮との対立という厳しい社会的緊張を背景として，李承晩政権時代の腐敗政治と経済的混乱を立て直すために，かつて共産主義に強く共鳴したこともある若き軍人は，独裁体制の下で存分の権力を行使した（Column 15）．

クーデター直後の1961年6月には，市中銀行株の政府還収を行って市中銀行を政府支配下におき，7月には経済企画院を設立して経済開発計画の立案にあたらせた．朴政権は，民間貨幣資本を集中的にコントロールすることを通じて資本家を開発体制へ誘導していったのである．

さらに，「農漁村高利債整理法」を公布して年利20％以上の高利にあえぐ農漁民の救済を行う一方，「不正蓄財に関する特別法」を公布して前政権の下で不正に富を蓄積した資本家24名を逮捕してその財産を没収した．ここには1950年代に政権と結びついて財閥化した資本家のほとんどが含まれていた．朴政権の不正蓄財処理は，最終的には財産を没収する代わりに，国家プロジェクトで指定した工場などの設立に投資するという「投資命令」に落ちついたが，この時以来朴政権と財閥の特殊な関係が築かれた．

不正蓄財処理は，当初の意図から後退して結果的には財閥の温存につながっていったが，それは資本家への朴政権の妥協ではない．朴正煕は，民間資本の没収⇒国有化という方向をとるのではなく，彼らを国家主導によって産業資本家へと育成する方向を選択したのである．韓国の財閥の産業資本化は，こうして国家の強権的措置によってレールが敷かれることになった．朴政権は，国家プロジェクトに投資した財閥には，外貨の優先配分や低利の銀行融資といった特権を付与することも忘れなかった．

Column 15　韓国の朴正熙大統領

　韓国の軍事クーデターを主導した朴正熙は，1917年に朝鮮半島南部の慶尚北道の農村地帯で生まれ，幼少期より韓国農村の貧しい悲惨な状況（韓国ではよくポリ・コゲ＝麦の峠と呼ばれた）を肌で体験した．1932年に大邱師範学校に入学し，卒業後一時期助教として教壇に立ったこともある．その後，満州（新京：現長春）軍官学校に入学し，1944年には日本陸軍士官学校留学隊に選ばれ，陸士57期生に編入された．同年，士官学校を卒業と同時に満州国軍歩兵第8師団に配属され，そこで終戦を迎えた．

　朝鮮半島解放後，南北に分断された南（韓国）に戻り，職業軍人としての途を歩み始めた．しかし，1948年11月に突然軍捜査当局に逮捕されソウルの西大門刑務所に収監された．逮捕の容疑は，韓国内部で秘密裏に活動していた北朝鮮労働党の韓国内地下組織「南朝鮮労働党」（南労党）の軍内組織に所属し秘密活動をしていたというものであった．趙［1991］によれば，朴正熙は取り調べに対しすべてを認め「転向」を表明したようである．「粛軍過程で重刑が宣告された軍人の中で救命された唯一のケース」［趙 1991：138］といわれるように，朴正熙は刑の執行を猶予され，1カ月後には釈放されてふたたび韓国軍の情報局に就任した．「転向」表明に加えて，満州軍官学校卒，日本陸士卒という肩書きと当時からの軍内部における人脈が有利に作用したことは疑いなかろう．韓国の「開発主義体制」を主導した朴正熙とは，このように屈折した経歴の持ち主であり，それゆえにこそ当時の農村の貧困と政治の腐敗を見過ごせずにクーデターに向かったともいえよう．

　不幸にも，彼は最も信頼していた側近に暗殺されることになったが，彼の死後，権力者にはつきものの多額の蓄財は見つかってはいない．そのこともあって，韓国内での朴正熙の「開発主義体制」への評価は，驚くほど高い．第18代大統領（2013-18年）朴槿恵は，朴正熙の長女である．

　不正蓄財処理に限らず，当時の数少ない資本家の「生殺与奪」権を握っていたのは朴政権であり，彼はその「生殺与奪」権をもって国家の開発戦略の具体化に資本家を最大限動員していったのである．資本家にとって，国家プロジェクトに組み込まれる事こそが蓄積を保障される唯一の道であり，生き延びる道であった．軍事政権下で初めて実施された「第1次経済開発5カ年計画」（1962

−66年）は，前政権の下で準備されていた計画をほぼそのまま踏襲したものに過ぎなかったが，数少ない手直しのなかでも，韓国が目指す方向として「指導される資本主義」という理念を挿入する事は忘れなかった．

他方，軍事政権の正当性とその支持基盤を確実にしていくための努力も行われていった．当時，圧倒的農業社会であった韓国において，農業・農村の近代化は工業化の成否を握る重要な課題であった．農業・農村の近代化にとって，地主（旧支配階級）が君臨する伝統的農村社会の解体（<地主＝小作>制度の解体）が最大の課題となる．その点で，地主階級の後ろ盾を必要としなかった朴正煕政権は農業政策において自由であった．

韓国における土地改革（農地改革）の出発点は，米軍政下（1945-48年）で起草され1950年から実施に移された「農地改革法」であるが，この時期の土地改革は地主勢力の抵抗が根強い中で，その内容はより妥協的なものであった．だが，農村の貧困と農民の塗炭の苦しみを熟知していた朴正煕は，1962年12月に行った憲法改正において，地主制度の解体を明確に規定したのである．1970年代に

> **Column 16　韓国の「セマウル運動」と農村近代化**
>
> 　朴正煕政権下で進められた「セマウル運動」とは，基本的には社会主義国でたびたび行われた精神主義を鼓舞した無償の勤労動員によるインフラストラクチャーの建設と同じ性格のものである．ただし，韓国の場合，政府は農民のインセンティブを引き出すために，さまざまな恩典を付与した．たとえば，政府はセメントやブロック，木材，鋼材などの必要な資材を農村に提供したり低利融資を行うことによって，農村での自発的な集団労働によって道路や橋，家屋を建設させるといった方法がとられた．こうした運動によって，韓国の農村は1970年代以降急速に近代化が進行していった．
>
> 　「セマウル運動」とは，本来は，「新しい村」創り運動であったが，次第に工場などでも運動が推奨されるようになり，「工場セマウル」，「都市セマウル」などが展開されるようになった．

2）　韓国経済の主要指標については，特に明記しない限り，韓国経済企画院『主要経済指標』各年版によっている．

大々的に展開されることになる「自助・自立・協同」をスローガンに掲げた「セマウル運動」とあわせて，この時期の農村近代化への取り組みが，多数の農民の支持を得て，韓国における権威主義体制を強化していったとみることができる（Column 16）．

このような取り組みの結果として，第1次5カ年計画，第2次5カ年計画（1967-71年）は，当初計画を大きく上回る実績を達成し（第2次5カ年計画期の平均成長率9.6％）[2]，1970年代の本格的な輸出指向工業化の基礎を提供すると同時に，低開発国にとってもっとも困難で厄介な問題（農業・農村の近代化）を解決するための経済的基礎をも提供したのである．

2　「国家主導型」発展の途

権威主義体制の下で，国家主導による資本主義的工業化を目指そうとするこのような体制は，一般に，「国家主導型」発展と呼ばれている．韓国における「国家主導型」発展の道は，本格的な「キャッチ・アップ型工業化」が追求されるようになる1973年の「重化学工業化宣言」以後も基本的な変化はなかった（Column 17）．

政府は，まず民間企業の経営を立て直すために，当時民間企業が抱えていた最大の問題であった私債市場への過度の依存を取り除くべく「私債凍結措置」（1972年）という本来資本主義社会では考えられない非常措置を強行した．とくに，輸出指向的重化学工業化戦略においては，戦略的な育成業種を政府が選定し，国内競争を回避するための寡占体制づくりがもくろまれた．このような政府の手厚い保護の下で，「チェボル」と呼ばれる財閥グループは，この時期重化学工業分野で肥大化を遂げていった．その結果，「第3次5カ年計画」期（1972-76年）には，高い年平均GDP成長率（9.7％）と年平均輸出増加率（42.7％）を達成したのである．

だが，このような強引な重化学工業化は，70年代末に至って重複投資と過剰投資を抱えて危機的な状況に直面した．この危機の中で，1979年10月朴正熙大統領は信頼を寄せていた側近に暗殺される．同年12月に新たな軍事クーデターによって政権の座についた全斗煥政権は，重工業と軽工業，大企業と中小企業，製造業と農業部門，輸出産業と内需部門などとの間に広がった二重構造の弊害を解消し，構造不況業種の合理化と不実企業の整理を断行するための新たな構造調整政策を余儀なくされたのである．具体的には，自動車産業では，産業合

> **Column 17　韓国の「重化学工業化宣言」**
>
> 　韓国の朴正煕大統領が行った「重化学工業化宣言」とは，当時世界市場において労働集約的軽工業部門で圧倒的競争力をもっていた韓国や台湾が，タイやマレーシアなどの後発工業国の追い上げを意識して，国内の産業構造を高度化しようとした「産業構造高度化宣言」ともいうべきものであり，そのターゲットは，造船，自動車，石油化学，機械，電気・電子などの資本集約的産業の育成におかれた．これらの資本集約的産業は，当時の韓国の企業家には荷が重すぎ，当然のことながら政府の手厚い保護と資金的支援がなければ軌道に乗せることはほとんど不可能であった．
>
> 　政府は，鉄鋼産業については国有企業として発展させることとし，その他の産業については政府が直接民間企業を選別していった．この時期，後に巨大財閥として成長する現代，三星，大宇，起亜などのグループは，政府の保護を獲得してこれらの産業に次々と参入していった．ただし，石油化学産業だけは，60年代に国営企業との合弁という形で米系多国籍企業が導入された．韓国の工業化は，主として国内の民族資本（財閥）によって担われてきたが，石油化学産業だけは例外であった．

理化措置により，乗用車の生産は現代自動車と大宇自動車の２社体制とし，起亜産業には小型トラックの製造だけが認められた．

　さらに，海外建設ブームの終焉による建設会社の倒産が相次ぐ中で，政府は大胆な不実企業整理と建設業界の再編に乗り出した．海外建設ブームのさなかに建設部門に新たに参入した韓国財閥ランキング第７位の「国際商事」は，海外建設での巨額の赤字が引き金となって1985年に政府によって抜き打ち的に銀行管理へと移された．「国際商事」の例は，巨大財閥といえども政府の産業構造調整の前にはまったく無力である事を白日の下に晒した出来事である．

　このように，1980年代前半は，対外債務の累積などにより，韓国経済は危機的状況に直面した．しかし，1980年代後半には，国際市場金利の下落，原油価格の急落，ウォン安という国際経済環境の変化（韓国ではこれを「三低現象」と呼ぶ）によって韓国経済は急速に持ち直した．このような「三低景気」にささえられて，1980年代後半には全体として政府の介入政策はその比重を低下させていった．この時期には，かつてのようなあからさまな介入の形態は影をひそめ，行

政指導を中心とした安定成長への誘導が中心となった．この頃には，韓国経済は，「国家主導型」体制から「民間主導型」体制への移行がはかられていった，という議論が盛んに行われるようになった．

　だが，1990年代に入ると再び政府介入が復活した．始めての文民政権の誕生として期待された金泳三(キムヨンサム)政権は，就任2年目を迎えた1994年，産業の国際競争力を強化するという名目で，「民間主導型」経済への移行とはまったく逆行する形で，大胆な財閥系企業の業種別専門化政策を打ち出したのである．

　業種別専門化政策とは，国内30大財閥のうち，上位10大財閥には3つの専門業種を，11位以下の財閥には2つの専門業種をそれぞれ選択させ，銀行の貸出規制の緩和などの優遇措置を講ずる一方，非主力企業の統・廃合を誘導するというものである．もともと，財閥のタコ足（ムノバル）的業種拡大は，政府の産業育成政策において最も手っ取り早い方法として財閥を利用したこと，不実企業などの整理の過程でそれらを既存財閥に吸収・合併させたことなど，政府の産業政策の結果であった．

　にもかかわらず，金泳三政権が業種別専門化という思い切った産業再編成を試みようとしたのは，WTOの設立にともなって予想された一層の市場開放圧力を前にして，脆弱な韓国企業の競争力を強化せざるを得ないと判断したためである．金泳三政権は，自らの権力によって産業組織の上からの改編が可能であると考えたのであるが，政権のその後の弱体化と腐敗によって，この政策の実行は財閥のサボタージュにあい，当初の目的を達することはできなかった．このことが1997年末からの未曾有の経済危機へと繋がっていったのである．

3　経済危機と構造改革
1997年経済危機

　実は，韓国の「国家主導型」体制は，1990年代のグローバル化の著しい進展と財閥の肥大化の下で，すでに国内的な矛盾を拡大させていた．そして，その矛盾の爆発こそ，1997年末からの経済危機に他ならない．この危機をきっかけとして，韓国の「国家主導型」体制は，ついに終わりを告げることになったのである．

　韓国の経済危機の経緯については，第2章（第3節）で詳しく述べておいた．一言でいえば，1997年経済危機は，財閥企業の拡張主義の破綻であった．危機を拡大させたのは，このような韓国企業の無秩序な拡張路線と政府の成長優先

主義が背景にあった．

　国家破産の危機に直面した韓国政府は，IMFや世銀，日本政府に多額の特別融資を仰がなければならなくなったのである．東アジアの通貨・金融危機を救済するに当たって，IMFや世銀は，東アジアの「二重基準」（ダブル・スタンダード）に矛先を向けてきた．IMFが特別融資の見返りとして要求した融資条件（コンディショナリティー）は，一言で表現すれば，国内市場でのグローバル・スタンダードの採用である．

　韓国では，570億ドル（IMF210億ドル，世銀100億ドル，日本100億ドル，米国50億ドルなど合意額）を超える特別融資を受ける見返りとして，国内市場の開放（貿易・投資・金融の自由化と政府規制の緩和），公企業の民営化，財閥の構造改革，金融制度の改革，労働市場の柔軟化（整理解雇制の導入），財政改革（緊縮財政），金融引き締め，為替レートの柔軟化（実質的ドルペッグ制の廃止），など国内市場の抜本的改革を約束させられた．

　危機に直面した東アジア諸国は，否応なくこのグローバル・スタンダードを突きつけられた．その対応において，マレーシアと韓国は全く違った方向を選択したが，国家破産にも等しいデフォルトの危機に直面していた韓国の場合は，グローバル・スタンダードのほぼ無条件に近い受容となったのである．

金大中政権と構造改革

　韓国政府は，IMFのコンディショナリティを実行に移すべく，金融・企業・公共・労働の4つの部門の構造改革（四大構造改革）を打ち出して，政権の最優先課題として取り組んでいった．

　経済危機に直面した韓国では，1998年に倒産した企業は，過去最大の2万2828社にも上った．その結果，韓国の金融機関が抱えることになった不良債権は，一気にふくらみ1998年3月末には112兆ウォンに達した．不良債権はその後も増え続け，最終的には政府の年間歳出を上回る約132兆ウォンにも達した．

　1998年2月に就任した金大中（キムデジュン）大統領が，真っ先に行わなければならなかったのは，この不良債権処理と金融機関の再編であった．政府は，不良債権処理と金融機関の経営改善のために，多額の公的資金（当時の為替レートで約900億ドル）を投入した．その一方で，各種銀行の再編と総合金融会社と呼ばれるノン・バンクの多数を整理した．

　また，財閥の構造改革を促すために，タコ足的事業拡大を可能にしてきた財閥グループ内の相互債務保証を認めず，連結財務表の作成を義務づけた．さら

に，財閥グループの業種別専門化を促すために，財閥間での事業交換（ビッグ・ディール）を要求した．政府主導による財閥間での事業交換の具体案としては，当初，三星自動車を大宇に，大宇の電子事業を三星にそれぞれ事業交換する案や，現代石油化学と三星総合化学が統合する案など，いくつかの大型案件が検討された．しかし，こうした大規模な事業交換や統合に対しては当初から財閥側の抵抗が強く，結局，現代電子産業がLG半導体を買収した例など少数の実現例を除いてほとんどの案件は計画倒れに終わった．

ビッグ・ディールは，最大財閥三星グループの抵抗などによって難航したが，経済危機の過程では，財閥のドラスティックな改編は避けられなかった．韓国を代表する巨大財閥であった現代グループは創業者鄭永周(チョンジュヨン)総帥の死後空中分解し[3]，大宇グループは消滅した[4]．その他，経済危機の過程で，三美，真露，大農，起亜など日本でもよく知られていた有名財閥が次々と経営破綻していった．加えて，政府は，経営不振に陥った整理対象企業を選定し，銀行を通じた新規融資の停止措置などによって，財閥の系列企業の売却や旧経営陣の退陣など，改革を迫った．こうした財閥整理を通じて，「韓国の産業界を支配してきた64財閥のうち34の財閥が法定管理やワークアウトによって事実上解体した」［朴 2004：13-14］といわれている．

金大中政権下で進められたドラスティックな企業改革によって，生き残った財閥系企業は，従来の高い負債比率を低下させ，財務構造を大きく改善した．企業の透明性も高められ，コーポレート・ガバナンスもある程度強化された．

金大中政権下での構造改革の中でも，金融改革と企業改革については比較的高い評価が与えられている．だが，このような大胆な構造改革は，未曾有の経済危機とIMFの厳しい監視という「外圧」によって実現したものであり，他律性が強い．韓国の「国家主導型」体制は，この構造改革によって終わりを告げたとはいえ，このような改革も，結局のところ「政府主導」で行われなければならなかったところに，このシステムの特異性があった．

3）　現代グループは，経済危機によって経営を悪化させ，債権金融機関主導によって主力の現代自動車がグループから切り離され，さらに，2001年に鄭周永総帥が死去すると，グループの統制は一気に乱れ，現代重工業が分離されるとともに，四分五裂していった．

4）　当時，資産規模で第2位とみられていた大宇財閥は，傘下の主力企業大宇自動車の経営悪化を引き金として，多額の負債を抱えて1999年に政府により解体させられた．

4　韓国経済の新しい局面
韓国経済と「歴史的中国機会」

　韓国の経済危機は，1999年には驚異的な回復力をみせた．1998年にはマイナス6.7％にまで落ち込んだGDP成長率は1999年には早くも9.4％のプラス成長を記録するなど，驚異的な回復をみせたのである．貿易収支も大幅な黒字を計上し，深刻な外貨の流動性危機は克服された．外貨準備高は1999年末には741億ドルにも達した．1998年2月には一気に100万人を超え最大179万人にまで達した失業者は，1999年末には97万人（失業率4.4％）にまで低下した．マクロ経済指標でみる限り，韓国経済は見事によみがえったかのようにみえた．

　韓国経済の1999年以降の回復プロセスを牽引してきた要因としては，上述した金融・企業改革を中心とした構造改革の成果に加えて，資本市場の自由化と為替相場の下落による外国資本の戦略的M＆A資金の大量流入と，大企業を飛び出してIT関連のベンチャービジネスに身を投じた若き起業家たちの成功，為替相場の下落による輸出拡大効果，コスダック（KOSDAQ）と呼ばれる店頭株市場でのベンチャー・情報通信関連を中心とした新規公開企業の株価上昇に引きずられた株式市場の回復，抑制されていた消費需要の回復，などいくつかあげることが出来る．

　しかし，2000年代に入って以降の韓国経済の動向は，けして楽観視できる状況ではなかった．2000年以降の成長率は，かろうじてプラス成長を維持したものの，その変動は激しく，不安定な状況で推移した．民間最終消費支出はマイナスないし低水準で推移し，国内設備投資も低い水準で推移した．

　国内経済の不振にもかかわらず，韓国経済が全体として危機的状況を回避できた最大の要因は，「歴史的中国機会」であった．韓国は，日本，台湾と並んで「歴史的中国機会」の最大の受益者であった．韓中貿易は，2008年のリーマン・ショックによって惹き起こされた世界的不況までの時期（2000-2007年），年平均21.2％という高い伸び率で推移し（432億ドルから1658億ドルへ3.8倍増），2003年にはついに米国を抜いて中国が貿易相手国第1位に躍り出た．

　対中貿易はこの間一貫して韓国の大幅黒字を記録し，韓国経済の長年のアキ

　5）　韓国へのM＆A資金流入は，1997年17.2億ドル，98年84.8億ドル，99年119.8億ドルと増え続けた（『朝鮮日報』2000年2月22日付）．外資の大量流入は，アングロサクソン型の経営システムの導入につながっていった．

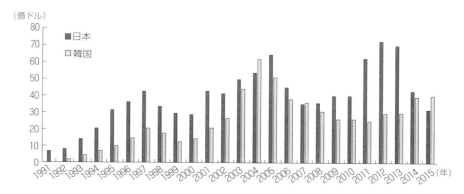

図3-1　日本と韓国の対中直接投資の推移（1991-2015年）
資料：中国国家統計局『中国統計年鑑』各年版より作成．

レス腱であった対日貿易赤字を補填して余りあった．韓国は，対日赤字を対米黒字で相殺するというかつての貿易構造から，対日赤字を対中黒字で補填しながら，全体として貿易収支黒字を積み上げるという構造に移行したのである．

貿易とともに，対中依存が著しいのは投資である．韓国企業の対中進出は2002年以降急増し，2007年末の投資残高は，韓国の対外投資総額（残高）の30％にも達した．とくに，中国側の統計によれば，2004年の韓国の対中投資（再投資，現物投資を含む）は62.5億ドルで，日本の54.5億ドルを抜いて事実上のトップに躍り出たのである（図3-1）．まさに「チャイナ・ラッシュ」と呼ばれた時期であった．

このような貿易と投資に象徴される韓国と中国との深い経済的結びつきによって，盧武鉉（ノ・ムヒョン）大統領時代（2003-2008年）の韓国経済はこの時期の長期にわたる不安定期を何とか乗り切ることができたとみることができる．

世界同時不況と対中依存の増大

だが，2008年2月に登場した李明博（イ・ミョンバク）政権は，不幸にも船出早々に米国発世界同時不況に遭遇した．韓国経済は，新政権登場時にはすでに，国内設備投資の不振に加えて，2007年末からの原油高・物価高，経常収支赤字という多重苦によって，厳しい状況に直面していた．リーマン・ショック（世界的金融危機）は，そのような厳しい状況に追い討ちをかけたのである．

李明博大統領は，韓国経済は1997年末からのアジア経済危機に匹敵する厳し

い状況であるとの認識の下に，就任直後から果敢な政策を打ち出していった．とくに，個人消費の拡大と企業の設備投資促進を図るために，所得税，法人税の減税を中心として，大規模減税に踏み切った．

　政府はさらに，2009年4月には，28兆ウォンと過去最大となる追加の補正予算を組み，大規模な財政出動をはかった．このような政府の矢継ぎ早な政策を背景として，GDP成長率は，2009年初頭から「V字型回復」と呼ばれた急回復をみせ，大方の予想を覆して，実質GDP成長率は0.2％とわずかながらプラス成長を維持した（図3-5）．OECD加盟国を中心にマイナス成長に苦しんでいる国が多い中で，韓国経済の回復振りが際立つ結果となった．

　世界同時不況のさなかにもかかわらず，2008年，2009年と2年続けてプラスのGDP成長率を実現した韓国経済を支えてきたもう1つの要因が，対中経済関係の深化である．韓国の貿易は，2009年には大幅なウォン安にもかかわらず，輸出（-13.9％），輸入（-25.8％）ともに大きく落ち込んだ．これほどの落ち込みをみせたのは，1998年の通貨危機以来であった．にもかかわらず，大方の予想に反してかろうじてプラス成長を維持した背景には，中国市場の存在があった．輸出が大幅に減少する中で，対中輸出の減少は2009年1月には底をうち，その後急速に拡大に向かっていった．その結果，2009年の対中輸出（香港を除く）は，8677億ドルで前年比マイナス5.1％にとどまった．韓国経済は，対中輸出の回復によって景気を持ち直したといえる．

　このように，世界同時不況から韓国経済がいち早く立ち直った要因として，中国市場の存在が指摘できる．中国経済は，2008年9月のリーマン・ショック以降一時的な落ち込みをみせたものの，政府は総額4兆元にのぼる内需拡大策を打ち出し，2009年初頭には早くも底をついて反転し，再び力強い成長軌道に復帰した．その結果，2009年の成長率は，8.7％という高い水準を維持した．中国経済のこのような急速な経済回復が，当然のことながら韓国経済へと波及していったのである．以後，今日まで，韓国経済の対中依存構造は一貫して深化していった．韓国経済は，もともと対外依存度の高い国である．貿易依存度（GDPに占める貿易総額の割合）は，常に60％を超えていたし，「組立加工型」経済構造といわれるごとく，日本からの部品・素材の輸入と米国市場への最終製品の輸出とは強い因果関係をもっていた．

　かつては日本からの輸入と米国への輸出が，韓国経済の生命線であったが，今日では，対中経済連携の深化によって，韓国経済の生命線は対中貿易へと移

行した（図3-2a，図3-2b，図3-3，図3-4）．だが，韓中経済連携の深化は，韓国経済にとっては「諸刃の剣」でもある．この点については，次項で改めて検討する．

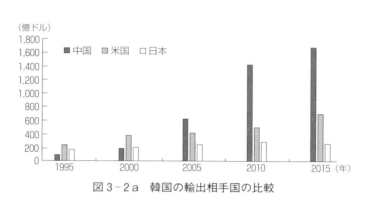

図3-2a　韓国の輸出相手国の比較

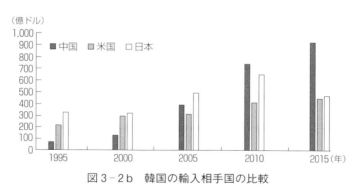

図3-2b　韓国の輸入相手国の比較

注：中国は香港を含む．
資料：Statistics Korea, *Monthly Statistics of Korea*,各月版より作成．

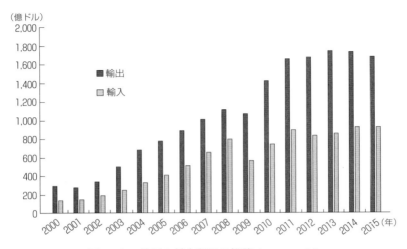

図3-3　韓国の対中貿易の推移（2000-2015年）

注：香港との貿易を含む．
資料：図3-2に同じ．

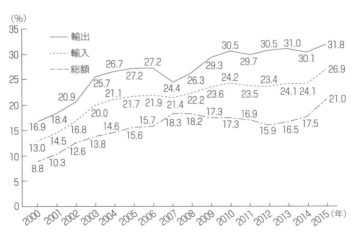

図3-4　韓国の対中貿易依存度の推移（2000-2015年）

注：香港との貿易を含む
資料：図3-2に同じ．

5 韓国経済の課題

韓国は，1996年には念願のOECDに加盟し，先進国の仲間入りを果たした．また，1997年末からのアジア経済危機も短期間で乗り切り，2008年の世界同時不況にも迅速に対応して，OECDの中では最も早い立ち直りをみせた．だが，韓国経済は順風満帆に推移しているわけではない．韓国経済は，ここ数年，2－3％の成長率で推移しており，すでに「低成長時代」に入ったとみられている（図3-5）．とくに近年，かつての権威主義体制下での「圧縮された発展」のつけが，国民の肩に大きくのしかかっている．最後に，韓国経済の課題について整理しておこう．

すでに指摘したように，韓国経済は，対外依存度がとくに高い．長年にわたる「組み立て型工業化」という特徴から，海外から部品や素材が輸入され続けた結果，国内でのこれらの産業の育成が遅れ，結果として裾野の狭い産業構造に苦しむことになった．今日では，三星やLGといった韓国を代表する大企業は，東アジアに張り巡らされた生産ネットワーク（サプライ・チェーン）を利用することによって活路を見出しており，国内の裾野産業は依然として脆弱である．

しかも，近年再び「新・韓国経済サンドイッチ論」が喧伝されるようになった．「韓国経済サンドイッチ論」とは，技術的には，高度先端技術を日本に抑えられ，下からは中国によって激しく追い上げを受けて，韓国経済は徐々に閉塞状態に陥っていくというものである．実際，図3-3からもうかがえるように，近年の韓国の対中輸出は2013年をピークに減少傾向に転じている．この傾向は，中国経済の近年の成長率の鈍化（減速傾向）とも無関係ではないが，韓国の対中輸出の主力を占めてきた中間財輸出が，中国国内での生産品に代替されつつあることを示している．このことは，中国に進出している韓国企業が中国での現地調達を増やしているという点からも裏付けることができる．

このように，成長を続ける中国企業との技術格差の縮小は，韓国に新たな比較優位の形成を常に求めている．中国経済への依存度を強める韓国経済にとって，中国との新しい分業関係（産業内水平分業関係）形成の如何が，韓国経済の今後を決定する重要な鍵であることは疑いなかろう[6]．

また，韓国は，社会保障制度の整備においては，OECD加盟国の中でもかなり遅れており，急速な高齢化社会への移行と低成長の影響は，年金生活者など弱者にしわ寄せされる傾向が強い．OECDの資料によれば，2015年の韓国の「老人貧困率」（所得が国民の「平均値」の半分に満たない人の割合）は49.6％で，OECD

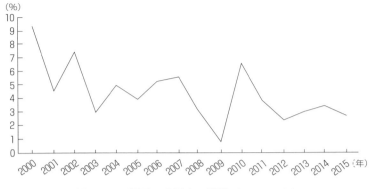

図 3-5　韓国の成長率の推移 (2000-2015年)

資料：図 3-2 に同じ.

平均 (12.4%) の 4 倍にも達し (日本は19.4%), OECD加盟国中第 1 位だったといわれる (『ハンギョレ新聞』2016年 6 月13日, オンライン版). そのような社会状況を反映して, 韓国はOECD加盟国の中では自殺率 (人口10万人あたりの年齢調整自殺率) が極端に高いという現実がある (2015年, 28.9).

さらに, 韓国は現在, 日本以上のスピードで「高齢化社会」への移行が進んでいる. しかも, 2014年の女性の合計特殊出生率は世界最低水準の1.20であり (日本は1.42), 働く女性にとっては厳しい社会環境が続いている. このままの状況で推移すれば, 「超高齢化社会」の到来と社会保障制度の未整備の同時進行という深刻な事態を招きかねない.

加えて, 韓国社会は「圧縮された発展」がもたらした負の遺産として, 所得格差の拡大, 地域格差の拡大 (首都圏への人口の異常な集中), その結果としての厳しい競争社会の出現が深刻な問題となっている. 韓国の大学進学率は日本よりもはるかに高く, 大学生の就職難は日本よりもはるかに深刻である. そのため大学生は, 「スペック」と呼ばれる成績以外の付加価値を付けることに懸命

---

6) 韓国金融監督院が2016年 3 月に発表した資料によると, 2016年 2 月末現在, 中国の投資家が保有する韓国の上場債券の規模は外国人が保有する韓国債券全体の18.1％を占め, 第 1 位となったという. このままでは, 韓国の優良企業が中国企業によって次々と買収されるという事態の到来もけしてありえないことではなかろう.

である．各種の資格取得はもちろんであるが，海外留学，ダブルスクール（語学などの専門学校との掛け持ち）など，他との差別化に必死である．このことは，大企業と中小企業との賃金格差が極めて大きいことに起因している[7]．

すでに指摘したように（第2章，40頁），ソウル首都圏への人口集中はすさまじく，人口の約半分が首都圏に住んでいるという異常な状態が出現している．これはいうまでもなく，地域格差の拡大の結果である．

韓国では，ちまたで「財閥が栄えて国が滅びる」といわれるような国の経済政策に対する国民の不満が鬱積している．低成長時代を迎えたいま，韓国経済が抱える課題は多いと言わざるを得ない．

第3節　台湾の経済発展をみる眼

1　「中華民国」と「台湾」の狭間で

日本では，一般に，「台湾」という呼び名が定着している．しかし，いうまでもなく「台湾」というのは国名ではない．このような呼称が日本で定着したのは，1972年9月の日中国交回復以降のことであり，国際的には1971年10月の「中華人民共和国」の国連加盟（中華民国の国連追放）以降のことである．

日本ではそれまで，中国とは「中華民国」を指し，中国共産党が大陸で樹立した「中華人民共和国」は「中共」（中国共産党の略称）と呼んで国家としては承認していなかった．しかし，米中対話（ニクソン米大統領訪中：1972年2月）の実現など，「中華人民共和国」の存在を無視することができなくなるに及んで，日本政府は，日中国交正常化（中華人民共和国の国家承認）に向けて外交政策の変更を余儀なくされた．その際，政府は，中国共産党が堅持する「1つの中国」（台湾は中華人民共和国の一部である）という立場を受け入れて，「中華民国」の国家としての承認を取り消し，「台湾」という地域を意味する呼称に変更した．

しかし，当然のことではあるが，今日でも「台湾」の政府は，正式な呼び名として自分たちの国を「中華民国」と呼んでいる．台湾では，国内の公式文書は「中華民国」の名のもとに公布されている．ただし，台湾の人々の中には，「中

7）　2014年6月の1時間あたりの賃金水準は，大企業正規職を100とすると，大企業非正規職64，中小企業正規職52，中小企業非正規職35，であったという（『朝日新聞』2015年12月2日）．

華民国」は「国民党」が中国大陸で樹立した国家であり，大陸から追われた国民党が台湾に持ち込んだ「国家」にすぎず，「台湾」は大陸とは違う独立した国家であるという意味で，「中華民国」という呼称にも反対する人々もいる．彼らの立場では，「台湾」というのは単なる地域名ではなく，暫定的な国名であるということになる（実際，現在の与党「民進党」の綱領には，「台湾共和国」の建国を目指すと明記されている）．

実は，台湾には，日本の植民地時代から台湾に住んでいた「本省人」（彼らはサンフランシスコ講和条約が結ばれるまでは名目上日本国籍をもっていた）と，解放後に新しく中国大陸から台湾に渡ってきた「外省人」（おもに国民党とその家族）との間で，アイデンティティの違いがある．「本省人」と「外省人」というこの出自の違いに起因するアイデンティティの違いが，「中華民国」と「台湾」という呼称の違いにも微妙に影響している．

この「中華民国」と「台湾」という呼称の違いとそこに内在しているこの地域の人々の複雑なアイデンティティを理解せずに，台湾の経済発展を語ることはできない．それゆえ，まず，この点について整理しておこう．

「中華民国」の成立と台湾

いまさら指摘するまでもないが，「中華民国」の起源は，「中華人民共和国」の成立よりも古い．日清戦争（1894-1895年）に敗北した清朝では，1900年の「義和団事件」など，国内の政治・経済が混乱し，ついに孫文らの開明派によって1911年に清朝皇帝（大清帝国）は退位を余儀なくされ，秦の始皇帝以来2100年続いた専制王朝体制は終わりを告げた（辛亥革命）．

1912年1月1日には，「中華民国」臨時政府が樹立され，孫文（スン・ウェン）が初代臨時大統領についたが，わずか3カ月後には北洋軍閥の総帥で大清帝国第2代総理大臣を務めた袁世凱（ユエン・シーカイ）が臨時大統領に選出された．しかし，その後の「中華民国」（北京政府）は，中国全土を統治することはできず，地方軍閥による勢力争いが続けられ，国内の混乱は続いた（軍閥割拠の時代）．その間，中国東北部（旧満州）では北洋軍閥奉天派の張作霖（ジャン・ズオリン）が台頭し，支配地域を拡大していった．

他方，日清戦争によって日本に割譲された台湾島では，日本政府の手によって開発が進められていった（厳密に言えば，この時期の台湾は，日本の領土の一部であった）．今日では，台湾の近代化は日本の植民地時代に台湾総督府の手によって進められ，戦後のNICsとしての工業化の基盤が形成されていったという認識

は，台湾の経済学者の間でも広く受け入れられている．

　混乱が続く中国大陸では，孫文が結成した「中華革命党」（1914年）が，「中国国民党」に改称され（1919年），「国民党」による「中華民国」の統治が進められていった．1926年には，蔣介石（チャン・カイシェック：1887-1975年）が「中華民国」の国民革命軍総司令に任命され，同年7月から北伐（北洋軍閥の掃討）を開始した．さらに，北伐以降，国民党内で実験を握っていった蔣介石は，1927年には独自に南京政府を樹立し，「中華民国」の事実上の指導者として君臨することになった．翌1928年6月には，日本軍が北洋軍閥奉天派の総帥・張作霖を奉天（現・瀋陽市）郊外の鉄道に爆薬を仕掛けて列車ごと爆殺するという事件も起きた．

　しかし，一方では，蔣介石に弾圧されていた中国共産党（1921年結成）は，1931年には「中華ソビエト共和国」臨時中央政府（江西省・瑞金：-1934年10月）を樹立し，2つの中国の対立の構図が鮮明になった．その後の日中戦争時代（1937-45年），それに続く「国民党」と「共産党」の内戦時代（1946-49年）については，多くを語る必要はなかろう．国共内戦に敗れた蔣介石国民党は，やむなく台湾へ逃れ，「中華民国」政府を台北に移した．

「台湾人」としてのアイデンティティ

　蔣介石と国民党の軍隊が渡ってきた当時の台湾は，日本の敗戦により「中華民国」の一部（台湾省）として編入され，すでに国民党による実効支配の下に置かれていた（Column 18）．以後今日まで，「中華民国」の首都は，台北市に置かれている．

　国民党は，あくまでも中国は1つであり，自分たちこそ中国を代表する正統政府であるとの立場をとり続けており（「中華民国憲法」には，中華民国の領土は「台湾地区」と「大陸地区」であると明記されている），他方，大陸の中国共産党も，中国は1つであり，台湾は「中華人民共和国」の一部，すなわち「台湾省」に過ぎないと考えている．すなわち，「中国は1つ」という点においては，国民党も共産党も，ともに立場を同じくしているのである．

　しかしながら，1971年の「中華人民共和国」の国連加盟の実現（中華民国の脱退）によって，中国共産党が主張する「中国は1つ」（1つの中国）という原則に基づいて，国際的には「中華民国」を国家として承認する国はほとんどなくなったのである．以後，「台湾」という呼び名は特定の地域を示す名称として使用されることになった．

> ## Column 18　台湾の「2・28事件」
>
> 　1947年2月28日に起きた「2・28事件」は，その後の国民党による台湾支配に暗い影を投げかけた．台湾では，日本の植民地から解放された後，それ以前から台湾に住んでいた「台湾人」（本省人）たちと，解放後に新しく台湾に渡ってきた大陸人（外省人）との間で，深刻な対立が発生した．それは，新しく渡ってきた国民党（外省人）及びその軍隊による内省人への過酷な支配と弾圧に起因している．とくに，大陸で国共内戦を戦っていた国民党軍支援のための後方基地化された台湾では，悪性インフレの発生など経済が悪化し，国民の不満は一気に高まっていった．事件は，そのような状況の下で，「外省人」による「本省人」への暴力事件をきっかけとして，「外省人」による支配への抵抗として全島に拡大していった．この抵抗は，大陸から急遽派遣された国民党軍によって鎮圧され，2万人以上とも言われる「本省人」が報復として虐殺された．今日の台湾でも，「本省人」（戦前からの本省人とその子孫）と「外省人」（戦後渡ってきた大陸人とその子孫）とのアイデンティティの違い（Column 19）は，多くの政治局面で衝突することがある．

　国際的には「中華民国」として承認されなくなったとはいえ，台湾の人々は，名称はともかく，自分たちの国は大陸の「中華人民共和国」とは違う独立した国であると考えていることはいうまでもない．だが，「国民党」が主張する，「中国は1つ」であり，自分たちこそ中国を代表する正統政府であるという主張は，明らかに現状とはかけ離れたものである．中国を代表する政府が「中華人民共和国」であることは，いまや覆すことのできない現実である．そうであるならば，「台湾」は，「中華人民共和国」とは違う「独立した主権国家」としてのアイデンティティをもつべきであるという主張が出てくることは当然である．

　だが，他方では，中国の「改革・開放政策」の始まりとその後の市場経済化の加速によって，中国と台湾の経済関係は拡大・深化の一途をたどり，いまや台湾経済は中国経済との関係抜きには語れない段階にまで移行した．中国経済の発展と台湾経済の繁栄は1つの運命共同体である．

　それゆえ，「2つの中国」を頑として認めない中国共産党にたいして，「台湾独立」あるいは「2つの中国」を宣言することは，中国との全面対決を惹き起

こすことにつながり，中国と台湾の良好な経済関係を破壊することになる．

大陸の中国とは違う，「台湾」としてのアイデンティティを重視するのか，「1つの中国」という「詭弁」のもとで実利を追求するのか，台湾の人々は常にこの厳しい選択に向き合わされている（Column 19）．

Column 19 「台湾独立」のアイデンティティ

「台湾独立」という場合，必ずしもその意味は単純ではない．これまで，中国共産党（大陸中国）も台湾の国民党も，ともに「中国は1つ」（お互いが正統性を主張し合う）という前提の下で共存を図ってきた．この共存は，共産党と国民党が経済交流を本格化させるうえで「1つの中国」という原則を堅持しつつ，その解釈については中台双方が留保するという「便法」を口頭で合意した「1992年コンセンサス」を前提としていた（このコンセンサスを文書化したものは存在しない）．

したがって，「台湾独立」という場合，国民党が堅持してきた「中華民国」こそ中国の正統政府であるという主張の放棄，すなわち互いにすでに独立した主権国家であり，それを認めたうえで「2つの中国」（「中華人民共和国」と「中華民国」）の共存をめざすという立場（実際にはその可能性はほとんどない）と，「中華民国」ももとは大陸中国で生まれた国家であり，「台湾」は大陸中国とは違う独立した国家であるという立場の2つの意味をもっている．しかも，「大陸中国とは違う独立国家」と考える場合には，中国大陸への帰属を前提とした「2つの中国」という言い方は正確ではない．前述したように，「国民党」と対立する「民進党」が建国を目指すとする「台湾共和国」は，中国大陸を母国とは見なしていない．

それゆえ，そこには，「中華民国」国民としてのアイデンティティの確立（「中華民国」の国際的認知の回復）という立場と，「台湾共和国」国民としてのアイデンティティの確立という2つの立場が，「外省人」（およびその子孫）と「本省人」という出自の違いとも複雑に絡み合って混在している．「台湾独立」が意味する国民のアイデンティティは日本人には理解が難しい複雑な問題をはらんでいる．

2 「権威主義体制」の始まり

　大陸での国共内戦において敗色が濃厚となった1949年5月，台湾では蔣介石の命令によって「戒厳令」が施行された．「戒厳令」とは，司法・立法・行政権のすべてまたは一部を軍の統制化におくことであり，いわゆる軍部独裁体制である．そして，この「戒厳令」下の台湾に，1949年末には，国共内戦に敗れた国民党軍とその家族など，100万人を超える軍民が海を渡ってきた．この戒厳令は，1987年7月に解除されるまで，38年間にわたって施行され，国民党の独裁政権が続いた．台湾のNIES化は，この国民党による「独裁政権」のもとで達成されていったのである．第2章で述べたように，「権威主義体制」(独裁政権)のもとで経済開発が進められる体制を「開発主義体制」と呼んでいる．台湾ではまさしく，「開発主義体制」によって「新興工業国」化が図られていったのである．

　独裁政権のもとで進められた経済開発という点では，韓国と台湾はきわめて類似性が強い．韓国の軍事独裁政権も台湾の軍事独裁政権も政治学的にはともに「権威主義体制」と呼ばれるものであり，支配構造のうえでは共通の性格をもっている．さらに，韓国の場合は36年間，台湾の場合には50年間，日本の植民地支配の下に置かれたが，両国とも，この時期に初期工業化を経験したという点においても共通している．

　戦後はともに内戦を伴う「分断国家」としての道を余儀なくされ，厳しい社会的緊張を強いられた．「共産主義の脅威」に起因するこの厳しい社会的緊張は，「権威主義体制」を容認する社会的基盤ともなったのである．他にも，独裁政権下で進められた「土地改革」(〈地主-小作〉制度の解体)という点でも共通性をもっている．韓国の土地改革の経緯についてはすでに述べたが，台湾では，大陸からやってきた蔣介石政権は，台湾の地主階級との間で特別の利害関係を持たなかったために，圧倒的多数の小作農の支持（国民党支配の安定化）を得るために，「自作農」創設を目指した「土地改革」を進めていった．[8] 改めて指摘するまで

---

[8] 台湾の土地改革について，Barrett and Chin [1987] は，「台湾では，外国から来た軍隊が，大規模な土地改革（1950-53年）に目を光らせた．中華民国政府と与党国民党は，特権的地主階級との間には何のつながりももっていなかったし，貧農や小ブルジョアに報いることによって（彼らは1960年以降の輸出拡大ドライブによって利益を得ることになった），自らの地位を合法化していった」[Barrett and Chin 1987：31] と端的な指摘を行っている．

もなく,「土地改革」は工業化のための最大の前提条件である.

開発戦略としても,多くの発展途上国が「輸入代替工業化」にこだわっていた時期に,韓国も台湾もともに世界市場での比較優位を追求する「輸出指向工業化」への転換を図っていた.しかも,経済成長に伴って「労働集約的産業」での比較優位が失われていった時期に,ともに重化学工業の振興に力を入れ,産業構造の転換を図ったのである.

他方,韓国との違いも際立っている.前述したように,韓国では,「権威主義体制」のもとで,経済発展の担い手として,財閥の育成がはかられていった.しかし台湾では,経済発展の主たる担い手は群小の中小企業であった.

台湾の場合には,政府の保護の下で財閥が育成されていった韓国とは対照的に,日本の植民地時代（1895-1945年）に移植された資本主義的制度が独立後も引き継がれ,国民党の一党独裁体制の下で基本的には中小企業の「自助努力」によって資本主義的工業化が進められていったのである.本格的な「輸出指向工業化」が積極的に追求されるようになってからは,政府は,為替改革（為替レートの単一化・安定化,為替取引の自由化など）やインフラ整備（高速道路・鉄道・空港・港湾）など輸出のための環境整備に力を入れ,自らは主に鉄鋼・造船・石油化学など重点産業（重化学工業）を中心に国営企業を設立して中小企業とのすみわけを行った.

もう1つの際立った違いは,外国企業に対する態度の違いである.韓国では,強烈な民族主義を背景として,外資の利用は主に「借款」という形で行われ,外国企業の直接投資は極力回避された.他方台湾では,東アジアでは最も早く,1954年には「外資導入法」が制定され,ウエストハウスやモトローラーといった米系多国籍企業が台湾に進出していった［涂 1995：109］.アジアで最初に経済特区が導入されたのも台湾であり,はやくも1966年には南部港湾都市・高雄に「輸出加工区」（EPZ：Export Processing Zone）が設置された.台湾政府は,外資系企業の誘致に積極的に取り組み,とくに華僑・華人系資本に対する優遇措

---

9) 今日,台湾を代表する電器・電子産業の多くは,独立後の日本企業の下請けから出発し,「自助努力」によって発展していった.概略的に言えば,台湾の中小企業は,日本企業の単純下請け,OEM（Original Equipment Manufacturing：相手先ブランド供給）,ODM（Original Design Manufacturing：相手先ブランドによる独自設計・製造）,OBM（Original Brand Manufacturing：独自ブランド製造）という経路を辿って,今日の地位を築いたのである.

置が際立っていたといわれる［徐 1995：214-215］．

　台湾の「権威主義体制」下での発展は，財閥中心の韓国とは対照的に，民間中小企業・国営大企業・外国企業の三者のバランスがある程度維持されながら，比較的裾野の広い産業構造が形成されていったとみることができる．

3　「台湾経験」としての賞賛

　1979年にOECD報告書『新興工業国の挑戦』（The Impact of the Newly Industrializing Countries）が公表されるまでは，台湾の経済発展が注目されることはほとんどなかった．それまでは，「社会主義」を標榜した「中華人民共和国」の動向が世界的注目を集め，台湾の存在は中国の影にかすんでいた．

　台湾経済の飛躍にとって転機となったのは，1973年から開始された「10大項目建設計画」（1973-77年）である．これによって，中国鉄鋼，中国造船，中国石油の「三大公企業」が誕生し，桃園国際空港，台中港，中山高速道路，鉄道電化，原子力発電所など，本格的なインフラ整備が進められた．

　さらに，1978年からは「10大項目建設計画」を引き継いだ「12大項目建設計画」（1978-84年）がスタートし，道路網など輸送網の整備，農業近代化投資，住宅建設などが取り組まれた．この2つの重点計画によって，台湾のNIESとしての発展にとって確実な道筋がつけられた（表3-1）．

　ただし，韓国の場合は，1973年の大統領による「重化学工業化宣言」以降，造船，自動車，電機，石油化学など財閥企業を中心とした重化学工業化が急ピッチで進められ，1980年代初頭には主力の輸出産業に躍り出たが，台湾の場合，輸出商品構成においては，この時期には依然として軽工業製品が輸出の主流を占める構図が続いていた．「輸出商品構成において重化学工業製品が軽工業製品を上回る転換点の到来は1987年を待たなければならなかった」［小林 1995：47］のである．

　しかし，1980年代の台湾経済は，「アジアのシリコンバレー」化への基礎が築かれた時期でもある．1980年には政府の技術集約産業育成方針の下で，「新竹科学工業園区」（新竹サイエンスパーク）が設置され，IT産業の集積が図られていった．他方，金融市場の自由化にもいち早く取り組まれ，1987年には為替制限が大幅に緩和されて完全変動相場制へと移行していった．

　1980年代の台湾経済の目覚しい発展は，韓国の「漢江の奇跡」とならんで「台湾経験」と賞賛され，世界的な注目を集めることになった．こうした世界的な

表3-1 台湾の経済計画

計　画	GNP成長率		基　本　方　針
第1次計画 (1953-56年)	実績	7.0%	・アメリカの援助の下での農業生産の拡大 ・輸入代替工業の発展
第2次計画 (1957-60年)	計画 実績	7.5% 7.0%	・運輸・通信系統の充実 ・物価の安定
第3次計画 (1961-64年)	計画 実績	8.0% 9.1%	・投資環境の改善・生産力の向上 ・経済発展の加速化
第4次計画 (1965-68年)	計画 実績	7.0% 9.9%	・投資環境の改善と投資の増加 ・経済構造の改善
第5次計画 (1969-72年)	計画 実績	7.0% 11.6%	・生産技術の向上・管理組織の近代化 ・輸出工業の発展と国際収支の改善
第6次計画 (1973-76年)	計画 実績	9.5% 7.9%	・「10大建設」(製鉄所,造船所,石油化学工場等の建設) の実施(石油危機により1975年で中断)
経済建設6カ年計画 (76-81)	計画 実績	7.5% 9.8%	・「12大建設」(港湾,道路整備,原子力発電所等の建設) の実施
経済建設4カ年計画 (82-85)	計画 実績	8.0% 6.7%	・生産性の向上,輸出競争力の強化 ・機械工業,情報・通信産業に対する奨励策
経済建設4カ年計画 (86-89)	計画 実績	6.5% 10.3%	・民間投資の喚起による内需拡大 ・貿易の自由化・ハイテク戦略産業の育成

注：経済建設4カ年計画(1986-89)は，1986-88年の3カ年の実績．
資料：経済企画庁『年次世界経済報告』昭和61年，および劉[1990]より作成．

注目を背景として，1987年には，1949年以来38年間続いた「戒厳令」が解除され，翌88年には，蒋経国（チャン・チンクォ）総統の死によって，蒋介石・蒋経国と親子2代にわたって続いた「権威主義体制」が終わりを告げた．

蒋経国総統の死によって総統に就任した副総統の李登輝（リー・テンフェ：総統任期1988-2000年）は，日本への留学経験ももつ「本省人」で，「2・28事件」(Column18，参照）の際にはかろうじて迫害をまぬかれた人物である．李登輝は，総統就任以後「国民党」政権下での民主化を大胆に進めていった．1989年には，国民党一党独裁下で禁じられていた政治結社の自由を認め，非合法政党の地位に置かれていた「民主進歩党」（以下では「民進党」と略す）を合法化した．以後，台湾では，「1つの中国」（大陸との一体性）を主張する「国民党」と，大陸とは違う独立した主権国家を主張する「民進党」との「二大政党政治」が展開されることになる．

こうした社会の民主化を背景として，さらに1990年代の台湾は，「電気・電子立国」としての地位を不動のものにしていった．「アジアのシリコンバレー」化が現実のものとなったのである．今日,世界的大企業であるフォックスコン・グループ（鴻海科技集団）の中核会社である鴻海精密工業（Hon Hai Precision Industry Co., Ltd.：1974年設立）が急成長を遂げたのもこの時期であり，パソコン及び周辺機器で世界的に著名なエイサー（Acer：1976年設立）が飛躍的な発展を遂げたのもこの時期である．台湾企業の「チャイニーズ・ネットワーク」を利用した強いマーケティング力が背景にあったことは疑いない．[10]

さらに，1997年後半から東アジア全域を襲った経済危機に際しても，台湾だけは貿易の減少という比較的軽微な影響にとどまり，NIES，ASEAN 4 の中では唯一プラス成長を維持した．多くの国が外資導入を狙って外国投資家に対する為替リスクを回避するために「ドルペッグ制」を採用していたにもかかわらず，前述したように台湾だけは早くから金融改革を進め，変動相場制を採用していたことで，通貨危機の波及を免れることができたのである．

4 「歴史的中国機会」と台湾経済

今日の台湾経済を語る場合，中国の「改革・開放政策」以降の市場経済化との関係を抜きには語れない．第1章第3節で述べたように，1988年7月に中国政府が公布した「台湾同胞投資奨励規定」は，国共内戦以来厳しく対峙してきた台湾に対して，経済交流を呼びかけたものである．台湾では，香港と同様に経済成長に伴う人件費の増大によって，労働集約的製造工程（とくに組立・加工工程）の海外移転が迫られており，台湾企業にとって中国大陸の豊富な低賃金は魅力的であった．

これを受けて，李登輝総統も，国民党が従来一貫して堅持してきた，中国共産党とは「接触しない」，「交渉しない」，「妥協しない」という「三不政策」を転換し，台湾企業の香港などを迂回した対中国間接投資を一部容認する姿勢を示したのである．さらに1991年には，台中間での民間交流を促進するための「海

---

10) 鴻海（ホンハイ）の名前は，2016年に経営危機に陥った日本のシャープを買収して自らの傘下に収めたことによって日本でも一躍有名になったが，鴻海は自社ブランドをもたない受託生産に特化した企業で，米国のアップル社のiPhoneの受託生産を行うなど，今日では世界最大の電子機器の受託生産企業である．

峡交流基金会」が発足し，以後，台湾と中国の経済的結びつきは一気に深化していった．その結果，ついに2008年12月には中台間の定期直航便の就航が実現し，懸案であった「三通」（通商・通航・通郵）が解禁されることになった．

さらに，2010年に締結された「海峡両岸経済協力枠組み協定」（ECFA：Economic Cooperation Framework Agreement）によって，台中間貿易に対する関税引き下げ・撤廃措置が講じられることになり，中台貿易は拡大の一途をたどった（図3-6）．台中関係は，貿易だけでなく，直接投資の面でも拡大していった．図3-7は，中国側の統計からみた台湾の対中投資の推移を示したものである．この表では，台湾の対中投資額は韓国と比べても少なくなっている．しかし，実際には，台湾からの対中投資はこの図からうかがわれるものよりもはるかに多いと考えられる．台湾の対中投資は，中台間の特殊な関係を反映して，香港やシンガポール，バージン諸島やケイマン諸島（課税回避地）など第三国を経由して行われるものが多く，その実態については正確には把握されていない．おそらく，台湾の対中投資残高は，実質的には世界最大である可能性が高いと思われる．

「歴史的中国機会」とは，中国が閉鎖的な中央統制型「計画経済」を断念し，「改革・開放政策」に転換して市場経済化を進めたことによって生まれた巨大なビジネス・チャンスの出現を意味している．東アジア諸国は，この「歴史的中国機会」を一様に享受したが，とくに，日本，韓国，台湾にとってその意味は大きかったのである（もちろん日本や韓国，台湾だけが一方的に恩恵を受けたわけではない．中国の市場経済化は，これらの国の資本を利用して進められたのである）．

5 台湾経済の課題

2000年の総統選挙では，「独立した主権国家」（＝台湾独立）を主張する「民進党」の陳水扁（チェン・シュエビヤン）が「国民党」候補を破って当選した．「国民党」以外の人間がトップに君臨したのは「中華民国」の歴史上初めてのことであった．「民進党」はその後，2001年の立法委員（国会議員に相当）選挙でも「国民党」を抜いて立法院比較第1党となった（ただし，単独過半数には達せず，少数与党にとどまった）．

しかし，国民の間で台湾独立の気運が高まっていたのとは対照的に，台中関係は大きく冷え込み，2001年にはマイナス成長を記録するなど台湾経済の減速傾向が鮮明になっていった．そのような中で，陳水扁総統の汚職スキャンダル

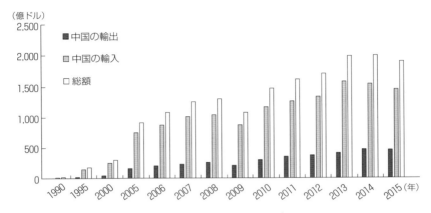

図 3-6　台湾と中国の貿易の推移（1990-2015年）

注：香港との取引を除く．
資料：図 3-1 に同じ．

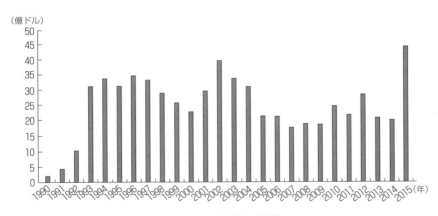

図 3-7　台湾の対中直接投資の推移（1990-2015年）

資料：図 3-1 に同じ．

が浮上するなど「民進党」への国民の期待が急速に退潮し，2008年1月の立法委員選挙では民進党は「国民党」に敗れて与党の地位を失い（今回の選挙から定数がほぼ半減され現在の113議席となった），総統選挙でも民進党候補は「国民党」の馬英九（マー・インチウ）候補に敗れた．この流れは2012年の総統選挙でも立法委員選挙でもとめる事はできなかった（馬英九の総統再選）．

　2007年の選挙における「国民党」政権の復活と2012年の選挙における「国民党」政権の継続は，台湾と中国との経済関係を色濃く反映したものである．中国共産党にとって，立場は違っても「1つの中国」で一致する国民党政権は何よりも望ましいことであり，中国共産党が打ち出している台湾統一方式である「一国二制度」（香港方式）にかなうものである．したがって，中国共産党としては，なんとしても「民進党」の躍進を阻止したいところであった[11]．それゆえ，この時期には，中台間の政治関係は良好に推移し，結果として，「国民党」は安定を願う台湾国民の支持をある程度得ることができたのである．

　しかし，良好な台中の政治関係とは裏腹に，台湾経済はこの間低成長で推移することとなった．馬英九総統は，2007年の総統選挙の際には，冷え込んだ台中関係を修復し，年平均6％の成長率を実現すると公約していたにもかかわらず，実際は，任期前半（第1期：2007-2011年）にはリーマン・ショック後の世界同時不況に直面し，任期後半（第2期：2011-2016年）には2～3％の低成長に苦しむことになったのである（図3-8）．このことは，すでに，台中の良好な政治関係と台湾経済の成長とは必ずしも相関関係をもたなくなった可能性を示唆しているとも受け取れる．

　このような状況の下で，2014年3月には，2010年に締結された「海峡両岸経済協力枠組み協定」（ECFA）に基づくサービス分野の開放を目指した「海峡両岸サービス貿易協定」の批准をめぐって，立法院（国会に相当）での与野党間の審議が紛糾し，一方的に審議打ち切りを宣言した与党「国民党」に対する反発から多数の大学生が議場になだれ込み，立法院を1カ月近くにわたって占拠する事態が発生した（学生たちが占拠した立法院に「ひまわり」が掲げられているのを見

---

11) 2015年11月のシンガポールでの中国の習近平主席と馬英九総統との唐突な会談は，2016年の総統選挙での「国民党」候補への後押しを意図して行われたものであり，中国共産党と国民党との良好な関係こそが台湾の発展に繋がるということをアピールしようとした政治的パフォーマンスであった．

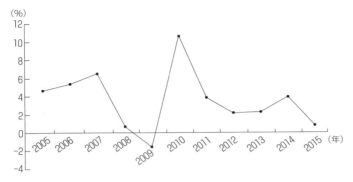

図 3-8　台湾の成長率の推移（2005-2015年）
資料：台湾行政院主計処，ホームページより作成．

た市民が，学生への支持表明として次々とひまわりを送ったことから，台湾では「ひまわり学生運動」と呼ばれている）．

　この事件をきっかけとして，台湾では改めて中国との経済関係のあり方が問われるようになった．野党「民進党」や学生たちは，「国民党」が推進するECFAは台湾の中小企業への悪影響が大きく，とくにサービス分野の開放は台湾における中国企業の市場支配に繋がるとして強く反対した．国民の間では，「国民党」のECFA推進の背景には，中国共産党の強い後押しがあると感じているものが少なくなかった．

　この事件以後，「国民党」の支持率は急落していくことになり，2016年1月の総統選挙での敗北に繋がった．同時に行われた立法院の選挙でも，「民進党」が圧勝して過半数を超える議席を獲得し（113議席中68議席），台湾政治史上はじめて「民進党」が単独で過半数を超える与党の座に着くことになった．結局のところ，台湾の人々は，現状のバランスを崩しかねないこれ以上の中国の影響力の拡大にはきわめて警戒的であり，2016年1月の選挙結果は，「自分たちは大陸の中国とは違う独立した国家の国民である」（近年では「台湾人」という呼び方が一般的になってきた）というアイデンティティ重視の立場を表明したものといえよう．

　ただし，2016年5月に新しく総統の座に着いた「民進党」の蔡英文（ツアイ・インウェン）政権は，台中関係については，過去の反省（独立志向を強めた陳水扁政権時の台中関係悪化）から，「台湾独立」（独立した主権国家）という急進的なスロー

ガンを封印し,「現状維持」を表明するにとどめており,中国共産党への配慮もみせている.

たしかに,台湾経済の動向は,かつてのように中国との政治関係によって大きく左右される可能性は少なくなったとはいえ,中国経済の動向に大きく左右されざるをえないことは否定しえない現実である. 蔡英文総統は,2016年5月20日の就任演説において,今後は中国経済への過度の依存を避けるため,ASEANやインドとの関係を強化していくとする「新南向政策」を目指すことを表明したが,はたしてこのような経済政策の転換をスムースに行うことができるのであろうか. 他方では,中国経済の減速が懸念される状況の下で,ふたたび総統の座に返り咲いた「民進党」の蔡英文政権は,難しい舵取りを迫られている.

第4節 シンガポールの経済発展をみる眼

1 植民地都市としての発展

シンガポールは,19世紀初頭までは貧しい漁村が点在する人口わずか200人足らずの未開の島であった. シンガポールの発展の歴史は,1819年にイギリス東インド会社の書記官トーマス・ラッフルズが,シンガポールの地理的重要性に注目し,この地を支配していたジョホール国王から借り受けた時から始まる[12].

以後,シンガポールはイギリスの手によって,イギリスの東アジア貿易の中継貿易基地として開発されていくことになった. 1870年代には,イギリスの植民地支配はマレー半島全域とボルネオ島(カリマンタン島)北岸にまで拡大され(イギリス領マラヤの成立),シンガポールの地政学的重要性はいっそう高まった. 杉谷[1999]によれば,東南アジアにはすでにかなりの数の中国人が住み着き,華僑社会を形成していたが,シンガポールでは,「自由貿易の利点,取引の安全と法的保護,司法の平等な取扱いといった有利性がさらに中国人を引き付け」[杉谷 1999：75],短期間のうちに彼らが最大の人種グループになっていったと

---

12) 厳密には,この時点では,ラッフルズはジョホール国王(スルタン)の承認を受けていなかったといわれる[杉谷 1999：105]. シンガポールが正式にイギリスの植民地として認められたのは1824年のことである.

いう.

　その後も，中国人移民の数は増え続け，中継貿易港としても順調に発展していった．こうして，「第2次大戦が勃発したとき，シンガポールはすでに東南アジア第1の港となっており，アジア全海域におけるイギリス海軍の主要根拠地であった」［杉谷1999：75］といわれるまでになっていた．

　それゆえ，太平洋戦争に突入したとき，日本軍は真っ先にシンガポールの占領を目指したのである．日本のシンガポール占領は短期間で終わり，日本の敗戦によって解放されることになったが，それもわずかの間で，戦後再びマレー半島とともにイギリスの植民地へと再編入されることになった．

　1957年にマラヤ連邦がイギリスより独立したが，シンガポールは独立を果たすことはできず，1959年にイギリスの「自治領」としての地位を獲得したのみであった．その後1963年にはマラヤ連邦およびボルネオ島のサバ・サラワクとともにマレーシア連邦を結成し，ようやくイギリスより完全独立を果たした．しかし，マレー人が多数を占め，「マレー人優遇政策」を採ろうとするマレーシア政府と，華人系が多数を占め華人のリー・クアンユー（李光耀：1923-2015）率いる「人民行動党」（PAP）による自治が敷かれていたシンガポールとの間では，人種対立や政治対立が頻発し，ついに1965年に至ってマレーシア連邦から分離独立せざるをえなくなった．

2 「権威主義体制」下の経済開発

　リー・クアンユー率いる「人民行動党」統治下のシンガポールは，まさに「権威主義体制」下での「開発主義」が追求された時期であった．シンガポールでは，1965年の分離独立以来今日まで，事実上の人民行動党の一党独裁支配が続けられており，社会的な安定が何よりも重視されてきた．

　分離独立当時のシンガポールの人口は190万人弱で，国土は極端に狭く（575km²：兵庫県淡路島の面積593km²，滋賀県の琵琶湖の面積670km²），経済的自立を果たすには国

---

13) 今日，「ブミプトラ政策」の名前で知られるマレー人優遇政策は，1971年にマレーシア政府が策定した「新経済政策」に盛り込まれた内容を指しているが，マレー人優遇政策そのものは，1957年のマラヤ連邦独立以降から採られていた．

14) その後埋め立てが進められ，2014年末現在では718km²にまで拡大されている．およそ50年間で実に143km²，1.25倍も広げられたことになる．

の規模が小さすぎると考えられた．それゆえ，マレーシアから切り離され，分離独立を余儀なくされたリー・クアンユーは，シンガポールの将来に対して強い不安を抱いていた．韓国や台湾において，分断国家という厳しい社会的緊張が，「権威主義体制」を許容していったように，シンガポールでも，マレーシアからの分離による「国家存亡の危機」という厳しい社会的緊張が，リー・クアンユーによる「権威主義体制」を可能にしていった要因の1つであるとみることができる．

少ない人口と狭い国土のシンガポールで，国内市場に依拠した「輸入代替工業化」政策が成功する見通しはほとんどない．それゆえ，シンガポールでは，分離独立後の早い時期から「輸出指向工業化」が目指された．だが，シンガポールの華人資本は，貿易業や金融・サービス業といった第3次産業が大部分で，製造業での経験を積んだ企業家はほとんどいなかった．

そのため，政府は，1960年代後半から大規模な「ジュロン工業団地」の造成を行うとともに，外国企業の誘致に積極的に取り組んでいった．その結果，当時は主に，「労働集約的産業」を中心に外資が進出していったが，人口規模が小さかったために労働力不足の状態が深刻となり，労働集約的産業の比較優位は急速に失われていった．こうした事態に直面した政府は，1970年代には電器・電子産業など「資本・技術集約的産業」分野の外国企業の積極的な国内誘致を図り，産業構造の高度化に取り組んでいったのである．

その結果，シンガポール経済は，米国の景気後退などの影響により1985年に独立後初のマイナス成長（−0.7％）を記録するまで，1966年から約20年間，年平均10％を超える高い成長率で成長を続けてきた．1985年の景気後退もわずか1年で切り抜け，1987年からアジア通貨危機の影響を受けた1997年末までの10年間は，再び年平均10％を超える高い成長率を維持したのである．シンガポールは，「中所得国の罠」（高所得国への移行の壁）という開発経済論で想定される困難な課題をいとも簡単にクリアーしていったのである．

一時的な景気後退はあったものの，ほぼ30年にわたって驚異的な成長率を維持してきた背景には，シンガポール政府の適切かつ強力な産業政策がある．だが，政府の役割は産業政策にとどまるものではない．政府はさらに，労使を加えた三者からなる「全国賃金評議会」を設立して労働市場に直接介入し，政府が望ましいと考える賃金水準の決定も行った．シンガポールでは，なによりも「社会的安定」が重視されたため，労使間での直接の賃金交渉は禁止され，賃

金は政府の政策目標に沿って決定されたのである．

　また，よく知られているように，シンガポールでは国民生活にもさまざまな規制が課せられている．国内への「ガム」の持ち込みは厳しく規制されており，タバコやごみの投げ捨てには高額の罰金が科せられている（そのため，皮肉を込めて罰金の国〈fine country〉といわれることもある）．リー・クアンユーはかねてより，「西洋の民主主義は東洋にはそぐわない」(Foreign Affairs, March/April, 1994, インタビュー記事）と考えており，東洋では東洋の文化に根ざした別の道を考えるべきであると説いている．

　これは，「権威主義体制」という批判をかわすための彼なりの説明であろうが，「西洋型民主主義」の是非はともかくとして，「社会的安定」を最優先する彼の思想は，自由主義的な「民主主義」とは相容れないことは明らかである．リー・クアンユーは，1990年に首相の座を第1副首相のゴー・チョクトンに譲り，自らは上級相についたが，上級相時代（1990–2004年）にも実質的な影響力をもちつづけた．2004年以来「人民行動党」の党首で，第3代首相を務めているリー・シェロンは彼の長男である．リー・シェロンも，基本的には「権威主義体制」を維持しており，父の統治スタイルを継承しているといえる．

3　アジアの「ビジネス・センター」へ

　今日のシンガポールは，金融・物流・情報・サービスなどあらゆるビジネス機能が集積されたアジアの「トータル・ビジネス・センター」である．しかも，ビジネスだけでなく，「メディカル・ツーリズム」や「統合型リゾート」(IR) などアミューズメントの分野でも他の地域を大きくリードしている．このようなシンガポールの発展は，どのようにして図られたのだろうか．

　シンガポール政府は，1988年にインドネシア政府との間で，シンガポールの南20kmに位置するインドネシア領バタム島（415㎢）について，ここを工業団地として本格的に開発することで合意した．以後，バタム島全域での工業団地の造成が進められ，欧米企業や日本企業など多くの外資系企業が進出し，1990年代にはシンガポール，マレーシアのジョホール州と連なる「成長の三角地帯」として注目を集めるようになった（マレーシアは，1980年代のシンガポールの最大の投資先であり，その内3分の2がシンガポールに隣接するジョホール州に集中していた）．

　このように，シンガポール政府は，狭隘な国土という制約を克服するため，マレーシアやインドネシアなど周辺諸国との経済協力を実現させることによっ

て，国内の外資系企業の工場をより賃金の安い周辺諸国へ誘導し，自らは中継貿易や金融・サービスの充実を図るという政策を徹底させてきたのである[15]．その結果，シンガポールには，全世界の多国籍企業の「アジア地域統括本部」が置かれることになり，併せて世界中のビジネス情報の集積が進行したのである．シンガポール政府はまた，多国籍企業の資金調達需要にこたえるために，金融の自由化にも積極的に取り組み，シンガポール金融市場は東京，香港を凌いで世界3位の国際金融市場へと成長していったのである．

さらに，シンガポール港は周辺地域に展開する多国籍企業の製品中継基地となっており，今日ではコンテナ取扱量は中国の上海港に次いで世界第2位の地位にある（2010年に上海港に抜かれるまではシンガポール港が世界第1位であった）．そのため，シンガポールでは「『トレード・ネット』と呼ばれるEDI（電子データ交換）システムが導入されており，輸出入や貨物の積み替えにかかわる申告から許可通知，関税・諸税や手数料等の支払いに至るまでの手続きが自動的に一括処理されている」（JETROホームページ：海外ビジネス情報・輸出入取引）．このように，シンガポールはアジアで最も利便性の高い通関サービスを提供しており，このことがまた物流の「ハブ」機能を拡大させているのである．

このようなアジアの「ビジネス・センター」化の実現は，NIES型工業化（キャッチ・アップ型工業化）の限界を悟ったシンガポール政府の意図的な政策転換の結果であり，比較的早い時期から近代的な「都市国家」として繁栄する道を目指してきた結果である．

4　シンガポール経済の展望

改めて指摘するまでもないが，経済のグローバル化の恩恵を最も多く受けてきたのは，シンガポールである．シンガポール政府は，進展する経済のグローバル化の恩恵を積極的に取り込む政策を次々ととってきた．とくに，金融の自

---

[15]　もちろんそのことによってシンガポール国内から製造業が消えてしまったわけではない．1960年代末から造成されたジュロン工業団地には今日でも電気・電子機器関連の企業が多く立地しているし，沖合の島々を埋め立てて造成したジュロン島（人工島）には多くの石油化学工場が誘致されており，石油化学産業の集積地となっている．シンガポールの主要地場輸出品は石油製品とIT製品である．2014年のGDPに占める製造業の割合は，19.3％，第3次産業の割合は66.8％であった（Statistics Singapore "Monthly Digest of Statistics" November 2015）．

由化では，シンガポールの金融市場は，今日では日本の東京市場をはるかに上回る自由化を達成している．物流システムの構築においても，シンガポールは日本をはるかに凌いでいる．その結果，シンガポールはアジアでもっとも繁栄する豊かな都市国家へと変貌を遂げた．

このように，シンガポールの成長は，世界経済のグローバル化と不可分に結びついており，このような関係は，すでに社会・経済構造の中にしっかりと組み込まれている．したがって，経済のグローバル化が不可逆的なものである限り，一時的には，リーマン・ショック時にみられたような世界経済の動向にある程度影響を受けることはあっても（2009年の成長率はマイナス0.6％にまで落ち込んだ，図3-9），シンガポールの経済が単独で大きく落ち込むことは考えられない．

実際にも，シンガポールには，依然として発展の原動力となった人とお金が流れ込み続けている．シンガポールの人口は，政府の分類によれば，大きく「居住者」と「非居住者」に分類され，「居住者」はさらに，「国民」と「永住権保持者」に区分される．2013年末現在の人口は547万人であるが，そのうちシンガポール「国民」は334万人，「永住権保持者」53万人で，「居住者」の合計は387万人である．残りの160万人は「非居住者」（一時滞在者）である．フィリピン人のメイドやマレーシア，インドからの出稼ぎ労働者などが有名であるが，第三次産業の発展に伴って多様な人材が流入し続けている．シンガポールは，英語を公用語の1つとしているため，フィリピンやインドのような準英語圏の人々には言葉の障害が少ないという利点がある．

世界三大格付け会社（ムーディーズ，スタンダード＆プアーズ，フィッチ・レーティングス）の世界の国債格付けランキングでは，リーマン・ショック以降から2016年4月現在まで，シンガポールはいずれの場合も「Aaa」あるいは「AAA」（トリプルA）という最高水準を与えられている．そのため，シンガポール経済に対する国際的な評価は極めて高いといえる．

このように，シンガポール経済の将来にとって，いまのところ大きな不安材料は見当たらないが，あえて指摘するならば，経済発展に伴う労働力不足をどのようにして補うかという問題が差し迫った懸案事項である．シンガポールの人口が増え続ける一方，シンガポール国民の比重（2014年末現在61％）はますます低下するという状況については，政府も頭を悩ませているところである．このままの状況で推移すれば，シンガポール国民の比重が50％を割り込む日もそう遠くはない（シンガポールの2014年の合計特殊出生率は1.25で，日本よりも低い）．今

第3章 NIESの経済発展について考える

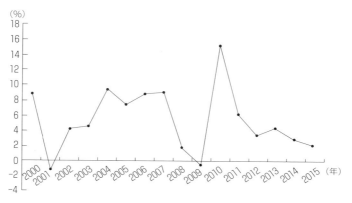

図3-9　シンガポールの成長率の推移 (2000-2015年)
資料：Statistics Singapore, "Monthly Digest of Statistics", より作成.

後さらに，ASEAN経済共同体 (AEC) の発足に伴って，ASEAN域内からの人（さしあたっては技術者・技能労働者）の移動がさらに自由化されていくことになれば，人口小国シンガポールは難しい舵取りを迫られることになる (Column 20).

さらに，シンガポールは，近年でこそ成長率は比較的低い水準で推移しているが（図3-9），依然として「権威主義体制」の下での経済成長を続けている国でも ある（シンガポールはすでに高度成長時代を終え，低成長の成熟経済期に入ったと

Column 20　シンガポールの人種暴動事件

2013年12月8日の夜，シンガポールでは40年ぶりといわれる外国人労働者による暴動が発生した．事件のきっかけは，通称「リトル・インディア」と呼ばれるインド系住民が多く居住する地区で，インド人労働者がシンガポール人の運転するバスに轢かれて死亡したことがきっかけであった．400人以上の外国人労働者が暴徒化し，警察車両などに放火したとされるが，事件そのものは一晩で収束に向かった．

この事件は，「社会的安定」を何よりも重視するシンガポール政府には強いインパクトを与えたにちがいない．この事件をきっかけに，政府は，外国人労働者の導入にはいっそう慎重になった．

みることができるかもしれない）．シンガポールの1人当たり名目GDPは5万2888ドル（2015年）と，アジアではすでに日本（3万2486ドル）を抜いてトップである．「民主主義」を制限した「権威主義体制」下での経済成長は，成長に伴って増大する「中間層」の要求によって民主主義が拡大していき，やがては「権威主義体制」そのものが溶解していくことになるというのが，「歴史の教訓」であるといわれてきた．

　もちろん，シンガポールの「権威主義体制」は，中国のような一党独裁体制とは異なる．シンガポールでは,「人民行動党」が建国以来一貫して政権を担っているが，それは選挙を通じて高い支持率を獲得し続けている結果である．現在の選挙制度はおもに特定の個人への投票ではなく，選挙区ごとにグループに投票するというものであり（最高の得票を得たグループがその選挙区の議席を独占する方式），大政党である与党・人民行動党に有利であるという批判はあるが，多くの国民の支持が背景にあることは否定できない（シンガポールの総選挙では常に95％前後の高い投票率が記録されているが，このような高い投票率は，国民に対して投票が義務化されているためである）．

　とくに，リー・クアンユーは，汚職など腐敗政治を強く戒め，「清廉な政治」を目指してきた．国民になかば貯蓄を強制し，その貯蓄を国民の住宅取得に回すというような巧妙な政策も行ってきた結果，シンガポールでは多くの住民が住宅を取得することが可能となった．このような人民行動党の政策が，国民に広く恩恵をもたらし，支持基盤を広げていったことは疑いのない事実である．

　にもかかわらず，シンガポールでは，国民に対して，日常生活面でもさまざまな規制や制限が課せられており，「権威主義体制」下での経済発展の追求という状況は変わらない．このように，シンガポールでは，多くの国民に支持され続ける「権威主義体制」という，歴史上類をみない特殊な状況が依然として続いているのである．シンガポールでは，果たしてこれからも，このような特殊な体制が維持されていくのであろうか．これからのシンガポールをみる眼は，この点にも焦点があてられるべきであろう．

おわりに

　第3章では，NIES（新興工業地域）の発展に焦点をあてて，その発展の概略をみてきた．改めて指摘しておきたいことは，これらの国が「中所得国の罠」（第

1章，第3節，24頁，参照）に陥ることなく産業構造の高度化に成功してきた背景としては，「権威主義体制」という特殊な政治体制とその下での開発戦略の策定という「国家の役割」が大きかったということである．世界銀行はそれを，「賢明な政府による適切な開発政策」と表現したのであるが，後に多くの課題を残す開発政策でもあった．

だが，これらの国がNIESと呼ばれていたのは，せいぜい1990年代末までであり，今日では，韓国や台湾，シンガポールがNIESと呼ばれることはない．これらの国は紛れもなく「先進国」であり「新興工業国」ではない．シンガポールにいたっては「工業国」でもない．今日，「新興工業国」と呼べる国があるとすれば，それはタイやマレーシア，あるいはベトナムいった国々であろう．ここでとりあげたNIES（NICs）は，あくまで「東アジアの奇跡」というパラダイム転換を主導した国々であり，「固有名詞」としてのNIESであって，「普通名詞」としてのNIESではない．

今後も，アジアでは，「新興工業国」と呼ばれる国が次々と出現する可能性は否定できないが，本章で検討したNIESの開発戦略には特殊歴史的な要因が多く含まれており，けして普遍的なモデルを提供するものではない．繰り返しになるが，「権威主義体制」下での「国家主導型発展」には，無視しえない負の遺産も多い．

グローバル化の著しい進展と同時に，多くの国が世界市場での比較優位を求めて熾烈な「大競争」を繰り広げている時代にあって，これからの開発戦略を考えるとき，かつてのNIESのような「キャッチ・アップ型」の工業化路線だけが唯一の選択肢ではない［坂田 2016］．アジアでは，依然として「権威主義体制」下での「キャッチ・アップ型」工業化を目指そうとしている国は少なくないが，このような開発モデルは，すでに限界に直面している．改めて，開発戦略の再検討が図られてしかるべきではなかろうか．

第4章　ASEANの発展と市場統合について考える

はじめに

　ASEANは，2015年末をもって「ASEAN経済共同体」（AEC）への移行を完了させ，併せて「ASEAN共同体」へ移行したと宣言した．その実態はともかくとして，東アジアに初めて，「共同体」と名前の付く地域協力機構が出現したことになる．

　ASEAN諸国には2015年末現在，6.2億人が暮らしており，EU（欧州連合）の約5.8億人を上回る新しい地域協力機構として注目されている．「ASEAN共同体」が今後EUのような実態を備えた機構として発展していくとすれば，東アジアの経済地図はASEANを中心として大きく塗り替えられることになる．

　ASEANがその存在感を着実に増していることは否定できない現実である．すでに東アジアFTA（自由貿易協定）網のハブとなっており，オーストラリア，ニュージーランド，インドとも自由貿易協定を締結するなど（いずれも2010年1月発効），「東アジア広域自由貿易圏」（ASEAN＋6）の創設に向けた積極的な取り組みもみせている．それゆえ，ASEANが目指している「共同体」がどのようなものであり，それは果たして実現可能かという点については，ASEANのみならず東アジア全体の将来像にかかわる関心事である．

　本章では，第1に東アジアにおいて重要な位置を占めるASEANについて，その歩みや変容，拡大について分析する．第2に「ASEAN経済共同体」とよばれる市場統合の過程，現状，および今後の課題について考える．

第1節　ASEANの発足と変容

1　ASEAN結成の背景

　ASEANが発足したのは，1967年8月のことである．当初の加盟国（原加盟国）

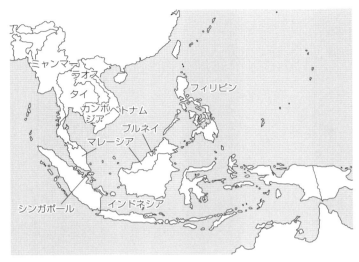

図4-1　ASEAN10

は，タイ，マレーシア，インドネシア，フィリピン，シンガポールの5カ国である．ASEAN発足の背景は，当時の東南アジアの複雑な政治状況と深く結び付いている．

　日本におけるASEAN研究の先駆者である山影［1991］は，「ASEANのなぞ」として，「なぜASEANはあのような時，あのような形で，あのような国々によって結成されたのか，そしてASEANに結集した国々は何をめざそうとしたのか」［山影 1991：7］という問いを自ら発しつつ，次のように述べる．「ASEAN諸国政府の間では，具体的に何をするのかについての明確な合意はなかったといえる．しかし反対に，何をしないかについては共通の理解がいくつかあった．そのなかで何よりも重要なのは，互いに武力紛争を起こさない，互いに主権を尊重し国内政治に干渉しないということについての共通認識であった．紛争の経験が，自分たちは互いにいがみあう贅沢など許されない環境にあることを為政者に印象づけたのである」［山影 1991：299］と，その上で「ASEANは，何かをするための協力機構ではなく，地域の平和，ASEAN諸国どうしの安全保障を追求するためのシンボルだった」［山影 1991：299］と結論付けている．

　「主権の尊重」と「武力紛争回避」という共通認識に基づく「地域の平和と相互の安全保障」追求の「シンボル」という指摘は，当時のASEANの性格を

よく表している．ASEANの結成は，当時各国が地域協力の促進を謳った「バンコク宣言」に署名するという形で行われた．これは国会での批准を必要とするような条約や協定ではない．その意味で，ASEANは「システム」ではなく一種の「シンボル」だとみなされたのである．では，なぜ，そのような「シンボル」が必要とされたのであろうか．この点について少し詳しく見ておこう．

東南アジアでは当時，ボルネオ島（カリマンタン島）北部に位置するサバ地方の帰属をめぐってマレーシアとフィリピンが互いに領有権を主張して対立していた．さらに，マレーシアによるボルネオ島の分割をめざす「大マレーシア構想」（ボルネオ島のサバ，サラワク，ブルネイ，およびシンガポールを含むマレーシア連邦結成構想）に対してインドネシア政府は「マレーシア粉砕」を叫ぶなど猛反発を強めており，地域紛争が絶えなかった．

他方，東南アジア諸国は当時例外なく，国内に「共産主義の脅威」という共通の問題を抱えていた．東アジアでは，当時すでに中国，北ベトナム，ビルマ（現ミャンマー）が「社会主義」の道を歩んでおり，周辺のラオス，カンボジアでは共産主義勢力が国内で強い影響力をもち始めていた．インドネシアやフィリピン，マレーシアでも多数の共産党員が活動しており，1965年の「9・30事件」（Column 21）以前のインドネシアでは「社会主義」への移行は時間の問題

Column 21　インドネシアの「9・30事件」

1960年代初頭には，インドネシアは東南アジア最大の共産党員を擁した共産党が勢力を拡大していた．当時のスカルノ大統領は共産主義に対して容共姿勢を保ち，この共産党の力を背景に，内政への影響力を強めようとしていた「国軍」とのバランスを図ろうとした．「9・30事件」とは，1965年9月30日に，インドネシア共産党が一気に「社会主義革命」を目論んで武装蜂起し，国軍との衝突を惹き起こした事件であるとされる．共産主義の脅威を排除しようとした国軍のスハルト少将は，ただちに部隊を動員してこれを鎮圧し，徹底した共産党の弾圧を行った．これによって，インドネシア共産党は壊滅的打撃を受け，以後，スハルトによる長期独裁政権（1966-98年）が樹立された．「9・30事件」については，今日でもなぞに包まれているところが多く，真相の解明は必ずしも十分ではない．

とさえみられていた．

　ベトナムは，第1次インドシナ戦争（宗主国フランスからの独立戦争）が終結した1954年以降，北緯17度線をはさんで南北が分断された．北部にはベトナム共産党により社会主義国家「ベトナム民主共和国」（北ベトナム），南部には米国の支援を受けた反共国家「ベトナム共和国」（南ベトナム）が樹立されていた．だが，1960年代初頭から内戦が始まり，1965年2月の米軍による北ベトナム爆

Column 22　ベトナム戦争とASEAN

　かつてフランスの植民地であったベトナムは，第2次世界大戦後，フランスからの独立を目指して第1次インドシナ戦争（独立戦争：1946-54年）を戦った．この戦争は，1954年の「ジュネーブ条約」の成立により終結し，フランスはベトナムから撤退する一方で，北緯17度線によってベトナムは南北に分断されることになった（その2年後に統一選挙が実施されることが決まっていたが結局実施されなかった）．以後，北の「ベトナム民主共和国」とフランスに代わって米国に支援されて樹立された南部の「ベトナム共和国」とが対立する構図が固定化する．

　ベトナム戦争（第2次インドシナ戦争）は，当初，祖国統一をめざして南ベトナム国内でひそかに活動していた「南ベトナム解放民族戦線」（1960年結成：米国軍は蔑視をこめて「ベトコン」＝ベトナムのコミュニスト，と呼んだ）と南ベトナム政府軍との内戦として始まったが，やがて「南ベトナム解放民族戦線」を背後から支援していた北ベトナムに対する米国軍の北爆の開始という形でベトナム全土に拡大していった．ベトナム戦争はその後，周辺のラオスやカンボジアを巻き込み，またソ連や中国が北ベトナムを支援するなど，泥沼の様相を呈していく．停戦の糸口も見いだせないまま国内外での反戦平和運動や世論の激しい批判に押されて1973年には米軍が完全撤退した．その結果，1975年4月に南ベトナム政府は崩壊し，ベトナムは20年ぶりに「ベトナム民主共和国」として南北が統一された．

　ベトナム戦争当時，タイは米軍に北ベトナム爆撃（北爆）のための出撃基地を提供し，反共軍事同盟として名高い「東南アジア条約機構」（SEATO：1954-77年）の一員としてフィリピンとともに自らもベトナムに軍隊を派遣した．ASEAN諸国にとって，社会主義中国と陸続きのインドシナ半島での共産主義勢力の拡大は，差し迫る脅威でもあったからである．

撃（北爆）開始以降，ベトナム戦争は拡大の一途をたどり，戦況は泥沼化していった（Column 22）．

ASEANは，東南アジアのこのような時代背景の下で結成された．「主権尊重・武力紛争回避」という共通認識に基づく「地域の平和と相互の安全保障」に主眼が置かれていたとしても，そこには「共産主義の脅威を前にして」という前置きが必要である．ASEAN原加盟国相互の間には，国内で拡大する共産主義の脅威を前にして，互いに主権を尊重しつつ地域紛争を回避したいという切実な状況があった．すなわち，地域紛争を起こせば，それはただちに共産主義勢力に有利に利用されその浸透，拡大を許してしまうという切実な問題である．

したがって，ASEAN設立当初の目標として経済・社会協力が謳われてはいたものの（「バンコク宣言」），当時，ASEANを「制度的地域統合」（第8章，Column 48，参照）へ向かう最初のプロセスと考えたものはほとんどいなかった．ASEANは，それほどまでに異質な国の集まりであり，統合化の推進力を欠いていたのである．山影［1991］は，ASEAN発足から1970年代末までを便宜的に「初期ASEAN」と呼ぶとすれば，「初期ASEANの最大の成果は，何はさておき存続しえたことであった」［山影 1991：304］とさえ指摘するほどである．

2　ASEANの転機

当初は存続さえ危ぶまれたASEANではあったが，発足後に直面した幾多の試練を乗り越えて，1970年代後半以降いくつかの転機を迎える．

最初の転機は，1976年2月にインドネシアのバリ島で開かれた初の首脳会議において，主権の尊重，内政不干渉，紛争の平和的手段による解決，などを謳った「東南アジア友好協力条約」を締結するに至ったことである[1]．これによって，ASEANが最優先としてきた相互安全保障の確立という設立当初からの課題が達成されたわけである．

第2の転機は，中国の「改革・開放政策」への移行と，それに刺激されたベトナム，ラオスなどで1980年代後半から追求されることになった市場経済化の試みと進展である．1980年代には，東南アジアを覆っていた「共産主義の脅威」

---

1) その後，この条約の締約国は，東南アジア全域だけでなく，中国，インド，日本，韓国，ロシア，オーストラリア，米国，EUなどに次々と拡大していき，今日では28カ国・地域となっている．

は大きく後退し，代わって「市場経済化」の波が押し寄せるようになったのである．これを背景に，「反共政治同盟」としてのASEANの性格は薄れ，本格的な経済協力への機運が高まっていった．

ASEANが地域経済協力に向けて歩み始めるのは，1977年にシンガポールで開かれたASEAN首脳会議での「ASEAN特恵貿易取り決め協定」(PTA: Preferential Tariff Agreement) 締結が最初の契機である．ASEANは前年の1976年にASEAN事務局設置協定が調印され，常設事務局をもつ機構へと大きく前進していた．この常設事務局の下で，域内貿易の自由化と拡大をめざした経済協力がスタートすることになったのである．1978年1月から発効したPTAは，関税引き下げなどの自由化措置において実質的な効果は薄かったが[2]，自由化対象品目はその後徐々に拡大されていった．

しかし，おしなべて1980年代までASEANの経済協力は低調であった．この時期の注目すべき経済協力の成果は，1988年にASEAN各国間で調印されたBBC(Brand to Brand Complementation)スキーム協定ぐらいであろう．「BBCスキーム協定」とは従来，「ローカル・コンテンツ規制」などで国ごとに分断されていた自動車の部品生産に対して[3]，ASEAN域内で取引される自動車部品に優遇措置を与え，これによって，部品調達コストを削減し自動車メーカーにおける規模の経済の向上を意図したものである．

だが後述するように，1980年代はASEANの工業化が急速に進展した時期であるにもかかわらず，域内経済協力は期待されたほどには進展しなかった．

この時期のASEANの経済協力を阻害していた要因として，黒柳［2003］は，

---

2) 1978年1月に発効したPTAは，「当初対象とされたのはわずか71品目で，関税引き下げ率も10-30％で，域内貿易の増進にはほとんど貢献しうる水準とはいえなかった」と指摘されている［黒柳 2003：68］．

3) 「ローカル・コンテンツ規制」とは，海外に進出した企業が行う現地生産において，そこで生産される製品（主として最終製品）に使用される部品・素材などの中間財のうち一定以上の比率を現地で調達することを義務づけたものである．通常，40-60％以上の現地部品・中間財の使用が義務づけられていたが，GATTウルグアイ・ラウンド（1986-95年）におけるTRIM協定（貿易に関連する投資措置に関する協定）において明確にGATT違反であることが確認され，以後撤廃されていった．かつて日本の日産自動車が，イギリス国内の工場で組み立てた乗用車が，EC域内でのローカルコンテンツが低いとして「EC車」とは認められず，EC域内で適用される有利な域内共通関税が適応されなかった例などがある．

次の3点をあげる．① ASEAN諸国の経済構造がシンガポールを例外として同質的で，相互補完的というよりもむしろ競合的であったこと，② 政治的にもっとも強力であったインドネシアが経済協力に対してもっとも慎重であったこと，③ ASEAN諸国は国益至上主義であったため自国に不利と判断すれば経済協力に抵抗することを辞さなかったこと［黒柳 2003：71］．

　要するに，この時期のASEANの状況を一言でいえば，域内経済協力を実現できるほどには相互の信頼関係は築かれてはいなかった，ということであろう．しかし，このような状況は1990年代に入ると大きく変化していく．本格的な域内経済協力が追求され始めるからである．

第2節　ASEANの拡大とAFTAへの道

1　経済協力の進展

　1990年代に入り，冷戦の終焉とともにインドシナ情勢が落ち着くと，ASEANは地域協力機構としての性格を強めていく．ASEANにとって，本格的な経済協力の契機となったのは，1992年1月にシンガポールで開かれた第4回ASEAN首脳会議である．この会議において，それまで不定期開催であった「首脳会議」が，3年ごとに公式首脳会議，それ以外の年は非公式首脳会議という形で開かれることになり，地域協力機構としての機能強化が図られた（2002年から，公式と非公式の区別は廃止された）．

　経済面では，同首脳会議において「ASEAN自由貿易地域」（AFTA：ASEAN Free Trade Area）の設立が合意された．AFTAは，域内関税や非関税障壁の除去から域内貿易の自由化を図り，それにより，① 域内貿易の活性化，② 海外からの直接投資，域内投資の促進，③ 域内産業の国際競争力の強化，などを目的とする［外務省アジア大洋州局 2008］．具体的には，当時の加盟国（原加盟国に1984年にブルネイが加盟：ASEAN 6）によって，1993年から15年以内（2008年まで）に原則として工業製品の域内関税率を0-5％に引き下げることを目指す．翌1993年1月からはその具体化のメカニズムである共通効果特恵関税（AFTA-CEPT）協定による関税削減が開始され，経済面での協力に大きな進展がみられるようになった．

　そのほか域外諸国との協力関係においても，1994年にアジア太平洋地域の安全保障について議論する「ASEAN地域フォーラム」（ARF：ASEAN Regional

Forum) を，1996年にはアジアと欧州の協力関係を話し合う「アジア欧州会議」（ASEM：Asia-Europe Meeting）を開催するなど，積極的な姿勢をみせた．

　ASEANの経済協力への推進要因となったのが，NIESの成功を受けて1980年代後半から本格的に追求されるようになった「輸出指向工業化」への転換である．加えて「プラザ合意」後の円高に伴う日本企業のASEANへの進出（直接投資），および米ソ対立を軸とした冷戦構造の溶解と，その結果として世界経済のグローバル化の急速な進展である．特に，中国の「改革・開放政策」への転換は，ASEANにとっては巨大なビジネス・チャンスの出現であると同時に，強力なライバルの出現でもあった．東アジアへの直接投資の流れは，中国の鄧小平の「南巡講話」（Column 35, 161頁, 参照）以降，ASEANから中国へと大きく転換していくことになる．

　13億人の巨大市場である中国の魅力に対抗して少しでも外資をASEANへと引きつけるためには，ASEANはより魅力的な統一市場を形成する必要があり，そのテコとなる経済協力の強化は不可避であった．こうしてASEANは，内包的拡大（市場統合）を進める一方で，外延的な拡大の道を追求することになったのである．

2　ASEAN10の実現

　ASEANが，地域的一体化を深化させていくためには，文字通り「東南アジア」全域を含むものでなければならない．1990年代以降，ASEANは域内での市場統合を追求すると同時に，メコン圏の非加盟国に対しても統合化を進めていくようになった．ASEAN拡大の力学は，「経済的効果」（Win-Win関係）の拡大だけでなく，いわゆる対外交渉における「バーゲニング・パワー」（集団的交渉力）を強化する方向へと進むことになる．

　最初のターゲットが，地理的にみてASEAN6によって取り囲まれるように位置するベトナムに向けられたのは当然であろう．当時のベトナムは，1986年の「ドイ・モイ」（刷新：ベトナム式改革・開放政策）への移行と，1989年にベトナム軍がカンボジアから完全撤退したことによって，周辺諸国にとってASEAN結成時のような脅威ではなくなっていた．1988年8月，当時のタイのチャチャイ首相は，「インドシナを戦場から市場に」と呼びかけ，以後，タイはベトナムとの間で積極的な経済交流を追求していった．他方，「ドイ・モイ」移行後のベトナムも，比較的安定した市場経済化の道を歩んでいたのである．

ついで，1994年4月，オーストラリアの援助によって，タイ・ラオス国境のメコン川に初めての国際橋（第1メコン橋）が完成し，タイとラオスの国境貿易は急増していった．ラオスもまた1986年以降,「チンタナカーン・マイ」（新思考）と呼ばれる対外開放政策に転換していた．1993年にはカンボジア和平が最終的に実現し，カンボジアは立憲君主制へと移行した．これによって，1940年代以来続いてきた「戦場としてのインドシナ半島」についに終止符が打たれたのである．

インドシナ半島の政治情勢の安定と経済交流の拡大を背景として，ベトナム（1995年），ラオス（1997年），ミャンマー（1997年），カンボジア（1999年）が相次いで加盟し，ASEANは文字通り「東南アジア」全域をカバーする地域協力機構（ASEAN10の実現）となったのである．以後ASEANは，10カ国による「自由貿易圏」の創設に向けて動き出すことになる．

3　ASEANと東アジア経済危機

だが，ASEANの地域協力は必ずしも順調に発展したわけではない．この時期，ASEANにとって最大の危機は1997年のタイの通貨危機に端を発し，瞬く間にASEAN全域に広がった経済危機への対処の問題であった．この危機は30年以上続いてきたインドネシアのスハルト独裁体制を崩壊させ（1998年5月），ASEAN諸国は軒並み未曾有の経済危機に直面した．幸いにも，深刻な経済危

4）　カンボジアは，ラオス，ミャンマーとともに1997年にASEANに加盟する予定であったが，直前にシアヌーク国王の息子ラナリット第1首相が率いる「フンシンペック党」と，フン・セン第2首相率いる「人民党」との武力衝突事件などが起き，加盟が延期された．1998年7月の総選挙の結果，「人民党」が第一党となり，フン・センが首相に就任した．

5）　アジア経済危機の主な原因は，多くの東アジア諸国が自国通貨と米ドルを連動させるドルペッグ制をとり，為替リスクを抑制することで海外から多額の投資資金を受け入れてきたことにある．経済のファンダメンタルズが悪化し，大量の資本流出に見舞われたタイでドルペッグ制が維持できなくなると，東アジア諸国の為替制度や金融システムの健全性に対して投資家の不安が高まる．そしてリスクを回避するため投資資金を引き揚げる動きが拡大し，それが各国の資本流出と通貨下落につながった．こうした金融制度の未整備，米国のヘッジ・ファンドに代表される国際的短期資本の投機的活動，さらには，それまでの過度の開発主義がもたらした構造的ゆがみなどが相まって，経済危機を発生させたのである［荒巻1999］．

機は数年で克服されていくが，いくつかの教訓を残すことになった．

　何よりも，タイのバーツ危機に対して，ASEANはまったくなすすべもなく，通貨危機が次々とASEAN全体に波及していくのを食い止められなかった．このことは，ASEANの経済協力の無力さを全世界に晒し，ASEANがめざす「自由貿易地域」への懐疑が強まったのである．マレーシアのマハティール首相は，米国のヘッジ・ファンドを率いて通貨危機を仕掛けた投資家ジョージ・ソロスに対してむき出しの敵意を露わにしたが，見方を変えれば，外国の投資家にさえ，ASEAN経済協力のもろさを見透かされていたともいえよう．

　通貨危機の収拾に当たってIMFが要求した構造改革は，総じてASEANの非市場経済措置の撤廃と自由化を要求するものであり，「ブミプトラ政策」(Column 23) を維持せざるを得ないマレーシアには，とても受け入れられるものではなかった．大規模な支援を受け入れたタイやインドネシアとは対照的に，マレーシアはIMFからの救済措置を拒否し，外資の流出規制という思い切った措置をとったのである．しかし，マレーシアでは，あくまで「ブミプトラ政策」に代表される独自路線（非市場経済措置）を堅持しようとするマハティール首相と，経済の民主化は避けられないと考え，IMFの要求する構造改革を段階的に進めようとしたアンワル副首相との権力闘争が表面化し，ついにアンワル副首相の

Column 23　「ブミプトラ政策」について

　マレーシアの「ブミプトラ政策」とは，マレー人優遇政策の総称である．「ブミプトラ」とは「土地の子」という意味であるが，実際には先住民であるマレー人を指している．マレーシアでは，国内に居住する中国系住民（華僑・華人：人口比約25％）とマレー人（人口比約65％）との間の経済格差が大きく，これまでたびたび両者の間で衝突が起きてきた．そのため政府は，マレー人の地位向上のため，大学入学定員の多くをマレー人に割り当てたり，公務員や基幹産業などでマレー人を優先採用したり，企業の設立に当たっては必ずマレー人を株主に加えなければならないとするなど，さまざまな優遇措置を講じている．このような政策は，中国系住民とマレー系住民の対立感情を助長するものであり，現在では「ブミプトラ政策」は徐々に見直しが進められているが，完全に撤廃されるまでには至っていない．

解任，逮捕・投獄へと事態は悪化した．通貨危機に端を発したこの間の一連の事態は，マレーシアの国民の間に深い亀裂をもたらす結果となった．

結局のところ，ASEANはそれまで金融協力の枠組みを持たなかったため，こうした経済危機に有効に対処することができなかったのである．こうして，一時は「地域協力機構」としてのASEANは，実態のない幻想であるとの「ASEAN幻想論」さえ幅を利かせることになり，「地域協力機構」としての評

Column 24 「チェンマイ・イニシアティブ」と地域協力

2000年5月に日本主導の下，ASEAN＋3蔵相会議（タイ・チェンマイ）において，「二国間通貨スワップ協定」が締結された．開催都市の名称から「チェンマイ・イニシアティブ」と呼ばれ，日本のイニシアティブが高く評価されることになった．後に「二国間」から「多国間通貨スワップ協定」へと拡充された（2006年）．

「スワップ協定」とは，1997年のバーツ危機のような突然の流動性危機（外貨危機）に対処する多国間での協調的枠組みである．日本はさらに，これとは別に，タイの通貨危機の発生から早くも2カ月後の1997年8月に，国際通貨基金（IMF）のタイ支援国会議を主導し，二国間での支援を表明すると同時に，東アジアにおける地域的金融協力の枠組み作りの必要性についても提案している．これは後に，AMF（アジア通貨基金）構想として語られることになった画期的な提案であった．通貨危機の再発に備えて，アジア版「通貨基金」を創設しようというこの提案は，その後先進7カ国蔵相・中央銀行総裁会議（1997年9月）やASEAN蔵相会議の場で，大蔵省（当時）の主導で非公式に提案されたが，IMFの影響力低下を恐れた米国やIMFはこの提案に強く反対した．IMFの公式の反対理由は，AMFのような地域的な金融協力機構は，当該国の自己管理責任に対する意識を後退させ，金融政策において逆効果になるというものであった．結局，日本はこの構想を断念する事になったが，1998年10月に開催されたIMF・世銀総会において，新たに「アジア通貨危機支援に関する新構想（新宮沢構想）」を発表し，経済危機に陥った国に対する支援を表明した．

ASEAN＋3での一連の経済協力の実現によって，東アジアでは「グローバリズム」の衝撃に対するセイフティー・ネットの構築と地域協力を結び付けようとする機運が高まり，やがて「東アジア共同体」を目指そうとする動きにつながっていった（第9章，参照）．

価を落とした．しかし，ASEAN諸国はアジア経済危機を教訓として，地域協力の重要性を改めて認識し，以後，地域協力の強化に向けて一層の努力を注ぐようになった．

通貨危機後，ASEANは各国が自国経済の再建に取りかかる一方で，経済統合や域内経済格差の是正のための方途を模索する．さらに，アジア経済危機をきっかけとして日本が主導して実現したASEAN＋3（日本，中国，韓国）蔵相会議における「二国間通貨スワップ協定」の実現は，東アジアでの地域協力の新しい試みとして高く評価され（Column 24），以後北東アジア諸国と連携した「ASEAN＋3」という枠組みでの経済協力がスタートする．こうしてアジア経済危機は，「東アジア共同体」論の提起など（第9章，第1節，参照）東アジアにおける地域協力への期待が高揚する契機にもなった．

第3節　ASEANの市場統合の現状

1　市場統合への歩み

ASEAN10による市場統合に向けた動きは，1997年12月に開かれた第2回ASEAN非公式首脳会議において採択された「ASEANビジョン2020」が重要な画期となった．この「ASEANビジョン2020」では，従来の経済面に加えて安全保障，社会・文化の面でも統合を深化させる「ASEAN共同体」の実現を，2020年までに目指すとする合意が明記された．

この長期構想は，「① 東南アジア諸国間の協調，② ダイナミックな発展のためのパートナーシップ，③ 人に優しい社会としてのコミュニティ，④ 外向きのASEAN」という4分野での未来展望を提起した［黒柳 2003：156-57］．

翌1998年12月には最初の具体化プログラムとして「ハノイ行動計画（1999-2004年）」が策定され，協力のための重点事項が示された．その内容は，「① マクロ経済と金融に関する協力強化，② 経済統合の強化，③ 科学技術・情報技術のインフラの開発，④ 社会開発の促進，金融経済危機の社会的影響への対処，⑤ 人材育成の促進，⑥ 環境保護と持続的発展の促進，⑦ 地域の平和と安全保障の強化，⑧ アジア太平洋・国際社会におけるASEANの役割強化，⑨ 国際社会の対ASEAN認識推進，⑩ ASEANの機構とメカニズムの改善など」［黒柳 2003：157］，広範な分野にわたる．

さらに2003年10月の第9回ASEAN首脳会議では3つの共同体，つまり「経

済共同体」(AEC), 「安全保障共同体」(ASC: ASEAN Security Community)[6], 「社会・文化共同体」(ASCC: ASEAN Socio-Cultural Community) からなる, 統一的な「ASEAN共同体」(AC: ASEAN Community) の実現を目指す「第2 ASEAN協和宣言」(バリ・コンコードⅡ) が採択された (表4-1).

これを受けて, 「ASEAN共同体」を形成していく中期計画である「ビエンチャン行動計画 (2004-2010年)」(2004年11月) が策定され (表4-2), 次いで, 2007年1月の第12回ASEAN首脳会議では, 「ASEAN共同体」の実現目標を5年前倒して, 2015年中の設立を目指すとされた.

ASEANは3つの共同体の青写真を作成する一方で, 2007年11月には, 共同体の最高規範となる「ASEAN憲章」を制定し, 翌2008年12月に発効させた. これにより, ASEANは緩やかな国家連合から法人格を持つ地域協力機構へと移行したのである. 「ASEAN憲章」の主な内容は, ① ASEANの諸原則 (民主主義, 法の支配, 人権尊重, グッド・ガバナンス等) の再確認, ② コンセンサス (全

表4-1 「第2ASEAN宣言」にもられた各共同体の目標内容

ASEAN共同体	ASEAN 経済共同体 (AEC)	・ASEANを1つの「統合市場および統合生産ネットワーク」として確立する. ASEANの信頼性と経済的影響力を強化する. ・AFTA等の既存の経済イニシアティブの実施を強化する新たなメカニズムと措置を構築する. ・本共同体により, ASEANの統合と国際競争力を強化する.
	ASEAN 安全保障共同体 (ASC)	・政治・安全保障協力のレベルを高める. －地域間の相違の解決は平和的手段のみを用いる. ・国内問題について外部から干渉を受けない. ・東南アジア友好協力条約を重要な構成要素とする. ・ASEAN地域フォーラムを主要な安全保障対話の場とする. ・テロ対策等国境を越える犯罪に対する能力を強化する. ・国連その他の地域・国際組織との協力を強化する.
	ASEAN 社会・文化共同体 (ASCC)	・生活水準の引き上げを目的とした社会開発を促進する. ・雇用創出, 貧困削減, 公正な経済成長を確保のための人材を育成する. ・感染症対策を強化, 医薬品へのアクセスのための共同行動を支援する. ・ASEANの一体性を促進, 多様な文化遺産を保存するための人材を育成する. ・人口増加, 失業, 環境悪化等の問題解決のための協力を強化する.

資料：外務省アジア大洋州局 [2008] より作成.

---

6) 「安全保障共同体」は2007年に「政治・安全保障共同体 (APSC: ASEAN Political-security Community)」へと名称が変更された.

表4-2 「ビエンチャン行動計画」にもられた各共同体の目的と戦略的要点

ASEAN共同体	ASEAN 経済共同体 (AEC)	（目的） 　より緊密な経済統合を通じ経済成長及び開発のための競争力を強化する． （戦略的要点） ・単一市場・単一生産拠点に向けた統合プロセスの加速化． ・11の重点セクター（農業産品，自動車，エレクトロニクス，漁業，ゴム製品，繊維・アパレル，木材産品，航空旅行業，e-ASEAN，保健医療，観光）で2010年までに統合． ・投資の自由化・円滑化・促進などのASEAN投資地域の推進． ・先発6カ国は2010年まで，CLMVは2015年までの域内関税撤廃など貿易自由化の促進． ・サービス貿易，金融協力，交通，通信・IT，科学技術，エネルギー，食料・農業・森林，制度強化の発展． ・FTA，CEPTを通じた対話国との経済関係強化．
	ASEAN安 全保障共同体 (ASC)	（目的） 　包括的な政治・安全保障協力を通じた地域の平和，安定，民主主義及び繁栄を強化する． （戦略的要点） ・人権の促進，法の支配・司法制度・法制度，グッド・ガバナンスなどの相互指示・支援などの政治的発展． ・ASEAN憲章制定の準備，非ASEAN諸国の友好協力条約加入奨励，南シナ海の当事者の行為に関する宣言の完全実施などの規範の形成と共有． ・軍事関係者の交流，軍事政策の透明性促進，早期警戒制度，ASEAN地域フォーラムの強化，国境を越える問題への対処などの紛争予防． ・平和維持センサーの活用などの紛争解決． ・人道支援，人材育成プログラムの実施などの紛争後の平和構築．
	ASEAN 社会・文化共同体 (ASCC)	（目的） 　調和のある人間中心のASEANにおける持続可能な開発のための人，文化，自然資源を育てる． （戦略的要点） ・貧困削減，教育アクセス促進，婦女子老人支援，健康問題，HIV/AIDS等感染症対策，薬物対策などによる経済統合の社会的影響の管理． ・環境，資源及び生活の質を確保するための持続可能な開発のメカニズムを確立． ・芸術，観光，スポーツ，ASEAN言語の促進などを通じたASEANアイデンティティーの促進．

資料：表4-1に同じ．

会一致）原則の維持，③ 事務局体制の確立，④ 首脳・外相会議の強化，⑤ 各国代表部の設置，⑥ 人権擁護機構の設立，などである．

拡大外相会議（2008年12月）の憲章発効式典において，開催国・インドネシアのユドヨノ大統領（当時）は「憲章は地域統合の促進と強化の基礎であり，域内になお紛争があるとはいえ，憲章の発効は対話と平和的解決を約束した」と述べてその意義を高く評価した．またスリン事務総長（当時）は「他国が直面する問題は自国自身の問題になりうる」と述べ，加盟国が協力して政治や経済など幅広い課題の解決にあたることの重要性を強調した（『日本経済新聞』2008年12月16日）．

しかし，「ASEAN憲章」発効の意義を過大に評価できないことも指摘しておかなければならない（Column 25）．何よりも，「ASEAN憲章」に明記されたことは，設立から約40年にわたって積み重ねられた諸原則や理念を「憲章」という形で再確認・整理した，という性格が強いからである．

2　市場統合とASEANのジレンマ

ASEANの市場統合は今日，「ASEAN共同体」を目指すところまで進展してきた．だが，このような歩みには，重要な問題が先送りされている．特に2つの点を指摘しておこう．

1つは，従来から採用されてきた「ASEAN Way」と呼ばれる「内政不干渉」，「全会一致の原則」の問題である．これについて黒柳［2003］は，次のように述べている．「ASEANは，きわめて多様性に富んだ異質な諸国からなる地域協力機構であったことから，その存立を維持するためにも，一連の——域外諸国からみれば奇妙な，ときには不当な——行動原理を採用せざるを得なかった」［黒柳 2003：ⅱ］．

このため地域主義への関与が希薄になり，それに伴って地域協力機構としての制度的拡充は遅れざるをえなかった．加盟諸国は，それぞれの国益最大化にとらわれ，機構としてのASEAN，特に事務総長に付託する権限を最小限にとどめてきた．また，法的に拘束される条約を回避し，解釈に余地のある政治的宣言を優先してきた．法的措置を採用する場合にも，各種の例外条項を設け，国益や利害の最大化の維持に腐心したのである［黒柳 2003：149］．

ただし，「ASEAN憲章」では事務総長の権限や事務局機能の強化が謳われ，2009年3月に採択された「政治・安全保障共同体」の行動計画には，人権侵害

> # Column 25 「ASEAN憲章」について
>
> 　「ASEAN憲章」の発効により，ASEANは緩やかな国家連合から欧州連合（EU）と同様の法人格を持つ地域協力機構へと移行した．この点では，同憲章の制定はASEANの地域統合にとって重要な一歩となった．しかしながら，最大の関心事項であり，かつ地域統合の進展プロセスにおいては避けられない課題である国家主権の問題にまでは結局踏み込むことは出来なかった．
>
> 　「ASEAN憲章」は，前文と全13章，55条からなる．前文では，特に「恒久平和，安全及び安定，持続可能な経済成長，共有の繁栄ならびに社会発展の地域に暮らし，我々の重大な利益，理念及び抱負を促進させる共通の願い及び全体の意思によって結ばれ，友好及び協力の基本的な重要性並びに主権，平等，領土の保全，内政不干渉，コンセンサス及び多様性の中の統一の原則を尊重し，民主主義の原則，法の支配及びグッド・ガバナンス並びに人権及び基本的自由の尊重及び保護を固守し，現在及び将来の世代の利益のために持続可能な開発を保障し，ASEANの共同体を建設する過程の中心に，人々の福利，暮らし及び福祉をおくことを決意する」（遠藤聡訳：「外国の立法」237，2008年，108頁）と謳われている．しかし，最大の懸案であった「内政不干渉」，「全会一致（コンセンサス）」原則の見直しと，憲章違反・不遵守への「制裁措置」の規定には踏み込むことはできなかったのである．しかも，「第13章第48条改正の項」では，「憲章の改正案は，ASEAN調整会議によってASEAN首脳会議に付託され，コンセンサスによる決定を求められる」とされている．
>
> 　これまでのところ，ミャンマーの民主化に対しても，断続的に続けられたアンコール遺跡群をめぐるタイとカンボジアの武力紛争（Column 26）に対しても，「ASEAN憲章」は無力であった．現在中国が進めている南シナ海の実効支配化をめぐるフィリピン・ベトナムと中国の対立に対しても，「ASEAN憲章」が謳った加盟国の協力は実現していない．

を防ぐ人権擁護機構の設立や域内紛争の解決メカニズムの設置などが盛り込まれた[7]．このことは「ASEAN共同体」が加盟国の主権にかかわる域内問題の解

7）　人権擁護機構の設立については，2009年中に規約を策定することで実現を目指すとともに，国際的な人権組織との連携も謳われた．

Column 26　「プレア・ビヒア寺院」の帰属問題

　9世紀–14世紀にかけて栄えたクメール王朝の遺跡群(アンコール遺跡群)に含まれるプレア・ビヒア寺院は,カンボジア北部のタイとの国境地帯に位置し,20世紀初頭よりインドシナ半島を支配していたフランスにより,カンボジア領に帰属させられていた.しかし第2次世界大戦後,タイが同地域の領有権を主張するに及んで,タイとカンボジア間での領土紛争に発展した.

　1962年の国際司法裁判所の裁定を受けて実効支配を続けていたカンボジアは,2008年にUNESCOに対して世界遺産の申請を行い,同寺院は2008年7月に世界遺産に認定された.これを不服とするタイ政府の同地域への治安部隊派遣によって,両国間の領有権をめぐる紛争は2011年にはついに死者を出す武力衝突にまで発展した.当時ASEANの議長国であったインドネシアは,この武力紛争の調停を試みたが失敗に終わった.その後,国際司法裁判所の裁定により,両国の軍隊は撤退し,2013年11月に同寺院はカンボジアに帰属するとの判決が出された.以後,同地域の紛争は,小康状態にあるが,両国の国民感情は必ずしも良好なものではない.

決にある程度踏み込む決意を示したことを意味する.今後,どこまで国家主権を相対化できるかが,地域協力機構としてASEANを発展,拡充するうえで重要な鍵になる.[8)]

　第2に,「政治・安全保障共同体」,「社会・文化共同体」は,現状では具体性に乏しい.「経済共同体」は,域内関税撤廃・AFTA完成のような具体的な目標があるが,「政治・安全保障共同体」,「社会・文化共同体」には具体的な目標が明確ではないからである.

　また政治・安全保障面では欧州連合(EU:European Union)型の統合と異なり,

---

8)　紛争など各国の主権がかかわる問題では,ASEAN10カ国のほか,日本や中国,オーストラリアなど,計25カ国が加盟する「東南アジア友好協力条約」(TAC)の理事会も大きな役割を果たすよう組み込んでいくことが盛り込まれた.地震,津波,洪水,土砂崩れなど大災害への総合的で迅速な対応をアジア太平洋地域が協力する枠組みにまで拡大する.協力分野は救助活動,支援物資の相互融通,普及・復興段階での軍民協力の推進などである.

軍事同盟や共通外交は視野に入れておらず，緩やかな形の連携強化に主眼が置かれている．このため「政治・安全保障共同体」とは言っても，① 域内安定の確保,② 紛争の平和的な解決,③ 主権の尊重という 3 原則の保持が掲げられ，域内の安定や経済を脅かす災害などに，加盟国が共同で対処するという程度にとどまる．社会・文化面については，域内の生活レベルや人的能力の向上を掲げているが，具体的には貧困世帯の減少，教育アクセスの改善，女性や子供・老人への社会的支援，HIVや感染症への対策などが主要なテーマとしてあげられている程度である．これらはまだ生活面，文化面の課題を整理する段階と言えるだろう．

3 「ASEAN経済共同体」(AEC) の現状
AECブループリントの意義と評価

B. バラッサ (Bela Balassa) の理論[9)]や欧州連合 (EU) の経験を踏まえると，国境にまたがる地域統合には 5 つの段階が想定できる．第 1 段階は自由貿易協定・地域 (FTA：Free Trade Agreement/ Area) であり，第 2 段階は関税撤廃と共通貿易政策を志向する関税同盟，第 3 段階は人，モノ，カネの自由な移動を可能にする共同市場の形成，第 4 段階は経済同盟 (共通経済政策，共通通貨の導入)，第 5 段階は政府や議会などを有する超国家機関が設立される完成度の高い地域統合である．

欧州に即して言えば，欧州経済共同体 (1958年，EEC：European Economic Community) は第 2 段階 (関税同盟) であり，欧州共同体 (1967年，EC：European Community) は第 3 段階，EU (1993年) は第 4 段階 (1999年の共通通貨ユーロの導入など) をほぼ実現している．さらに政府に相当する欧州理事会，欧州議会などが設立され機能していることに注目すると第 5 段階の入り口に差し掛かっていると考えられる (ただし，ギリシャの財政問題などで見せた足並みの乱れなどは，EUの将来を必ずしも楽観視させるものではない)．

---

9) バラッサは完全なる経済統合に至るプロセスとして，① 自由貿易地域，② 関税同盟，③ 共同市場，④ 経済同盟，⑤ 完全なる経済統合，という 5 つの段階を想定し，各段階の内容を規定した [Balassa 1961]．バラッサのこの段階論は，地域統合を論じる際に，今日でも必ずと言ってよいほど引用されているが，自由貿易協定だけで300件を超え，「メガFTAの時代」と呼ばれるようなグローバル化の著しい時代においては，見直される必要があるかもしれない．

前述のように，ASEANは「第2 ASEAN協和宣言」（2003年）において，「経済共同体」，「安全保障共同体」，「社会・文化共同体」からなる「ASEAN共同体」を2020年までに創設すると内外に宣言し，2007年にはその実現期間を5年早め2015年中とした．

　その中核である「ASEAN経済共同体」（AEC）は，行動計画である「ブループリント」（2007年発表）において，「A：単一の市場と単一の生産基地」，「B：競争力のある経済地域」，「C：公平な経済発展」，「D：グローバルな経済への統合」を目標に掲げる[10]．特に重点を置く「A：単一の市場と生産基地」は，AFTAの延長線上に共同市場の形成を展望したもので，これに向けて「物品，サービス，投資，資本，熟練労働者という5つの項目での自由な移動」の実現を図るとしている．

　物品の自由な移動に関しては，関税引下げ・撤廃にみるように早くから取り組まれ，進展している．また，物品貿易におけるAFTA利用率（原産地証明書発給の輸出額から計算）は，2000年代に入り，拡大傾向にある．

　サービス貿易は，その形態によって第1モード（越境取引），第2モード（国外消費），第3モード（サービス業務拠点の設置），第4モード（労働の移動）に分類される．AECブループリントは，第1モードと第2モードについて，自由化への取り組みを示しているものの，第3モードと第4モードはその水準まで踏み込んでいない．第3モードでは，サービス分野を優先4分野（航空輸送，e-ASEAN，観光，ロジスティクス），ロジスティクサービス，その他のすべてのサービスに大きく3分類し，ASEAN加盟国資本に対する出資比率を段階的に高めていくとする．しかしながら，AECで加盟各国が求められている最終目標は，「出資比率70％以上」にとどまる［助川 2011：93-94］．

　第4モードの人の自由な移動は「熟練労働者」に限って推進される．ASEAN域内で，特に相互承認協定（MRA）を締結し，特定分野の有資格者を対象に域内での人の移動の自由化を目指すとされている．具体的にはエンジニア，看護師，測量技師，建築士，会計士，開業医，歯科医などが，MRAで合意されているものの，これまでのところ実行には移されていない［助川 2011：

10）　ブループリントはAECを2015年に実現するために「単一の市場と生産基地（a single market and production base）」など4つの戦略課題，17のコア・エレメント（分野）と具体的目標とスケジュール，77の措置を提示している［石川・清水・助川 2009］．

95］．

　関税同盟は，域内関税の撤廃と域外に対する関税を共通化することを主内容とする．ASEAN（先発国）は2010年時点で域内関税を概ね廃止したと言えるが，域外関税の共通化にまでは進んでいない．このことは，バラッサの想定した経済統合段階論でいえば，高いレベルで自由貿易地域が形成され，関税同盟への移行の条件が構築されつつある段階，ということになる．しかしながら，関税同盟にまで進展するかどうかについては，今日時点でも明確な展望は示されていない．域外関税の共通化については，ブループリント発表から2年後の2009年8月にASEAN経済閣僚会議が着手することを決定していたが，これまでのところ具体化しているとはいえない．

　「ブループリント」の内容をそのまま受け止めると，AECは共同市場の形成を目指しているといえ，現実の取り組みや実態などからみると依然として「AFTAプラス」の域にとどまるとの見方が一般的である．

　ASEANの市場統合に詳しい石川［2009］は，「ブループリント」が示すように自由化や市場統合がそれまでに比べ，かなり進展したとしながらも，大きな課題として次の点をあげる．「制限は多くの分野で残っているし，サービス貿易と投資では，実施可能な国から実施するという『ASEANマイナスX』方式を採用するなど柔軟に自由化を行うことになっている．非関税障壁の撤廃は国内規制の自由化が必要となるため関税撤廃に比べ難しい．人の移動は熟練労働者に限定され，政府調達の開放は対象になっていない」［石川 2009：17］．すなわち，市場統合の進展に一定の評価を与えながらも，現在のAECの内容には大きな限界があるとして，「共同市場としては不完全であり，AECはEPAと自由化，円滑化のレベルが近似する」と指摘している［石川 2009：17］．

　さらに石川［2009］は，ASEAN事務総長であったセベリーノやシンガポールのゴー・チョクトン元首相のコメントからわかるように，AECの大きな狙いの1つが外資受け入れの強化にあるとし，次のように述べる．「ASEAN共同体が単一の市場だけでなく，単一の生産基地と定義されていることに外資製造業誘致の狙いが示されている」［石川 2009：19］．

　他方で，吉野［2011］はASEANの市場統合の歩みについて，次の点を指摘し厳しい見方をする．「ブループリント」では，「非関税障壁の定義さえ行なっていない．……投資の自由移動に対して具体的な論及はない．……資本移動の自由化に関しては消極的である．……労働の自由移動については熟練労働だけが

取り上げられている」[吉野 2011：59-61].

　さらに吉野［2011］はASEAN諸国の経済統合へのインセンティブが小さいと見る．ASEANが重視しているのは「域外諸国の経済活力の取り込み」で，そのために「単一の市場かつ生産拠点」の形成は必要であるが，「ASEANが『単一の市場かつ生産拠点』を形成することの便益が費用を上回るとは考えがたい」[吉野 2011：70]として，質の高いAEC成立の見通しはそれほど明るくないと評価する．そしてASEAN諸国も，その形成に必ずしも積極的でないと述べる一方，その展望が開けるとすれば，中国の高成長が陰りをみせたり，中国が「社会主義市場経済」下の経済体制を放棄したり，インド経済が高成長を継続するといった「外生的な変化」[吉野 2011：71]への対応を迫られる場合であるとする．また，統合の度合いについて，「ブループリントの内容をバラッサの経済統合の段階に当てはめると，ASEANが目指しているのは，自由貿易地域以上のものではない．投資や労働移動の自由化にも手をつけるであろうから，その意味では，『AFTAプラス』である」[吉野 2011：61]との評価である．

今後の課題

　石川［2009］，吉野［2011］が指摘した課題は，「ブループリント」が掲げた5項目の自由な移動に関する問題点に即した経済統合の進展への懸念である．この他にも，政治的結束の不十分さから，「ASEAN共同体」の行方を危ぶむ声がある．黒柳［2011］はASEANの結束について，「域内の連帯を欠き（タイ＝カンボジア紛争），リーダーシップを欠き（インドネシアの「ASEAN離れ」），国際的信頼を欠く（ミャンマー問題，タイの政情不安にともなうASEAN関連首脳会議の中止など）という『三重苦』の状態を読み取れる」[黒柳 2011：32]と述べて，ASEANの退廃的現象に危惧の念を示す．いうまでもなく，政治的な障害は市場統合強化への最大の阻害要因となる．

　ASEANは2015年までに域内関税を概ね撤廃したが，「関税同盟」としての基本的な政策である「域外関税の共通化」を行うには至っていない．AECは「ブループリント」から単一市場，共同市場の形成を目標とすると理解できる．しかし，AECの発足を宣言した2015年末の時点では，依然として「AFTAプラス」の域にとどまるのが実情である．

　今後，水準の高い経済統合を達成するためには，次章で詳述する「ASEANディバイド」と呼ばれる先発6カ国と後発国であるCLMV（カンボジア，ラオス，ミャンマー，ベトナム：アルファベット順）諸国との経済格差を解消，緩和すること

が不可欠である．貿易や投資の自由化の拡大が，「ASEANディバイド」の一層の拡大につながるときには，質の高い内容をもった「経済共同体」を実現することは困難である．

　以上の諸問題は，AECが共同市場として不完全であり，統合に向けて課題が多く残されていることを表す．しかし，このことは市場統合が不可能だということではなく，統合に向けて解消すべき課題が存在しているということを意味するのである．

　おそらく，ASEAN各国にとっても，13億人を超える巨大市場の中国やインドの成長を前にして，「6.5億人の統一市場」を実現させる経済的メリットが大きいことは十分認識されているであろう．そうであるならば，質の高い内容をともなった「経済共同体」の実現に向けて，何が障害であり，何が課題であるのかを十分に見きわめ，時間をかけてでも着実に解決していくべきであろう．2015年末の「AEC創設」までに，これらの問題点を解消するのは難しかったが，積み残された課題については，今後も継続的に取り組んで行くことが必要である．2015年創設のAECが，現状では「AFTAプラス」にすぎないレベルの統合であったとしても，今後の共同市場への足がかりとなることは間違いない．

　助川［2009］もFTAの進展に対して「CEPT協定からATIGA（ASEAN物品貿易協定）への移行によりAFTAは法的，制度的，包括的，かつ除外品目の少ないきわめて高度なFTAになろうとしている．AFTAによる統合の深化は，将来的な東アジア大のFTA/EPA構築にとって，重要なビルディング・ブロックとなろう」［助川 2009：60-61］と述べて期待を寄せる．

　AECが物品，サービス，人，資本の移動を格段に自由化していることは確かだが，現状では完全な自由化を実現しているわけではない．多くの論者がいうように，共同市場としては不完全であり，「FTAプラス」という性格が濃厚である．しかし，曲がりなりにもAECの成立は，将来のASEAN統一市場の実現に向けた大きな一歩であり，ASEAN加盟国が大きな期待を寄せていることも疑いない．

4　「ASEAN共同体」について

　ASEAN自身は，2015年末の「ASEAN経済共同体」（AEC）の発足によって，同時に「ASEAN共同体」へ移行したと表明している．しかしながら，前述のように，AECは「経済共同体」と呼ぶには実質が乏しく，依然として「AFTA

プラス」というのが大方の評価である．「ASEAN共同体」を構成する，「政治・安全保障共同体」と「社会・文化共同体」についても，現状では具体的内容に乏しいことはすでに述べた．それでは今日の段階で，「ASEAN共同体」をどのように理解したらいいのであろうか．

　第8章で改めて詳しく見るように，本来地域統合を分析，評価する場合には，「制度的地域統合」と「機能的地域統合」を区別しなければならない．「制度的地域統合」は，「国家主権」の制限という高いハードルを乗り越える必要がある．これに対して「機能的地域統合」は，基本的に経済的なWin-Win関係の存在が前提であり，「国家主権」の問題にまで踏み込むことはほとんどない．その意味で言えば，ASEANが実現したAFTA（ASEAN自由貿易地域）は，「機能的地域統合」である．だが，ASEANがその先に目指したAECは，「国家主権」の問題に抵触する調整課題（関税自主権の移譲など）を含む．しかし，ASEANが今のところ，「国家主権」の問題に踏み込むことは著しく困難である．AECが「AFTAプラス」と呼ばれるのはそのためである．

　したがって，「ASEAN共同体」という場合，それは明らかに「制度的地域統合」であると解釈せざるを得ず，AECよりもはるかに広範囲にわたる「国家主権」の調整や制限を不可避とする．だが，ASEANを構成する国には，「社会主義」の看板を掲げるベトナムやラオスなど，「国家主権」を絶対化せざるを得ない国から，軍事政権の影響から完全には抜け出すことのできないミャンマー（国会議員の4分の1は国軍の司令官によって任命され，国政の重要法案の採決を左右する）や，軍事クーデター（2014年5月）によって軍政が布かれるタイ，「ブミプトラ政策」（Column 23）と呼ばれるマレー人優遇政策を維持するマレーシア，依然として実質的な「権威主義体制」下にあるシンガポール（第3章，第4節，参照）など，政治制度があまりにも多様である．

　次章で取り上げる「ASEANディバイド」と併せて，ASEAN諸国の政治制度の多様性は，「制度的地域統合」を阻む最大の障害である．ASEANは，「結束の維持」が最大の課題とされ，そのために，「内政不干渉」，「全会一致の原則」を守り続けている．この点こそ，ASEANの統合の深化にとっての最大の弱点であった．

　巨大市場中国やインドの成長が世界的な注目を集める状況にあって，ASEANとしては，「ASEAN共同体」の発足を謳うことによって，「結束の維持」だけでなく，「結束の強化」，「結束の拡大」を対外的にアピールしたいところ

であろう．だが，残念ながらその実態は備わっていないと言わざるを得ない．ASEANにとっていま必要なことは，「ASEAN共同体」の発足という理想的な甘言を振りまくことではなく，まずは「ASEAN経済共同体」(AEC) の実質化へ向けた取り組みを強化することである．「ASEAN経済共同体」が名実ともに完成したと評価されるようになれば，「ASEAN共同体」への展望も開かれてくる．

おわりに

第4章では，ASEAN発足の経緯から，ASEANが今日目指している「ASEAN共同体」へ至る道のりについて，AFTA，「ASEAN経済共同体」の内実を検討しながら順を追って考察してきた．おそらく，東アジアの変貌を最もよく示しているのがASEANであろう．

ASEANは，地域紛争の平和的な解決という当初の目的から出発して，「ASEAN Way」と呼ばれる結成以来の原則（内政不干渉，全会一致の原則）を守りつつ，地域経済統合の深化に向けて大きな変貌を遂げてきた．たしかに，地域紛争の激しい地域においては，「ASEAN Way」の原則を堅持することは現実的な選択であった．

しかし，ASEANの目指す方向が，経済協力から地域統合へと向けられるにつれて，「ASEAN Way」の原則はしばしば統合の深化にとって制約となったことも見逃されてはならない．ASEANが目指す最終の方向が，「ASEAN共同体」の実現にあると考えると，克服すべき課題はきわめて多い（この点については，第9章で改めて取り上げる）．

第5章 ASEANの二層構造と大メコン圏開発について考える

はじめに

　第4章でみたように,「ASEAN経済共同体」のような地域経済統合の質的水準を高めるには,域内におけるモノの取引自由化だけでなく,資本取引やサービス取引,さらには人の移動の自由化を進めなければならない.しかし,このような自由化は,経済力の格差が大きい地域では,一方的な流れを生み出す可能性が大きい.

　さらに,ASEAN域内での経済格差は,ナショナリズムの温床となりやすく,国家間の妥協と協力を難しくさせる.第4章のColumn 26（119頁）で指摘したアンコール遺跡群（プレア・ビヒア寺院の帰属）をめぐるカンボジアとタイの紛争が激化した背景には,タイの日用消費財の大量流入によるカンボジア側の不満があったということができる.

　本章では第1に,ASEANの経済的統合化の最大の障害となっている,「ASEAN Divide」（ASEANディバイド）と呼ばれるASEANの二層構造について,この問題の意義や課題を分析する.第2に,二層構造の解消を目指して取り組まれている「大メコン圏開発」の現状や課題について考察する.

第1節　ASEANの二層構造について

1　「ASEANディバイド」とは何か

　AECの成立やASEANの結束にとって,大きな障害が存在している.それは「ASEANディバイド」と呼ばれる域内又は諸国間の経済格差である.域内関税の引き下げや域内貿易の自由化の推進は,後発国が厳しい競争下にさらされることを意味し,後発のCLMV諸国に対して深刻な経済的打撃を与える可能性がある.

ASEANの市場統合において従来から指摘されてきた，ASEAN先発国からの輸入が急増すると，CLM諸国の産業が打撃を受ける，あるいは産業育成が阻害されるのではないかという懸念はいまだ払拭されているわけではない．また市場統合の進展によって，経済的に遅れた国，生産性の低い国では国際収支の赤字が常態化する可能性も大きく，安価な製品の輸入が拡大されることによってそれらの国の産業が打撃を受け，失業の増加をもたらす恐れが強い．

　これらの懸念は，先発国と後発国の利害対立を深刻化させずにはおかない要因となる．先発国がますます発展し，後発国の経済が停滞すると，ASEANの結束に乱れが生じかねないことは明らかである．このことからCLMV諸国の経済的底上げは，ASEANの市場統合を進展させるという視点からも避けて通れない課題となっている．

　「ASEANディバイド」の主たる原因は，各国がおかれてきた歴史的な背景の違いに起因する．ASEAN先発国において，ASEAN4（マレーシア，タイ，インドネシア，フィリピン）は，1970年代から80年代にかけて，国によって程度に差異があるものの，政治的な安定の上に直接投資主導型の工業化，経済成長に成功した．シンガポールは世界有数の金融ビジネス・センターとして成長し，ブルネイは石油・天然ガスといった資源の輸出により，経済が潤っている．これらの国は経済開発に一定の成功をおさめた国である．

　これに対して，CLMV諸国の位置するメコン圏では，第2次世界大戦後も，インドシナ3国を中心にベトナム戦争（1965-75年）やカンボジア内戦（1978-91年）など，約40年にわたって戦乱が続き，CLMV諸国の開発と工業化は著しく遅れをとった．この地域において，開発や経済協力が本格的に取り組まれるようになったのは，1991年にカンボジア和平協定が結ばれ，インドシナにおける戦乱がようやく終息して以降のことである．現に，21世紀に入ってから，これらCLMV諸国は高い経済成長を達成し，1人当たりGDPも増大してきたとはいえ，先発国との経済格差は依然として大きいままである．

2　二層構造の実態

　「ASEANディバイド」は1人当たりGDP，所得水準の差によく示されている．2014年の1人当たりGDPは，シンガポールが約5万6000ドル，ブルネイが4万1000ドル強と群を抜いて高い．ASEAN4については，各国間でかなりの開きがあるものの，3000ドル弱から1万ドル強となっている．これに対して，

CLMV諸国は1000ドルから2000ドル程度である（表5-1）．ラオスとASEAN 4を比較すると，マレーシアが6.5倍，タイが3.5倍，インドネシアが2.1倍，フィリピンが1.7倍となっている（以下で用いる各国及びASEANに関する統計指標は表5-1に基づく）．

表5-1　ASEANディバイドの現状（2014年）

		国名	人口（万人）	名目GDP（億ドル）	1人当たりGDP（ドル）	外貨準備・金除（億ドル）	人間開発指数（HDI）	ビジネス難易度ランク189カ国
ASEAN先発国		シンガポール	547 (0.9)	3,063 (12.2)	56,009	2,566	0.91 (11位)	1位
		ブルネイ	41 (0.07)	171 (0.7)	41,524	—	0.85 (31位)	101位
	ASEAN 4	マレーシア	3,059 (4.9)	3,381 (13.4)	11,050	1,239	0.77 (62位)	18位
		タイ	6,865 (11.0)	4,043 (16.0)	5,889	1,571	0.72 (93位)	26位
		インドネシア	25,216 (40.4)	8,905 (35.3)	3,531	1,148	0.68 (110位)	114位
		フィリピン	10,414 (16.7)	2,847 (11.3)	2,843	795	0.66 (115位)	95位
CLMV諸国		ベトナム	8,969 (14.4)	1,858 (7.4)	2,048	349	0.66 (116位)	78位
		ラオス	689 (1.1)	116 (0.5)	1,694	8	0.57 (141位)	148位
		ミャンマー	5,141 (8.2)	657 (2.6)	1,278	—	0.53 (148位)	177位
		カンボジア	1,531 (2.5)	167 (0.7)	1,095	56	0.55 (143位)	135位
		ASEAN 4	45,554 (72.9)	19,176 (76.1)	4,210			
		CLMV	16,330 (26.1)	2,798 (11.1)	1,713			
		ASEAN10	62,472 (100)	25,208 (100)	4,035（平均）			

注：人口，名目GDP，1人当たりGDPについては，IMFによる推定値を含む．灰色で示した国はメコン圏諸国．
資料：IMF［2016］*World Economic Outlook Database*, April 2016.（人口，名目GDP，1人当たりGDP），ジェトロホームページ（外貨準備高），UNDP『人間開発報告書2015』（HDI），World Bank, *Doing Business 2015*.（ビジネス難易度ランク），より作成．

他方，ASEAN10カ国合計の名目GDP2.52兆ドル（2014年）のうち，ASEAN4の合計は1.91兆ドルで，ASEAN全体の76.2％を占める．CLMV諸国は人口比26.1％にもかかわらず，GDPでは11.1％に過ぎない．2000年から2014年の年平均成長率をみると，ASEAN先発国に対して，CLMV諸国のそれは相対的に高い．このことは先発国と後発国とのディバイドが若干縮小しつつあることを示しているが，実質的な隔たりはなお著しく大きい．

しかしながら，ASEANの市場統合の課題や方策を考察するうえで，「ASEANディバイド」を単に先発国と後発国との二分法で分析するだけでは不十分である．なぜなら，メコン圏5カ国（タイとCLMV諸国）は地理的近接性を有し，相対的に強い関係性をもつのに対し，マレーシア，シンガポール，インドネシア，フィリピン，ブルネイとは地理的には「メコン圏」の外延としての関係である点に大きな相違を見出すからである．

すなわち，ASEANは，「メコン圏諸国」と「非メコン圏諸国」という地理的構造をもっており，メコン圏諸国は他のASEAN諸国との関係とは同じ尺度で比較できない強い相互依存関係を有している．それゆえ，メコン圏諸国内での構造的差異は先発国と後発国のディバイドと同様の問題を発生させる可能性をもつのである．

そして実際にも，メコン圏5カ国内において，同様のディバイドを指摘することができる．そのディバイドは，先発国であるタイとCLMV諸国の間に存在する．タイは1970-80年代にかけて工業化に成功し，1985年のプラザ合意以後，日本企業の進出が急速に増え，現在では4500社以上が事業を展開している．日本企業の他にも，タイを東南アジアにおける生産拠点とする多国籍企業は多く，一部では深刻な労働力不足さえみられる．タイの名目GDPは4043億ドル（人口6865万），1人当たりGDPは5889ドル（いずれも2014年）で，すでに「上位中所得国」の水準である．一国の平均寿命や健康，教育，所得といった指標ではかられる「人間開発指数」では，シンガポールの0.91，マレーシアの0.77には及ばないものの，すでに0.72と比較的高い水準である．しかも，タイの最低賃金は，2013年に全国一律日額300バーツ（当時の為替レートで約1000円）に引き上げられ，日系企業の間では，「タイ＋1」（タイに主力工場を残しながらも，賃金の安い周辺のカンボジアやラオス，ミャンマーに一部の労働集約的工程を移転させようとする動き）という言葉さえ聞かれるようになった．

ベトナムは，人口ではタイを上回る約9000万の規模をもつが，GDPでは1858

億ドルとタイの2分の1弱（46％）にとどまる．1人当たりGDPではようやく2000ドルを超えたところであるが，それでもタイの4分の1程度（25％）にすぎない．カンボジアは人口規模でタイの5分の1程度であるが，GDPでは167億ドル（タイの4.1％），1人当たりGDPは1095ドル（同18.6％）である．ラオスについては，人口規模そのものが圧倒的に小さく，GDPは116億ドル（タイの約3％），1人当たりGDPは1694ドル（同28.8％）である．

ミャンマーは，5000万強（タイの74.9％）の人口を有するものの，GDPは657億ドル（タイの16.3％），1人当たりGDPは1278ドル（同21.7％）で，「人間開発指数」でも0.53とASEANでは最低である．

このような「メコン圏諸国」での二層構造の存在は，すでにタイに流入する不法就労者の問題としてクローズアップされている．これまでにも，隣国のタイには軍事政権時代に発生した大量のミャンマー難民が移住していたが，近年では，経済成長を続けるタイに職を求めて多くのミャンマー人が流入してきた．タイ労働省によると2015年末現在タイに滞在しているミャンマー人は，正規の労働者だけで約130万人，不法滞在者も含めると，200万-300万人にも達するという．彼らの多くは，過酷な低賃金労働に従事しているとみられる．[1] タイ国内には，ほかにもミャンマー人ほどは多くはないが，ラオスやカンボジアからの不法就労者が数十万人規模で流入しており，経済格差に起因する不法な労働力移動とそれを利用する悪質な低賃金雇用が後を絶たない状況である．

このように，「メコン圏諸国」といっても，一括りにはできない多様性を内包しているのである．

3　CLMV諸国の開発課題

上述したように，「メコン圏諸国」にとってディバイドの問題は，「ASEANディバイド」というASEAN全体との関係性に加えて，メコン圏内でのディバイドという二重構造をもつ．したがって，この二重構造を踏まえた「ASEAN

---

1) 不法就労の問題については，タイ政府とミャンマー政府の間で話し合いが進められ，2016年末以降，ミャンマー人労働者がタイ国内で合法的に就労できるようにするための法的手続きをとる一方，違法移民に対しては必要な措置を取ることなどで合意されている．タイでは，賃金上昇に伴って，労働集約的産業では深刻な労働力不足が起こっており，周辺国からの合法的な「労働力輸入」が欠くことのできない存在となっている．

ディバイド」の分析が必要とされる．ディバイドの解消，すなわち後発国CLMV諸国の経済的底上げを図る有効な政策の立案にあたっては，ASEANとメコン圏でのディバイドの問題が考慮されなければならない．

メコン圏におけるディバイドの評価については，大国と小国の区別に留意する必要がある．メコン圏で，タイ，ベトナム，ミャンマーは人口5000万を超える大国であるのに対し，ラオス，カンボジアは小国のカテゴリーに入る．いわゆる大国と相対的な小国の間には，経済面での量的・質的差異が存在するから，開発戦略を策定するうえで，「大国モデル」と「小国モデル」を区別することは重要な視点となる．

1990年代に高成長を遂げたベトナムと，なお国連において後発途上国（LDC）に位置づけられるカンボジア，ラオス，ミャンマー（CLM）の間には重要な違いがある．ベトナムはなお，1人当たりGDPではさほど高くないが，人間開発指数は0.66であり，ラオスの0.57，カンボジアの0.55，ミャンマーの0.53と比べるとかなり高い．また，通関手続きや資産登録の難易度や電力供給の安定度，租税負担の軽重などを指標とするビジネス難易度ランク（世界銀行）においても，世界189ヵ国中75位で，CLM諸国だけでなくASEAN先発国のインドネシア（114位）やフィリピン（95位）をも上回る位置に評価されている．工業化の進展度，経済規模に鑑みると，ベトナムは国土の規模や約9000万人の人口規模からみて，将来的にASEAN 4と肩を並べるか，超えていく可能性さえ秘めている．さらに外国の資本や技術の導入が首尾よく進めば，資本財，消費財各生産部門の主要部分が自国で構築できる可能性をもつとみることができる．

他方，カンボジア・ラオスは1990年代に入り，本格的に経済開発に取り組むようになったが，経済的に遅れていることは否めない．加えて，それぞれ約1500万，約680万という小さな人口規模が，豊富な低賃金を利用した外国資本による輸出指向工業化の道の制約要因となる．しかも，これらの国で資本財，消費財の各生産部門を全体として構築するためには，大量かつ多様な技術・技能労働者を必要とし，こうした国では人的資源の面からも，実現は困難である．したがって，どのような開発戦略をたてるか，どのような比較優位産業を育成すべきかは，小国の条件を十分に踏まえることが求められる（Column 27）．また，両国は西にタイ，東にベトナムに挟まれている点で共通し，両国はこれらの国との関係性を考慮したうえで，「域内分業」という視点に立った開発戦略を立案する必要があろう．

Column 27　ラオスの「NAIC型工業化」について

　NAIC（Newly Agro-Industrializing Country）型工業化とは，その名のとおり，農業関連産業の発展を中心とした工業化論である．NICs（NIES）型工業化論が，世界市場での比較優位に基づいて，労働集約的産業の工業化から出発して，次々に産業構造の高度化を図りながら先進国を追跡する「キャッチ・アップ型」工業化論であるのに対して，「NAIC型工業化」論は，労働集約的産業を唯一の比較優位と考えるのではなく，農業と農業関連産業を比較優位産業とみなしてそれを当面の牽引車とする点において，「キャッチ・アップ型」工業化論とは一線を画する．このような開発戦略は，人口密度が希薄で水資源など自然条件に恵まれたラオスのような国には極めて適合性が高い．

　ラオスの人口は，680万人で，けっして豊富な労働力が存在しているわけではなく，工業化に必要な資本も，技術も，人材さえも欠如している．ラオスのもつ唯一の比較優位は，銅などの一部の天然資源の加工を除けば，豊かな自然とメコン河がはぐくんだ豊かな農地である．すなわち，ラオスの最大の比較優位産業は，この豊かな自然とメコン河がはぐくんだ豊かな農地を利用したアグロ・インダストリーに他ならない．しかも，ラオスの農業は，依然として焼き畑農業のような自然農業が支配的で（新しい土地での焼き畑農法は2004年以降，自然環境保護のため政府によって禁止されている），化学肥料や農薬を利用する割合は小さい［坂田 2016］．したがって，NIES型工業化が前提とする低賃金労働を利用した輸出向け労働集約的産業は，けしてラオスの比較優位産業にはならないのである．しかし，ラオスのNAIC型工業化への最大の課題は，ラオス政府が，自国の開発戦略を策定するに際して，このことを正しく認識しているか否かである．現状では，NAIC型工業化戦略は，必ずしも明確に位置付けられているとは言えない．

　ミャンマーは，2010年に軍政が終わり，民主化に着手したことから，近年，ベトナムと並んで，「チャイナ＋1」（Column 28），あるいは「タイ＋1」の投資先として海外展開を狙う企業家から熱い視線を集めている[2]．たしかに，ミャンマーはラオス・カンボジアを大きく上回る約5000万の人口規模を有し，労働集約型産業の立地先としては優位性をもつ．だが，人口規模の違いを除けば，ラオスやカンボジアと多くの点で共通した課題を抱えている．とくに，技術や人

Column 28　「チャイナ＋1」

　「チャイナ＋1」（China plus one）とは，主に日本企業によって使われるようになった用語である．中国の成長に伴う賃金上昇によって，労働集約型の日系企業が海外製造拠点を中国1国集中型からより賃金の低い国へと分散移転させようとする動きと，投資などを中国に集中させることによって生じかねないリスクを分散させるために，中国以外の国にも製造拠点を分散させようとする動きなど，企業の中国での経営戦略の見直し現象を指す．そして，もっとも有望な投資の分散先として注目されているのが，CLMV諸国，中でもベトナムとミャンマーである．

　「チャイナ・リスク」とは，中国が共産党の一党独裁に基づく「社会主義市場経済」という特異な経済制度を維持しているために惹き起こされるリスクである．「チャイナ・リスク」には，経済システムの特異性によってもたらされる経済活動に直接影響を及ぼすリスクだけでなく，政治的な問題からもたらされるものもある．2010年9月の尖閣諸島周辺での中国漁船による海上保安庁の巡視船への衝突事件と中国人船長の逮捕に対して中国が採ったレアメタル輸出差止め，通関手続きの意図的な遅延行為，さらには2012年の日本による尖閣諸島国有化（民間人所有から国有への移行）に端を発した中国の反日デモと日系企業に対する破壊行為，日本製品の不買運動などである．これらはいずれも「チャイナ・リスク」である．

　経済・経営学には，「リスク・ヘッジ」という研究分野がある．企業経営には，敢えて「リスクをとる」ことも必要であるが，「リスクをヘッジする」ことも併せて重要である．海外投資の場合にはとくに，企業家に「リスク・ヘッジ」という視点が求められる．ただし，海外直接投資には，ある種の経営哲学も重要である．低賃金を求めて，発展途上国を渡り歩くようなリスク・ヘッジには，決して明るい展望はない．

材の面で，外資依存型の労働集約的産業から脱却しうる条件が欠如する点は，ミャンマーにとって克服されるべき最大の課題となる．

第2節 「大メコン圏開発」と「三大経済回廊」

1　GMSプログラムについて

「メコン圏」とは，中国・青海省を源流に，雲南省，ラオス・タイの国境を流れ，カンボジアを経てベトナム南部の南シナ海に注ぐメコン川を取り巻く地域のことをいう．一般的には，インドシナ半島のベトナム，ラオス，カンボジアにタイを加えた4カ国を指すことが多いが，1992年からはじまった大メコン圏経済協力計画（Greater Mekong Sub-region program：以下，GMSプログラムと表記）が，これら4カ国にミャンマーと中国・雲南省を対象地域としたことから，ミャンマーを加えた5カ国と中国・雲南省は「大メコン圏」，あるいは「メコン広域圏」と呼ばれるようになった．[3]

「大メコン圏」内では，「GMSプログラム」の他に，タイ主導の「エーヤワディ・チャオプラヤ・メコン経済協力戦略会議」（ACMECS）やCLMV 4カ国による協力，またASEANの統合イニシアティブ（IAI）や，日本，中国からの開発支援等，さまざまな枠組みでの地域協力・開発援助が行なわれてきた［川田 2009］．こうした動きは，大メコン圏の開発と発展に大きな役割を果たしているが，ここでは「GMSプログラム」が取り組んでいる「三大経済回廊」整備に着目して，それが果たす「ASEAN二層構造」の緩和や解消，あるいは市場統合促進への効果について検討する．

「GMSプログラム」は，大メコン圏諸国・地域が経済的結びつきのための条件を整備し，域内連携を強化することによって，ともに経済発展と貧困削減を目指そうとする地域協力である．[4] この計画の開発課題は広範囲にわたり，①

2） 日本政府は，ミャンマーの軍事政権に対する経済制裁の一環として一部凍結していた経済援助も2011年には凍結解除に踏み切り，2013年には26年ぶりに円借款も再開し，併せて5000億円にも達していた延滞債務をすべて帳消しにした．また，2012年12月には，ミャンマー政府との間で，ヤンゴン郊外にある「ティラワ経済特区」に，大規模工業団地を造成するための「協力覚書」に署名した．その後，三菱商事・住友商事・丸紅などを中心とする日本の企業連合と，ミャンマー企業による合弁の開発会社が設立され，最終的には2400ha（甲子園球場の約623倍）の経済特区建設を目指して開発が進められている．

3） GMSプログラムには2005年以降，中国・広西チワン族自治区が新たに加わった．

交通，② 通信，③ エネルギー，④ 人的資源，⑤ 環境，⑥ 貿易，⑦ 投資，⑧ 観光，⑨ 農業という9つの部門に分類される［石田 2007：22-23］．

　このなかで，最も優先的に取り組まれてきたのが，① 国際幹線道路を整備する交通部門である．その中心に位置したのは3つの経済回廊，すなわち「東西経済回廊」，「南北経済回廊」，「南部経済回廊」の建設，整備である．「経済回廊」とは，単に交通インフラの整備を意味するだけではない．そのコンセプトは，域内の経済拠点を結び，関税など国境地域の諸手続きを簡素化して，ヒト・モノ・カネの移動・流通を円滑にし，この地域全体の経済開発や底上げを図ることにある［石田 2007：25］．

2　「三大経済回廊」の実現とその効果

　各経済回廊のルートは以下のとおりである．

　「東西経済回廊」は，西からミャンマー（モーラミャイン）―タイ―ラオス―ベトナム（ダナン）を結ぶ約1450km，「南北経済回廊」は，南からタイ（バンコク）―ミャンマーおよびラオスの2ルート―中国・雲南省（昆明）を結ぶ約1900km，「南部経済回廊」は，西からタイ（バンコク）―カンボジア（プノンペン）―ベトナム（ホーチミン）を結ぶ約1150kmである．また，「南北経済回廊」の延長上には，雲南省の昆明から出発し，ベトナムのハノイを経て，中国・広西チワン族自治区の南寧に至るルートがある（図5-1）．

　「三大経済回廊」は，物流ルートの整備をはじめさまざまな面で大メコン圏における経済活動に多大な効果を生むものと期待され，実際にもそうである．直接間接に多様な役割，効果が見出されるが，次の3点がとくに重要である．① メコン圏内での部品や原材料の調達が容易になり，生産基地としての魅力が生じること．② 域内のある一国の高成長が他の周辺国に波及する可能性を生み出すこと．③ メコン圏自体が巨大な市場として，魅力的なものになる可能性があること，である．

　「大メコン圏」が生産基地として魅力を高めると，当然，この地域への外国

4）　この計画は，アジア開発銀行（ADB）が調整・推進機関となって中核的役割を果たし，各国の利害を調整しつつ，大量の資金協力を行なっている．毎年開催される経済協力閣僚会議，また3年に1度の首脳会議で方針が決められ，それにもとづいてプロジェクトが進められている．

第5章 ASEAN の二層構造と大メコン圏開発について考える

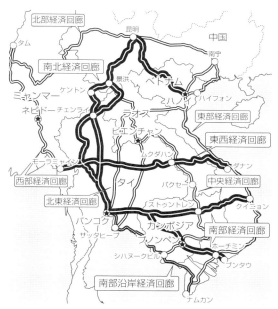

図5-1　3大経済回廊のルートとメコン川架橋状況
資料：JOI（海外投融資情報財団）[2009]『海外投融資』, 26頁より転載.

直接投資の拡大が期待される．かつての東アジア諸国・地域の高成長には，「直接投資主導型成長」といわれるように，外資の直接投資が大きな役割を果たした．先進国発の多国籍企業が開発途上国に進出し，資本や機械設備，生産技術，経営ノウ・ハウなどが直接投資受け入れ国（開発途上国）に移転され，工業化が促進される，というプロセスである．

　その際，注目すべきことは，これまでの経験を踏まえると，ある程度工業化が進むと，先進諸国からの直接投資受け入れだけでなく，開発途上国の間での相互の直接投資が盛んになることである．このことは互いに弱点であった産業連鎖を補完しあうような関係を形成し，それが持続的高成長につながるという側面である．実際，目覚しい経済成長を遂げた韓国，台湾などアジアNIESやタイやマレーシアなどにそのような事象がみられた．これらの国・地域の企業は，その後，相対的に遅れた国々に進出するようになり，さらには日本や米国など先進諸国に逆に投資を行うようになっていった．これらの関係は，今後の

CLMV諸国の間においても，十分起こりうる事象である．

　他方で，メコン圏内の一国が高い成長を遂げることで，その波及効果によって周辺国に成長活力を与えることも期待できる．その際，経済回廊はその効果を発揮させる基盤となろう．フィリピンやインドネシアのような島国とは異なり，メコン圏が陸続きであることは，高成長の波及効果をもたらすのにきわめて良好な条件である．

　成長の波及効果を生み出すことができる国として，近年最も注目されるのがベトナムである．CLMV諸国の中で，ベトナムは最も大きな人口と経済規模をもち，1人当たりGDP（2015年）はすでに2000ドルを超えている．しかも，これまで順調に経済発展を遂げており，今後もなお高い成長潜在力を有している．ベトナムは，これら3つの経済回廊のいずれとも密接に関わる．このため，ベトナムの成長がラオスやカンボジアの経済成長を牽引し，さらにはタイ，ミャンマー，中国などの地域との貿易や経済交流を拡大し，一層の経済活性化作用を生み出しうるからである．

　「大メコン圏」諸国・地域において，ベトナム（8969万人），ラオス（689万人），カンボジア（1531万人），ミャンマー（5141万人），タイ（6865万人），中国・雲南省（4714万人），広西チワン族自治区（4754万人）が三大経済回廊を通じて経済的な結びつきを強化することになれば，およそ3億3000万人の巨大な市場となる（人口はいずれも2014年末現在）．この地域の各国が安定した経済成長の軌道に乗ることができると，市場としての魅力はさらに高まることになる．繰り返すまでもないが，これら地域は陸地でつながっており，しかも国境の壁が著しく低くなりつつあることに大きな意義が認められる．

　CLMV諸国は，各国の自発的な発展努力が当然必要であるが，それぞれの国がばらばらに開発を進めるのではなく，「大メコン圏」として相互に協力していくと，この地域全体が発展していく可能性は十分にある．将来的には，CLMV諸国が重要な役割を果たす活発な「サブ・リージョン」（第8章，第3節，238頁，参照）として，「インドシナ経済圏」（CLV），「メコン経済圏」（CLV＋タイ），「大メコン経済圏」（CLMV＋タイ＋中国2地域）さえ展望できる．この時には，「三大経済回廊」はその重要な土台となるであろう．

　大メコン圏全体の発展によって，CLMV諸国の経済的底上げが達成されると，ASEAN内部の先発国と後発国間のディバイドや利害対立はかなりの程度緩和され，ASEAN市場統合の促進にも寄与することは疑いない．ASEANで

の市場統合，経済統合を進めていくためには，後発4カ国やメコン川流域を取り巻く大メコン圏の開発を促進し，お互いにメリットを享受できる関係を築くことが必要となる．

第3節　新興メコン諸国の現状と展望

1　CLM諸国の政策課題

　CLM諸国の経済発展の成否は，これを牽引する比較優位産業を育成できるか否かによって決まる．次に，第2節で行った産業構造，貿易・投資構造の分析から導かれる各国ごとの政策課題を考察する．

　CLM諸国の輸出品は全体として付加価値の低いものが多い．ラオス・ミャンマーは，天然資源を活用した一次産品，カンボジアは縫製品の輸出が主である．また，労働集約的な縫製品はカンボジアだけでなく，CLM諸国すべてにおいて主要な輸出品目の1つである．これら諸国では，外資による現地の安価な労働力を活かした縫製業が盛んであり，輸出競争力をもっている．これ以外の工業製品は，ほとんど域外に輸出されていないのが実情である（表5-2）．

　ラオスについては，第1に「オランダ病」の問題が指摘できる（Column 29）．ラオスの輸出は銅・銅製品，鉱物，農産物，水力発電が主力であり，加工品，工業製品の輸出は僅少である．このことはラオス経済の脆弱性を表している．銅などの鉱産物輸出に過度に依存する経済では，製造業などの非資源部門の産業育成が阻害されかねない．

　2011年時点で貿易は輸入超過であり，貿易収支が赤字であるので，通貨キップの為替レートの上昇は回避され，一次産品や電力の輸出増大が工業化の阻害要因になっているわけではない．しかし今後，一次産品の輸出拡大により貿易黒字が増大すると，自国通貨の為替レートを押し上げることになる．この場合には，周辺国からの安価な工業製品の輸入が増加し，製造業の育成に打撃を与えることが懸念される．

　また一次産品の国際価格は世界景気の動向や紛争の影響を強く受けるから，その下落時には経済を不安定化する要因になる．加えて天然資源の埋蔵量は有限である．このように国際市況の変化や資源の枯渇は，持続的な経済成長の障害となりうるのである．したがって，ラオス経済は工業製品についても比較優位産業を育成し，一次産品に依拠した輸出構造からの脱却が求められる．中・

表 5-2　ASEAN諸国の貿易統計（2014年）

	国名	純輸出 （億ドル）	輸出額 輸入額 （億ドル）	上位輸出5品目シェア（％） 上位輸入5品目シェア（％） （　）内はISコード
ASEAN4	マレーシア	253.11	2341.34	電気機器（85）28.1，石油（27）22.1，機械類（84）9.9，油脂（15）6.8，プラスチック（39）3.2
			2088.23	電気機器（85）25.6，石油（27）16.8，機械類（84）10.8，（39）3.5（87）3.1
	タイ	△3.58	2275.72	機械類（84）16.9，電気機器（85）13.5，車両（87）11.4，ゴム（40）6.3，プラスチック（39）5.9
			2279.31	石油（27）21.1，電気機器（85）16.7，機械類（84）13.1，鉄鋼（72）5.3，貴金属（71）4.2
	インドネシア	△21.43	1760.36	石油（27）29.1，油脂（15）12.0，電気機器（85）5.5，ゴム（40）4.0，機械類（84）3.4
			1781.79	石油（27）24.7，機械類（84）14.5，電気機器（85）9.7，鉄鋼（72）4.7，プラスチック（39）4.4
	フィリピン	△59.09	618.09	電気機器（85）37.4，機械類（84）14.4，木材（44）5.0，鉱石（26）4.6，精密機器（90）3.8
			677.18	電気機器（85）21.4，石油（27）20.2，機械類（84）9.7，車両（87）5.6，航空機（88）3.3
CLMV	ベトナム	23.78	1502.17	電気機器（85）24.3，履物（64）7.1，衣類（62）7.0，鉱石（27）6.2，衣類（61）6.1
			1478.39	電気機器（85）23.1，機械類（84）11.6，石油（27）7.1，プラスチック（39）6.6，鉄鋼（72）6.3
	ラオス	△25.96	46.59	木材（44）37.2％，銅製品（74）13.4，電力（27）12.5，銅鉱（26）11.6，衣類（62）3.6
			72.58	電気機器（85）16.5，石油（27）15.5，車両（87）14.0，機械類（84）12.6，鉄鋼製品（73）5.0
	カンボジア	△82.91	106.81	衣類（61）47.5，木材パルプ（49）36.8，履物（64）3.9，衣類（62）2.3，穀物（10）2.2
			189.73	メリヤス編物（60）22.9，人造繊維（55）10.8，機械類（84）9.7，電気機器（85）5.1，車両（87）4.1
	ミャンマー	16.21	241.54	貴金属（71）51.4，鉱物性燃料（27）20.8，木材（44）6.3，衣類（62）5.3，食用野菜（07）4.8
			225.32	機械類（84）12.6，電気機器（85）11.8，車両，（87）10.7，石油（27）9.7，鉄鋼（72）5.3

注：http://www.intracen.org/itc/market-info-tools/trade-statistics/
資料：ITC, *International trade statistics 2001-2015*より作成.

Column 29 「オランダ病」について

「オランダ病」とは，かつて天然資源が豊かな国で見られた経済衰退現象を指す．かつて，豊富な天然ガスが発見されたオランダで，1970年代のオイル・ショックによる石油価格の高騰に便乗して，資源輸出を拡大させた結果，のちに経済衰退現象が引き起こされたことに，名称の由来がある．

石油や鉱物資源などの天然資源に恵まれた国では，天然資源の輸出増大によって貿易収支が大幅な黒字となり，結果として自国通貨の上昇が引き起こされる．そのことは，自国の製造業の輸出競争力を大きく損ない，製造業の衰退と失業の増大をもたらす大きな要因となる．これを防ぐためには，同時並行して付加価値生産性の高い比較優位産業の育成，産業構造の高度化に向けた取り組みを行うなど，政府の積極的な産業政策が重要になる．

天然資源の輸出に依存する国では，「オランダ病」の不安は常に付きまとうので，同時併行的にこれへの対策が必要であると言える．

長期的な視野でみると，現状のままでは，安定的で持続的な経済成長，雇用拡大や高い所得水準の実現は困難である．

第2に，タイに対する大幅な貿易赤字の問題がある．ラオスの主要貿易相手国はタイを筆頭に，中国，ベトナムの3カ国である．タイ，ベトナムはラオスと同じくメコン地域に位置するASEAN加盟国であり，AEC形成に向けた域内貿易の自由化は，タイやベトナムからの輸入をさらに拡大する要因となろう．[5] ラオスは特にタイに対して大幅な貿易赤字であり，工業製品をはじめさまざまなタイ製品を輸入している．一方，タイには銅や電力，穀物を輸出しているが，それだけでは現状の大幅な赤字を解消することはできない．

カンボジアについて，経済構造上の最大の問題は，輸出が縫製業に依存し，貿易赤字が年々増加していることにある．縫製業は繊維業のなかでも川下部分であり，高付加価値を生む産業ではない．縫製業への依存体質が続く限り，今後も大きな貿易赤字は継続する可能性が高い．縫製のための部材調達を国内でできるように，川上部門，川中部門の関連企業を誘致するなどして，繊維業の

---

5) 加えて，中国—ASEAN・FTAは，近年中国からの輸入拡大をも加速させている．

付加価値を高めていく政策が求められる．

　カンボジアはCLMの中では経済特区の建設が進展しているものの，交通・運輸インフラの不足，電力供給の不安定性が経済開発の制約となっている．電力供給の拡大，安定化の問題を早急に解決することが不可欠である．各種インフラ整備と同時に，さらにその先を見据えて，将来カンボジアにとって何が比較優位産業となりうるのか，自国の特性を活かした比較優位産業を見出し，その育成が中長期的な戦略として必要となる．カンボジアはラオスと同じく小国（約1540万人）であり，この点を踏まえた比較優位産業の育成を検討しなければならない．

　ミャンマーは現在の貿易構造から，ラオスと同様に「オランダ病」の問題が指摘できる．輸出は天然ガス・翡翠(ひすい)といった天然資源に依存しているため，製造業などの非資源部門の産業育成が阻害されかねない．したがってミャンマーにおいても，一次産品に依拠した輸出構造からの脱却が求められる．ただ，ラオス・カンボジアと異なる点は，5000万人を超える人口規模を有することである．このことは将来的に国内市場向け耐久消費財や日用消費財などの産業部門の形成が可能であり，高い潜在力をもっているといえよう．

　ミャンマーは2010年以降ようやく民主化が進み，経済発展に向けて動き出したばかりである．投資環境の面では，交通・運輸インフラ，経済特区の建設・整備はCLMの中で最も遅れている．外資を誘致するためには一刻も早くこれらのインフラ，自由で公正な競争を可能にする諸制度の整備が求められる．また，民主化を着実に実行し，市場の透明性を高めることも同時に解決を要する課題であろう．

2　比較優位産業の育成——ラオスの場合——

　CLM諸国では，付加価値生産性の高い比較優位産業の育成，マーケティング能力の向上，およびこれに必要な条件整備が，各国の持続的な経済成長のカギとなるが，最後に，比較優位産業の育成という視点から，ラオスに焦点を当てて具体的に検討しておこう．

　CLM諸国の中では最も人口規模が小さく，山間部が多いという地理的条件をもつラオスは「輸出指向工業化」にとって圧倒的に不利であるが，他面でメコン圏の他の4カ国と国境を接し，複数の経済回廊の交差点に位置しているという点で同国の開発戦略にとって良好な条件となっている．

ラオスでは，鉱物資源を活用した比較優位産業の育成が有望な戦略となりうる．ラオスは銅鉱や金鉱，石炭，亜炭・褐炭，錫鉱，亜鉛鉱，鉄，ボーキサイト，ポタジウムなど豊富な天然資源を有する．これらの天然資源を「一次産品」として未加工の状態で輸出に回すのではなく，加工，製品化する工業を育成し，高付加価値製品として輸出することが求められる．石炭や亜炭・褐炭など燃料として使われるものについては高付加価値化が難しいが，銅鉱石に関しては，ラオスではすでに粗銅を生産する精錬工業が一定の地位を占めている．これに加えて，さらに電線メーカーや伸銅品メーカーなどを誘致・育成して，銅関連工業を基軸とした産業集積ないし産業クラスターを形成することが有望な比較優位産業として期待される．銅の他には，豊富な石灰石を活用して，セメント工業が成長しつつある．メコン圏諸国において道路インフラや工場，オフィスビルの建設増加に伴って，セメントへの需要は今後も高いと見込まれるだけに，期待度の高い産業である．

　もう1つの可能性としては，情報通信機器や電子部品，光学機器などの電子産業の誘致が考えられる．これら精密機械の製造では防塵が必要であり，電子顕微鏡レベルの作業などが不可欠であり，クリーンな環境が求められる．ラオスは高原や山岳地帯が国土の約8割を占めており，豊富な森林資源，新鮮な空気，水にも恵まれているため，精密機械産業の立地に適しており，この分野での外国資本の誘致にとって優位性をもつ．また，電子機器（パソコンやカメラ）用の小型部品であれば航空輸送が可能であり，労働集約的産業ではビジネス環境上不利となる割高な陸上輸送コストを気にする必要はない．精密機械産業を中心とした産業クラスターの形成は，人口小国のラオスにおいても有望な産業政策となりうるものである．このことは，ラオスが，NIESのような『キャッチ・アップ型工業化』を目指すということではもちろんない．Column 27（133頁）でも指摘したように，ラオスの比較優位はNIES型工業化の追求にあるのではなく，自然条件や天然資源の賦存を活かした戦略的産業の育成にある．

　したがってラオス政府には，これらを事業化できる国内資本のサポートやインセンティブの付与，さらに外資の企業誘致を積極的に行うことが求められる．外資の導入に関しては，ただ安価な労働力を目当てにした企業誘致ではなく，上述したような戦略的産業に関連した企業を優先的に誘致するなどの選別が必要となる．また，インフラ整備，金融面，財政面からの支援を継続的に行うことが欠かせない．具体的には，農村部における余剰労働力を確保できるよう都

市と農村,さらに首都や大都市圏と地方中小都市・農村圏との間のアクセスを改善することが政策課題である.インフラ整備に加え,労働力の質を向上させるための教育制度の充実,特に技能労働力を育成する職業科の高校の拡充,さらに中小企業や地場産業への資金供給を円滑化する金融機関の整備や銀行の民営化も重要である[6].

ここでは,人口小国で内陸国というたいへん厳しい条件に置かれているラオスのケースを取り上げたが,カンボジアとミャンマーについても,比較優位産業の育成を中・長期的開発戦略に位置付けて改めて検討する必要がある.

近年,大メコン圏では,国際インフラや経済特区の建設が進展しており,ビジネス環境は改善されつつある.これを追い風に,外資導入が促進されてきたが,それはほとんど安価な労働力・土地,税制面での優遇などを目的とした進出であり,労働集約的な工程を請け負うケースが多かった.今後,CLM諸国が「ASEANディバイド」を縮小していくためには,ビジネス環境の改善という初期条件に加えて,当該国内において,より付加価値生産性の高い比較優位産業の育成,強化を基本戦略とすべきであろう.当初は付加価値生産性の低い産業から出発せざるを得ないとしても,徐々に付加価値生産性を高めていき,外国資本を含めた産業クラスターを形成していくというプロセスが基本的な開発戦略となる.そして,比較優位となりうる産業は,CLM各国の特性や優位性を最大限活かすことが不可欠の条件となる[7].

おわりに

ASEANには,「ASEANディバイド」と呼ばれる二層構造問題が横たわる.

---

6) 例えば,はラオスに関して,国有銀行のウエートが高いことを批判し,民間セクター促進のための銀行セクター改革の重要性を次のように強調している.「民間部門の経済活動促進には,投資や貿易といったビジネスに必要な資金の出し手としての商業銀行部門の近代化と強化が欠かせない」[小山 2014:114].

7) CLM諸国への直接投資を検討する日系企業には,CLM諸国の安価な労働力や優遇税制,交通・運輸,港湾,電力などの基礎的なインフラや経済特区の建設の進展度などビジネス環境のみを基準に戦略を練るのではなく,当該国の経済状況,資源賦存状況,自然条件,国民性など,さまざまな条件に鑑み,自身の企業が有している技術をどの国なら最大限活かせるかということを念頭に置いてほしいものである.

いうまでもなく，ASEAN先発加盟国と後発加盟国との間の著しい格差が解消，緩和される見通しが立たない限り，「ASEAN経済共同体」のさらなる進展は望めない．実際にも，ASEANの二層構造は，ASEANを分裂させかねない火種を内包し（Column 55, 254頁．参照），結束力の乱れを誘発している．

今日，CLMV諸国は，「チャイナ＋1」として日系企業を中心とした多国籍企業の注目を集めているが，それが単なる低賃金利用目的の関心であるならば，外資の進出は長続きしないであろう．ベトナムもミャンマーも，多国籍企業が殺到して製造拠点を形成すれば，これらの国の賃金は必然的に上昇し，これらの企業はさらなる低賃金を求めて次にはバングラデシュに進出するという，「渡り鳥」生活を強いられることになる．

「ASEANディバイド」の解消，緩和にとっては，後発国における比較優位産業の育成が最大のカギを握っており，比較優位産業の育成は，その国の特性を活かしたものでなければならない．だが，このためには，ASEAN域内での産業構造調整と「域内分業」の形成が不可欠であり，国益の追求を超えた協力が求められる．おそらく，ASEANの地域統合の進展は，ディバイド解消の如何によってこれから一層厳しい試練に直面することになろう．

第6章　中国経済をどう捉えるか

はじめに

「改革・開放政策」以降の中国の成長には，目を見張るものがある．歴史上，記録的ともいえる「圧縮された発展」を成し遂げ，ついに2010年末には名目国内総生産（GDP）で日本を抜いて，米国に次いで世界第2位の経済大国に躍進した．

もちろん，中国経済が成長することは，それ自体脅威ではなく，日本にとってはビジネス・チャンスの拡大を意味する．実際，これまで日本は，中国の市場経済への移行という「歴史的中国機会」を十分に享受してきた．そのことは日本だけではない．東アジアの成長も，つまるところ中国の成長に負うところが大きい．問題は，世界第2位の経済大国に躍進した中国の経済制度が依然として多くの異質的要素を残したままで推移していることである．われわれは，この「異質性」をどのように理解し，今後，それとどう向き合っていけばいいのであろうか．

第6章では，中国が1949年の建国以来歩んできた道を概観した上で，中国共産党が「改革・開放」政策に踏み切った背景，中国式「市場経済化」の現状と課題，および「中国モデル」と呼ばれる特殊な経済制度の内容について分析し，今後の発展方向を展望してみよう．

第1節　中国式「市場経済化」への途

1　「計画経済」の破綻
急ぎすぎた「社会主義」化

第2次世界大戦後，中国において，共産党と国民党との内戦（国共内戦）を経て，「中華人民共和国」が樹立されたのは1949年10月である．以後，中国共

産党の政権下で,「社会主義」の道が歩まれることになった.実は,「社会主義」といっても,この言葉にははっきりとした定義があるわけではない.ロシアでは,共産党への皮肉を込めて,ソ連時代には数え切れないほどの「社会主義」の定義があったといわれているが,中国共産党が目指した「社会主義」も,その中身は必ずしも明確なものではなかった.当時,中国共産党が目指した「社会主義」とは,労働者・農民の利益を代表すると謳われた共産党の一党独裁体制に基づいて,生産手段の私的所有の廃止(集団的所有または国家的所有の実現)や市場経済の禁止(計画経済の導入)など,資本主義的要素の全面的廃止と平等な社会の実現であるとされた.

ただし,中国共産党の指導者,毛沢東(マオ・ツォートン:1893-1976年)は,当初,遅れた農業社会である中国では,「社会主義社会」への移行には少なくとも3回程度の「5カ年計画」が必要であると考えていた.すなわち,15年程度の時間をかけて,資本主義的な要素を利用しつつ漸進的な改革を進めていく必要があると考えていたわけである.ところが,1953年から開始された「第1次5カ年計画」(1953-57年)では,目標を前倒しして農業の集団化が一気に進められ,この5カ年計画期間中にほぼ9割近い農家の農業合作社(集団農業)への編入が行われた.

さらに,1958年から始められた「第2次5カ年計画」(1958-62年)では,「大躍進」政策の名の下に,全国農村の「人民公社」化が短期間のうちに強行され,当初の意図に反して,「社会主義化」が急がれることになった(Column 30).

毛沢東が「社会主義化」を急いだ背景の1つに,朝鮮戦争(1950年6月-53年7月)の勃発があった.朝鮮戦争は,米国が韓国を支援し,中国が北朝鮮を支援する形で参戦したため,米中間での本格的な戦闘が行われることになった.そのため,犠牲者の数では戦後最大の戦争となった.休戦協定が成立したとはいえ,以後中国は,戦争の再発と米国の中国への軍事介入を懸念して,国力の強化(国防の強化)を急ぐことになった.

しかも,当時の中国は,後れた農業国であったにもかかわらず,中国共産党は,ソ連型の重工業を優先的に発展させるという計画モデルを採用し,重工業化を急いだのである.中国共産党は,早くも1953年から始められた「第1次5カ年計画」期に,ソ連の援助の下に,鉄鋼・非鉄金属・石油化学・機械・自動車などを重点産業として取り上げ,大規模プロジェクトを進めていった.「第1次5カ年計画」は,目標を超過達成したと報告されたが,50年代末からのソ

Column 30 「人民公社」について

「人民公社」とは，中国の農村部において，農業と農村工業の発展を図るために1958年ごろから組織された行政的集団組織である．農村部の従来からの末端行政単位である「郷」を基本単位として「公社」が組織され，集団生活を行いながら集団的農業が行われた．「人民公社」は，農民が集団農業を行う場合の基本単位である「生産隊」と，その上部組織としての「生産大隊」（通常農業機械などを所有）を傘下にもつ「政社合一」と呼ばれる独特の組織である．「政社合一」というのは，自治的な機能を併せ持った「共同体」のことを意味している．換言すれば，「人民公社」は，「自給自足」を基本とする「農業共同体」であると同時に，末端の「行政機構」でもあった．したがって，「人民公社」のもとでは，託児所や学校，病院なども農民の負担によって運営された．

このような「人民公社」は全国で約2万7000社が組織され，1公社平均4600戸の農家が所属した．「農業合作社」から「人民公社」への移行はわずか1カ月程度で行われたといわれている〔凌 1996〕．中国では，このような「人民公社」の下で行われた集団的農業生産が，中国農業の低い生産性と停滞をもたらすことになった．このような「人民公社」組織は，1979年から始まった「改革・開放政策」によって1980年代初頭に廃止されるまで20年余り存続した．

連の援助の停止によって，中国の工業化は「第2次5カ年計画」以降，停滞を余儀なくされていった．

圧倒的な農業国にすぎなかった遅れた社会で，自前の技術ももたずに重工業を中心とした急速な工業化を目指そうとすることは，今日の常識から考えるとほとんど無謀ともいえる選択であった．しかし，「社会主義」というイデオロギー（観念的思想）の前には，現実の問題は軽視され，精神主義（人民に奉仕する革命的・犠牲的精神の強調）が幅を利かすことになる．先進国に追いつくことを目標として掲げて，「第2次5カ年計画」開始早々から急遽取り組まれることになった「大躍進」運動では，過大なノルマ達成のための大規模な大衆動員運動が繰り返し展開された．工業部門では，大増産運動が展開され，鉄鋼の増産運動では「土法炉」と呼ばれる原始的な溶鉱炉を使った鉄鋼が各地で生産されていった．この時期生産された鉄の大部分は使い物にならない粗悪品であったといわれている．

さらに、「大躍進」運動は、農業の生産性を無視した農民からの農産物の収奪へと向かっていくことになった。いうまでもなく、都市住民や工場労働者への食糧供給を確保することは、工業化を加速させるためには不可欠であった。そのため、農業部門では、人民公社の下での集団農業が強化され、全国的規模での増産運動が展開された。農産物の増産を競う運動は、次第にエスカレートし、地方の役人による生産性を無視した増産指示が行われるようになり、ついには農民の生存に必要な食糧までも強引に徴収されるようになった。その結果、この時期には、2000万とも4000万ともいわれる農民の餓死者を出すことになった。

このように、「改革・開放政策」に転換するまでの中国の「社会主義」建設は、現実よりもこのイデオロギーが優先された歴史に彩られている。後れた生産力を、精神主義と無償の大衆動員によって克服しようとした中国共産党の政策が破綻したことはいうまでもない。技術の壁は、いくら頑張っても精神力で乗り越えられるものではない。結局、1963年から開始されるはずであった「第3次5カ年計画」は、「大躍進」政策の失敗によってもたらされた経済危機を乗り切るための「経済調整期」(1961-65年)の導入によって3年遅れて1966年から開始された。「大躍進」政策の失敗によって、毛沢東は実権を失い、「国家主席」の地位も辞任した。

5年間にわたる「経済調整期」には、人民公社の規模の縮小、農民の自留地の容認、農村自由市場の復活、地方政府の権限強化、重工業優先の見直し(軽工業の振興)、経済効率性の重視などの政策が行われた。これらの政策によって、「大躍進」政策によって混乱した国内経済は回復の兆しをみせ始めた。この「経済調整期」政策の指揮を執ったのは、毛沢東に代わって国家主席に就任した劉少奇(リウ・シャオチー:1898-1969年)と共産党総書記の鄧小平(ドン・シャオピン:1904-97年)であった。

ところが、「経済調整期」のこのような「社会主義化」のスピードダウンによる景気回復にもかかわらず、これを社会主義の道を離れ資本主義の道を歩む「修正主義路線」であると批判する毛沢東の勢力巻き返しによって、再び強引な「社会主義」化が進められる事になった。世に有名な「文化大革命」の始まりである。

「文化大革命」と国内経済の疲弊

毛沢東が推し進めた「文化大革命」とは何であったか、という問いについて

は，答えは容易ではないが，あえて言及するならば，政治的には共産党内の激しい権力闘争であったと同時に，徹底した「精神革命」であったとみることができる．「紅衛兵」という年端もいかない青少年を動員して行われた激しい権力闘争によって，毛沢東は再び共産党内で絶大な権力を掌握していった（Column 31）．また，他方では，「造反有理」というスローガンに象徴されるように，徹

Column 31　毛沢東・周恩来・彭徳懐・劉少奇・鄧小平

　毛沢東は，「大躍進」の失敗によって国家主席の座を劉少奇に譲ったものの，失脚には至らず，なお共産党中央委員会主席の座にとどまっていた．毛沢東はその後，党内での巻き返しを図り，1966年に「文化大革命」を発動して再び権力を掌握していった．「文化大革命」で毛沢東に動員された「紅衛兵」の攻撃の矛先は，当然のことながら，国家主席の座にあった劉少奇と党総書記の鄧小平および「大躍進」政策を批判して毛沢東をいさめた彭徳懐（ポン・ドーファイ：1898-1974年）に向けられた．劉少奇は毛沢東によって「資本主義の道を歩む実権派」（走資派）とのレッテルを張られて「紅衛兵」などの激しい攻撃にさらされて1967年に失脚し，自宅での幽閉状態の後，1969年11月に病死した．彭徳懐はすでに毛沢東によって1959年にすべての職を解任されていたが，「紅衛兵」から激しい肉体的攻撃を加えられて重傷を負い，生きるしかばねとなって幽閉された．鄧小平だけは，すべての役職を解かれたが，彼の能力を高く評価していた周恩来（チョウ・オンライ：1898-1976年）国務院総理（首相）の計らいによって辺境の地への追放にとどまった．鄧小平は，その後，周恩来首相の支援によって1973年に国務院副総理として復活を遂げたが，周恩来死後の1976年4月に起こった「第1次天安門事件」（Column 34）の首謀者とされて，「四人組」（Column 33）によってまたしても失脚することになった．だが，1977年に「四人組」が逮捕されたのを機に3度目の復活を果たし，党の要職に復帰した．鄧小平は，復帰後直ちに彭徳懐の名誉回復を行い，「改革・開放」後の1980年には，劉少奇の名誉回復も行っている．「大躍進」，「文化大革命」と，中国社会にあれほどの禍をもたらしたにもかかわらず，毛沢東に対する中国共産党の公式評価は，「功績が7，誤りが3」（功績が第1，誤りが第2）というものである．中国革命の最高指導者の誤りを強調することは，中国の「社会主義」を否定することにつながりかねないからである．

底して人々の古い思考様式を批判することによって崇高な「社会主義的精神」（私利私欲を捨て，国家と人民に奉仕する犠牲的精神）を養おうとしたのである．

　他方，経済的にみた場合には，同時にそれは，徹底した資本主義的要素の根絶でもあった．「経済調整期」における政策は，ことごとく資本主義への逆行であるとみなした毛沢東は，徹底的な「反資本主義」キャンペーンを展開していったのである．また，開発政策としてみた場合には，従来の「重工業優先発展」戦略への反省から，「農業を基礎として工業を導き手とする」といういわゆる「農業基礎論」（均衡成長戦略）を提起していったにもかかわらず，実際には，一貫して軍需産業を含む重工業部門への国家投資に偏りがみられ，それにともなって消費財生産部門の発展が一層立ち遅れるなど，国民経済にアン・バランスを生み出していった．

　結局，「文化大革命」の期間中も，消費財生産部門の遅れは克服されることはなかった．しかも中国は，中ソ対立が武力衝突にまで発展したことによってソ連からの援助を絶たれたために，徹底した「輸入代替工業化」（自力更生路線）を追求せざるを得なかった（Column 32）．資本と技術がともに不足している社

Column 32　中ソ対立

　1956年のソ連のフルシチョフ書記長によるスターリン批判（直接にはスターリンの推し進めた個人崇拝，独裁政治に対する批判であったが，暗に中国の毛沢東に対する個人崇拝をも批判）に端を発した中ソのイデオロギー対立は，1960年に一挙に表面化し，この年ソ連は中国に派遣していた1300人余りの技術専門家を引き上げ，経済的支援も完全に打ち切った．そのため，当時進行中の200余りの重要プロジェクトも中断を余儀なくされた．

　以後中ソの経済関係は中ソの国境を利用した細々とした国境貿易に縮小した．しかし，1969年3月に勃発した中ソ東部国境武力衝突事件（ダマンスキー島＝珍宝島の帰属をめぐる国境紛争）以後は，この国境貿易も禁止された．中ソは，1989年5月にゴルバチョフ書記長が北京を訪問して，中ソ和解が果たされるまで厳しい対立を続けていた．この中ソ和解によって，中ソ国境画定作業が進められることになり，1991年12月のソ連崩壊後も中ロ関係は著しく進展することになった．

会で,「輸入代替工業化」が追求された場合,どのような事態が出現するかという点については多くを説明するまでもなかろう.

資本不足を補うためには,「強蓄積」という農業からの徹底した余剰の収奪が行われ,結果として農村経済が疲弊することになる.技術の欠如は,前述したような「土法」と呼ばれる古い土着技術に依拠した無謀な製造方法が幅を利かせることになる.「文化大革命」期にも,生産力の低下を補う方法として,頻繁に無償の大衆動員が試みられ,その結果国民の勤労意欲はいっそう低下していくことになった.食料はもちろん,日用消費財の不足は深刻な問題であったことはいうまでもない.

こうして中国経済は,1970年代末に至るまで,典型的な「低所得均衡」に落ち込んでいた.とくに,1970年代初頭に毛沢東の威光を借りて権力を握った「四人組」は,復活した鄧小平などの「改革派」が進めようとしていた経済改革の芽をことごとくつぶして精神主義を鼓舞し,国内経済の混乱にいっそうの拍車をかけた (Column 33).

「文化大革命」期の社会・経済的混乱として,この時期,迫害を受けながら中国で過ごした経験をもつ凌星光は,次のように整理している.① 多くの指導者が「走資派」(資本主義の道を歩む実権派)として批判されて職を解かれたため,経済管理機構は麻痺状態に陥った.統計機構も機能しなくなり,基本的な統計資料さえ把握できない状態となった.② 経済調整期に確立された法規は修正主義として廃止され,無政府状態となった.③ 武力闘争によって交通輸送が妨害され,生産活動に重大な影響を与えた.④ 職場を離れて「革命」をやるものが多く,生産現場の労働力が不足し,生産のストップ状態が生じた [凌 1996：47].

だが,実際には,混乱はもっと多岐にわたった.他にも,次のような点が指摘できる.専門知識をもたない人間が専門家を批判し,素人集団の企業・組織運営が行われたこと.毛沢東を支持する「紅衛兵」として中・高生までも動員され,思想の短絡化・幼稚化が行われたこと.所属組織では「自己批判・相互批判」が繰り返された結果,人間関係 (夫婦,親子,友人,師弟など) が破壊され,倫理上で多大な悪影響が発生したこと.下放,教育批判,紅衛兵運動などによって高等教育機能が停止され,後に人材の空白がもたらされたこと.歴史的文化的遺産が数多く破壊され文化の断絶を招いたこと,などである.

10年間もの長きにわたって中国社会を混乱に陥れた「文化大革命」は1976年

> **Column 33　「文化大革命」と「四人組」**
>
> 　中国の文化大革命期に,社会的混乱を一層拡大させたとされる「四人組」とは,江青(ジャン・チン:共産党中央政治局委員・毛沢東夫人),張春橋(ジャン・チュンチャオ:国務院総理),姚文元(ヤン・ウェンユェン:共産党中央政治局委員),王洪文(ワン・ホンウェン:共産党副主席)の四人を指している.1971年に毛沢東の後継者とされていた林彪(リン・ピャオ)が毛沢東と対立した末にソ連への亡命途中になぞの航空機事故で死亡すると(林彪事件),彼らは共産党内で急速に勢力を拡大し,毛沢東の威光を利用して権力を掌握するようになった.
>
> 　「四人組」は,鄧小平などの穏健派が進めようとした改革を「走資派」(資本主義の道へと後戻りさせようとする者)と呼んでことごとく批判し,徹底した精神主義にもとづく文化大革命の推進を主張した.彼らは,当時「4つの現代化」(農業・工業・国防・科学技術)を提起して,文化大革命によって混乱した中国経済の安定を取り戻そうと考えていた周恩来首相をも暗に批判する運動(批林批孔運動:直接には林彪を批判し孔子を批判する運動であったが,孔子批判になぞらえて暗に周恩来を批判)を展開したが,国民から絶大な支持を受けていた周恩来だけはついに追い落とすことができなかった.「四人組」は,毛沢東死後(1976年9月),反文革派によって逮捕され,裁判の結果,江青は死刑(のちに無期懲役に減刑されるも獄中で自殺),張春橋は死刑(のちに有期刑に減刑:病死),姚文元は懲役20年(病死),王洪文は無期懲役(病死)にそれぞれ処せられた.

に終息したが,「失われた10年」というにはあまりにも経済的打撃は大きかったのである.新しく再出発した中国共産党政権が,絶対的な「平等主義」の看板を下ろして,「不均衡成長戦略」に基づいて「輸出指向工業化」を追求する「開発主義」へと傾斜していった背景には,このような国内経済の極度の疲弊があったことはいうまでもない.

2　NIESの衝撃と「4つの現代化」の提起

　しかし,同時に,国内経済の疲弊以上に新しい政権をして危機感を募らせた要因として,NIESに代表される東アジア諸国の「輸出指向工業化」戦略の成功と著しい成長があげられる.おそらく1970年代初頭までは,韓国や台湾を含む東アジア諸国と中国との経済格差は,ほとんど目立たなかったであろう.む

しろ，社会主義的輸入代替工業化に固執していた中国の方が，工業化が進んでいるとさえみていた学者もいた．実際，当時の韓国や台湾は，労働集約的軽工業製品を中心とした「輸出指向工業化」を目指していた時期であり，片や中国は，軍需産業の育成の必要からも重工業に力を入れていた時期であった．[1]

OECDが，「新興工業国の挑戦」と題するレポートを発表して，NICs（東アジアでは韓国，台湾，香港，シンガポール）の成長と著しい工業化の進展に世界的な注目を向けたのは1979年である．中国共産党が，周恩来首相のかねてより主張していた「4つの現代化」（農業・工業・国防・科学技術）を掲げて本格的な国内改革に取り組む意思を示したのは1970年代末であり，経済特区を設置して対外的な開放にまで踏み込んだのは1980年代初頭である．この時期までには，中国と東アジアNIESとの格差はだれの目にも明らかとなり，[2]中国共産党の指導部が危機感をもったとしても不思議ではない．

とくに，朝鮮戦争ではともに戦火を交え，その後も中国の同盟国である北朝鮮と厳しく対峙してきた韓国と，1949年の中国革命以来，台湾海峡をはさんで敵対する国民党政権下の台湾の急速な資本主義的工業化の進展は，中国共産党の目には脅威と映ったであろうことは想像に難くない．

今日では，「改革・開放政策」と総称される中国の開発戦略の転換は，このように東アジアの成長が大きく作用しているとみることができる．とくに，1992年の鄧小平の「南巡講話」以降の市場経済化の加速の背景には，NIESに続いて本格的に外資導入と輸出指向工業化に乗り出したASEAN 4（タイ，マレーシア，インドネシア，フィリピン）の成長がある．世界銀行［1993］によって「東アジアの奇跡」とまで賞賛された東アジアの成長が，鄧小平に代表される中国共産党内のプラグマティスト（実用主義者）に強いインパクトを与え，「東アジアモデル」への転換を加速させたとみることにはそれなりの根拠がある．いうま

1） 中国が始めて核実験を行ったのは1964年である．以後，中国は毎年のように核実験を繰り返していった．さらに，1966年には中距離弾道ミサイルの発射実験にも成功し，1970年には人工衛星（東方紅1号）の打ち上げにも成功した．これらのことによって，対外的には軍需技術を中心とした中国の工業力は，かなり高いとみられていたのである．

2） 1979年当時の1人当たりGNPは，韓国1644ドル，台湾1893ドル，香港4288ドル，シンガポール3950ドルで（IMF, International Financial Statistics, 他），中国（推計260-270ドル）とは大きな開きがあった．

でもなく，周辺アジア諸国との経済格差を放置することは，共産党政権の存立基盤を覆しかねない重大な事態を招来するものであり，目にみえる成長の果実を国民の前に提示する必要に迫られていたのである．

第2節 「改革・開放政策」の始まり

1 鄧小平の「先富論」と「不均衡開発論」の開花

　第1章で述べたように，開発経済論の分野では，1950年代末以降，「均衡成長論」と「不均衡成長論」の間で激しい議論が交わされた．こうした議論は，「不均衡成長」戦略を採用した一部の国の高いマクロ・パフォーマンスの実現によって決着がつけられ，その後東アジアの多くの国は，国内市場に依拠した内向きの「輸入代替工業化」政策から，世界市場に依拠した外向きの「輸出指向工業化」政策に転換することによって後者の開発戦略を採用した．

　「輸出指向工業化」と「不均衡成長戦略」は，限られた資源を比較優位産業に集中させるという意味で，分かち難く結びついているのである．開発論に携わる多くの経済学者は，このような「不均衡成長」戦略は，「貧困の悪循環」に陥った途上国に発展の契機（ダイナミズム）をもたらす適切な政策であると評価し，それによって生み出される「不均衡」を一時的な「成長のための病気」として黙認した．

　第1章で述べたように，「不均衡成長論」を主張したハーシュマンは，まず特定の産業分野に投資を集中することによって成長のダイナミズムを発生させれば，その産業の成長に伴って「前方連関効果」と「後方連関効果」という波及効果を享受することができると考えた（Column 3，7頁，参照）．そして実際にも，「不均衡成長戦略」を採用したNIESは，この波及効果をある程度までは実現することができたのである．NIESの成功によって，「不均衡開発戦略」は歴史的に認知されていった．

　中国の「改革・開放」をリードした鄧小平も，国内的な不均衡を「必要悪」と考え，「低開発均衡のわな」（ハイコスト・エコノミーの悪循環）から脱却するためには，特定の地域，特定の産業に外資を含めた資源を集中的に投入する必要があると考えた．「黒い猫でも，白い猫でも，ネズミを捕る猫がいい猫である」という鄧小平の有名な格言と，条件のあるところから先に豊かになれという「先富論」は，中国における「不均衡成長」戦略の見事な開花である．

ただし，鄧小平の主張した「先富論」は，「先に豊かになった地域は，後れた地域の発展を助けることによって最後はともに豊かになることを目指さなければならない」と付け加えることも忘れなかった．「不均衡成長論」が，波及効果（前方連関効果・後方連関効果：Column 8，39頁，参照）を重視することによって将来的な不均衡の是正を念頭においていたのと同様に，鄧小平もけして無条件に「不均衡」を容認していたわけではない．にもかかわらず，現実の開発過程においては，後者の言葉は忘れ去られてしまった．

以後，中国は，市場経済化へ向けた改革を加速させることになった．とくに，後述するように，鄧小平の「南巡講話」(Column 35) 以降は，「改革・開放政策」は一気に加速され，沿海地域を中心とした経済特区への外資の導入を中心として「不均衡成長」戦略が展開されていったのである．こうして，さまざまな優遇措置を備えた経済特区での外国企業を利用した「輸出指向工業化」の追求が本格化することになった．

その結果，GDP成長率は，30年近くにわたって10％前後の驚異的なパフォーマンスを示した．ハーシュマンの「不均衡成長論」は，「社会主義」を標榜する中国においても見事に開花したのである．

2 「4つの現代化」と「改革・開放政策」

第1節で述べたように，「社会主義計画経済」は，「均衡成長」を旨としており，国家による計画的な資源配分を目指そうとしたものである．したがって，中国共産党が「不均衡成長」を容認したということは，一言でいえば，人為的な「計画的な資源配分」に失敗したことによって，「神の見えざる手」（市場メカニズム）の利用へと大胆な政策転換を行ったことを意味する．

中国が，「社会主義計画経済」の修正に本格的に乗り出したのは，1970年代末から取り組まれることになった「4つの現代化」という近代化路線の提起以降である．この「4つの現代化」が追求され始めて以降，「社会主義計画経済」は大きく変質させられていくことになった．

「4つの現代化」とは，20世紀末までに，工業，農業，国防，科学技術の4つの分野で，近代化をはからねばならないと呼びかけたものである．このことは，当時急成長を遂げつつあったNIESやASEANと比べてこの分野でとくに中国の遅れが目立っていたということの裏返しでもあった．すでにみたように，中国の近代化路線への転換を決断させた最大の要因は，一貫して敵対関係に

あった韓国，台湾，香港など中国を取り巻く国々の目覚しい経済成長という外部環境の変化であった．

「4つの現代化」路線の提起を受けて，1978年12月に開催された「中国共産党第11期中央委員会第3回総会」(第11期3中全会) において，中国共産党は「改革・開放政策」の採用を決断し，以後中国は「市場経済化」の道へ踏み出すことになった．その結果，1980年代は主として，「人民公社」の解体（集団的農業の廃止）と農家生産請負制の導入[3]，および「郷鎮企業」[4]と呼ばれた新企業組織の容認を柱とした国内改革と，南部沿海地域に設けられた「経済特区」（対外開放地域）に進出した外国資本（おもに香港，台湾資本）の活動によって，目覚しい経済発展を遂げていった．郷鎮企業の容認によって，日用必需品の供給が急増し，農村では「万元戸」（年収1万元超の農家），「億元郷」（年収1億元超の村）と呼ばれる豊かな農民層が出現した．

1984年5月には，南部沿海地域の「経済特区」（深圳［シエンチェン］，珠海［チューハイ］，汕頭［シャントウ］，厦門［シアメン］，のちに海南島）の成功を背景として，大連，秦皇島，煙台，天津，青島，連雲港，上海，南通，寧波，温州，福州，広州，湛江，北海の14沿海地域が「対外開放都市」に指定され，外資導入のためのさまざまな特権が付与された．対外開放地域が，点から線へと拡大されていったのである．

3 「社会主義初級段階論」の提起

このような対外開放政策の拡大によって，対外開放地域に指定された「経済特区」と沿海都市は目覚しい発展を開始したが，当時はまだ，それらはいずれも実験的な対外開放の域を出るものではなかった．このような状況の下で，1987年10月に開催された中国共産党第13回党大会において趙紫陽（ジャオ・ズーヤン）総書記によって「社会主義初級段階論」が提起され，翌1988年1月には「沿海地域発展戦略」が打ち出されることになった．

---

3) 中国共産党は，1980年代初頭に，人民公社の解体と個別農家による生産請負制の導入を決定した．その結果，生産請負制は1984年末までには99%の農村で導入された．以後，農業生産性（土地生産性・労働生産性）は目覚しい上昇を開始することになる．
4) 郷鎮企業とは，人民公社時代には公社に所属する「社隊企業」と呼ばれていた農村工業が人民公社の解体に伴って自立したものや，農民が末端の行政単位である「郷」や「鎮」のレベルで集団的営利活動を営むために組織した新しい企業組織などを指している．

「社会主義初級段階論」とは，中国の「社会主義」は資本主義が未発達な後れた社会から出発したために，建国後40年近く経った現段階においても依然として先進資本主義国よりも生産力のレベルが低く後れており，「社会主義の初級段階」にあるというものである．あわせて，趙紫陽総書記は，この遅れを克服するためには資本主義的要素を利用することによって生産力を引き上げなければならず，それは少なくとも今後100年以上はかかると報告した．逆説的に

Column 34　中国の「天安門事件」

　1989年6月4日に起きた「天安門事件」へ到るきっかけとなったのは，同年4月の胡耀邦（フー・ヤオバン）の死である．胡耀邦は，1980年に党総書記に任命され，以後，「改革・開放政策」の先導役として鄧小平の信頼も厚かったといわれる．しかし，その後，政治改革をめぐる党内の権力闘争の過程でついに1987年1月失脚することとなり，趙紫陽が後任に選出された．1989年4月15日に「民主化」の象徴的存在であった胡耀邦の死が伝えられると，北京市内の大学生を中心として，胡耀邦の追悼と民主化を求めるデモが発生し，その規模は次第に拡大していった．

　おりしも，歴史的な意味をもつゴルバチョフ書記長の中国訪問が5月15日に予定されており，政府は民主化運動の拡大に対して強硬な政策を採りにくい状況におかれていた（ゴルバチョフ書記長は当時ソ連における民主化推進の立役者であった）．そのこともあって，民主化を求める運動は全国的規模にまで拡大し，その象徴として天安門広場前での学生たちによる「ハンガー・ストライキ」が行われていた．趙紫陽総書記は，民主化を求める運動を武力で鎮圧することには消極的であったが，結局，党内では鄧小平による武力鎮圧の方針が支持され，6月4日の事件へと到った．天安門事件での犠牲者の数は，正確にはわかっていない．趙紫陽総書記は，天安門事件によって失脚し，2005年に死去するまで自宅軟禁の状態におかれた．

　なお，1976年4月5日の清明節（古くから墓参りなどをして死者を弔う日とされている）に，故・周恩来首相を追悼するために天安門広場に集まった民衆を，「四人組」が武力弾圧した事件を「第1次天安門事件」と呼び，1989年6月の事件は，「第2次天安門事件」と呼んでいる．中国では，「天安門事件」について触れることは依然としてタブーである．

いえば,「社会主義初級段階論」は,そもそも「社会主義」的方法によっては生産力の後れは克服できないということの表明でもあったが,同時に,100年後には「本格的」な「社会主義」を実現するということの表明でもある(もちろん,それがどのような社会であるのかという青写真があるわけではない).

「沿海地域発展戦略」とは,このような「社会主義初級段階論」に立って,立地上からみて輸出指向工業化に都合のいい沿海地域において,さまざまな優遇措置を講ずることによって外国資本の導入をはかり,外資を利用した労働集約的輸出加工産業の振興を狙ったものである.

だが,1980年代末には,市場経済化への行き過ぎを警戒する共産党内の保守派の台頭と,政治的民主主義の導入を要求して立ち上がった学生たちに対する対応をめぐる党内対立の激化によって,1989年6月の「天安門事件」をきっかけとして,中国の「市場メカニズムの導入」にはブレーキがかけられることになった(Column 34).当時,保守派は,「和平演変」(欧米先進資本主義諸国が貿易や投資など平和的な経済活動を装いながら中国の社会主義体制を転覆させようとしている)というスローガンを掲げて,改革・開放派を激しく牽制したのである.これによって,「改革・開放政策」は大きく後退することになった.

4 「社会主義市場経済論」の登場

おそらく,中国共産党にとって1990年,1991年は,「市場メカニズムの導入」をめぐって,内部で激しい権力闘争が行われた時期であろう.しかし,この権力闘争は,意外に早い決着をみることになった.早くも,1992年初頭には,鄧小平は武昌,深圳,珠海,上海など華中・華南の改革・開放の最先進地域を視察して,改革・開放の成果を強調した一連の講話(「南巡講話」)を発表し,「改革・開放政策」の堅持を呼びかけた(Column 35).この「南巡講話」を契機として,中国国内ではふたたび「改革・開放」派が力を盛り返し,市場経済化へ向けた改革への有利な環境が整えられていった.

このような状況の下で,1992年11月に開催された中国共産党第14回大会において,江沢民(チアン・ツーミン)総書記は,「改革開放と現代化建設の足どりを加速化し,中国的特色のある社会主義事業のより大きな勝利を勝ち取ろう」と題する政治報告を行い,その中で,「社会主義市場経済体制の確立」を提起したのである.

江沢民報告では,「社会主義市場経済」について,「① 市場が社会主義国家

Column 35　鄧小平の「南巡講話」

　「天安門事件」以後，中国共産党の内部では，「改革・開放政策」の継続を巡って，激しい路線闘争が行われ，1989年11月に行われた「13期5中全会」では，保守派の主導によって開放政策の引き締めと経済調整策が打ち出された．しかし，「天安門事件」に抗議する欧米諸国による経済制裁などによって，それまで年率10％を超える成長率を記録していた中国経済は，89年，90年と軒並み3～4％台の成長へと大きく落ち込むことになった．こうした状況を憂慮した鄧小平など改革推進派は党内での巻き返しを図る一方，1992年1月末から2月上旬にかけて鄧小平は自ら南部沿海地域を中心とした改革・開放先進地を訪れ，「改革・開放政策」の成果とさらなる推進を呼びかける「講話」を発表した．この「南巡講話」をきっかけとして，中国は再び「改革・開放政策」に邁進することになった．

　「南巡講話」の要点について，凌［1996］は以下の6点を指摘している．① 老人政治に終止符を打つ．② 経済建設を中心とする．③ イデオロギー論争に終止符を打つ．④「左」への批判に重点を置く．⑤ 業績を幹部抜擢の基準にする．⑥ 頭脳流出者への帰国の呼びかけ［凌 1996：82-84］．

　鄧小平の「南巡講話」は，国際的には，保守派の完全なる退場と中国の全方位開放への決意表明と受け取られ，以後，先進諸国からの対中直接投資が本格化することになった（図6-1，参照）．

のマクロコントロールの下で資源配分に基礎的役割を果たし，経済活動が価値法則の要求に基づいて需給関係の変化に適応するようにさせる．② 価格テコと競争メカニズムの機能を通して資源を比較的効率のよいところに配分し，企業に圧力とインセンティブを与え，優れたものが生存し，劣るものは淘汰されるようにする．③ 市場の諸経済のシグナルにかなり敏感に反応するという長所を生かし，生産と需要の適時な調和を促す」［凌 1996：84］と定義された．

　あわせて，政府の役割については，「市場のもつ弱点と消極面もみる必要があり，国家の経済に対するマクロコントロールを強化し改善しなくてはならない．われわれは全国的統一市場を大いに発展させ，市場の働きをより拡大しなければならず，同時に経済法則の要求に基づいて，経済政策，経済法規，計画指導及び必要なる行政管理手段を用いて，市場が健全な発展を遂げるよう導か

なければならない」［凌 1996：84］と指摘した．かつて，「中国社会科学院世界経済政治研究所」に在籍し，その後日本で活躍している著名な研究者凌星光は，このように定義された「社会主義市場経済」を，「中国式社会主義混合経済メカニズム」と呼んでいるが，「それは社会主義の堅持や，12億の人口を抱える大国など中国の国情を配慮しており，若干の特徴を持つけれども，基本的には東アジア方式と呼ばれる政府主導型市場経済モデルである」［凌 1996：85］と指摘している．

たしかに，中国共産党中央の「経済政策，経済法規，計画指導及び必要なる行政管理手段を用いて，市場が健全な発展を遂げるよう導かなければならない」という主張は，かつて「東アジアモデル」の典型とみなされた韓国の朴正熙政権が好んで使った「指導される資本主義」という言葉とまったく重なって聞こえる．要するに，中国共産党が目指そうとした「社会主義市場経済」とは，「東アジアモデル」の踏襲であった．

第3節　市場経済化の新しい局面

1　無差別的外資導入政策の終焉

「社会主義市場経済化」の本格的な追求以降，中国経済は目覚ましい勢いで成長を遂げることになった．図6-1，図6-2，図6-3からうかがわれるように，この間，中国経済は，基本的には外資導入と輸出の拡大を成長のエンジンとして高度成長を達成してきたのである．しかし，このような量的拡大による成長路線にも変化がみられるようになった．

従来，中国の市場経済化は，1980年代の国内改革を中心とした「改革・開放政策」の導入初期段階（市場経済化の第一局面）から，「天安門事件」を経て1992年の鄧小平の「南巡講話」以降の外国資本の積極的な導入を本格化させた「社会主義市場経済」と呼ばれるようになった時期（第二局面）の2つの段階に区分して論じられることが多かった．この2つの時期を区分する指標としては，一般的には外国企業の直接投資（FDI）が重視されてきた．中国への対外直接投資（実行ベース）は，1990年の35億ドル，1991年の44億ドルから，「南巡講話」以降の1992年には110億ドル，1993年には257億ドル，1994年には338億ドルへと加速度的に増大していった（図6-1）．対外直接投資急増の背景には，紆余曲折した中国の市場経済化も，ついに「ルビコン河を越えた」（後戻りできない

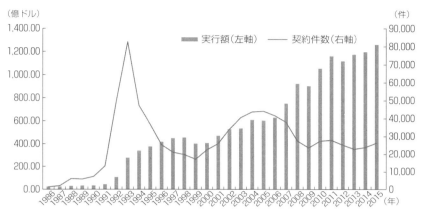

図6-1 世界の対中直接投資の推移（1986-2015年）

注：投資件数は契約ベース．
資料：中国商務部外資統計より作成．

ところまで来た）という西側諸国の判断があったことは疑いない．

だが，中国政府は，積極的な外資導入と輸出指向工業化の追求によって，加速度的に積み上がる外貨準備と諸外国からの元切り上げ圧力に直面して，2006年以降，選別的な外資導入へと政策転換を開始したのである．このとき以降，中国の市場経済化は，無差別的外資導入の時代を終え，産業構造の高度化への取り組みを中心とした「第三局面」に移行したのである．

こうして，中国の外資導入政策は，1990年代の無差別外資導入政策の時期を経て，2007年以降，大きく変化することになった．中国政府は，低付加価値加工産業での外資規制の強化，優遇税制の廃止，最低賃金の引き上げと労働者の権利強化，環境保護基準の強化など，従来までの外資優遇政策の抜本的見直しを進めていったのである．

市場経済化の「第三局面」移行後においては，従来までの低賃金労働を目当てに中国に進出してきた外国資本が行う低付加価値製品の加工貿易（例えば繊維・家具・木材製品・皮革製品・プラスチック加工など）に対する優遇措置が相次いで撤廃され，併せて最低賃金の引き上げがほぼ毎年行われるようになった．

中国政府は，まず，外国企業に対する税制面での優遇措置の撤廃を打ち出した．従来，中国の法人税は，企業所得税30％，地方所得税3％の合計33％であっ

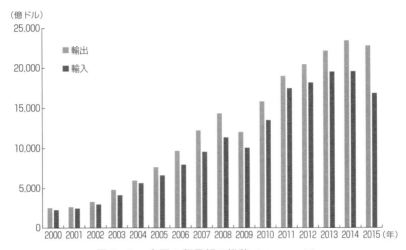

図6-2　中国の貿易額の推移（2000-2015年）

資料：『中国統計年鑑』各年版より作成.

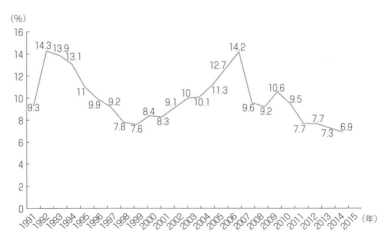

図6-3　中国の成長率の推移（1991-2015年）

資料：図6-2に同じ.

たが，外資優遇政策により，大部分の外国企業に対する法人税の適用税率は10％台であった．中国政府は2008年1月からこれを5年程度かけて段階的に25％に引き上げる措置を発表した．併せて，中国企業の法人税率33％を引き下げて，外国企業と同じ25％にすることも発表された（ただし，中国にとって有益なハイテク産業と認められた場合には，外資に対する税制面での優遇措置は継続された）．土地使用料についても，段階的に引き上げることが表明された．地方政府が決定する最低賃金も，年々大幅に引き上げられ，北京，上海，深圳，広州などの都市部では，すでに先進国並みの水準に近づきつつある．

さらに，2008年1月から導入された「労働契約法」は，外資系企業のみならず国内企業にも深刻な影響を及ぼすこととなった．この新しい「労働契約法」では，すべての企業において労働者の権利を著しく強化することを謳っている．たとえば，10年以上継続して勤務したか期限付きの労働契約を過去2回以上締結している従業員の場合には，新たに終身雇用契約を結ばなければならないとされている（1年を経過しても新しい契約が結ばれていなかった場合，終身契約が結ばれたものとみなされ，しかも2倍の賃金を払わなければならない）．従来までは，とくに労働集約的産業に進出した外資系企業の場合，若年労働者を1年単位の契約で数年雇用するという慣行が一般的であった．そのため，2007年6月に「労働契約法」が公布されて以降，中国企業や外資系企業の間では，施行前の駆け込み解雇が相次ぎ，労働争議が多発した[5]．

他にも，試用期間の厳格な規定（試用期間は，契約期限が3カ月から1年未満の場合は1カ月，1年から3年未満の場合には2カ月，3年以上の場合には6カ月を超えてはならない），整理解雇の必要が生じた場合，企業の説明責任と法定退職金の支払い義務などが明記された[6]．併せて，従来は抑制的であったストライキなどの労働争議に対して，政府は容認の姿勢を示した．

2　第三局面の特徴

中国政府のこのような政策は，市場経済化の新しい段階の到来を告げるもの

---

[5]　深圳に本社を置く中国最大のIT企業「華為(ファーウェイ)」は，2007年末に従業員の10％以上に相当する7000人の解雇または自主退職を通告した．通告を受けたのは大半が勤続8年以上の中堅社員であったという．このケースは，中国を代表する企業であったため，深圳市の労働当局が直ちに調査に乗り出し，通告は撤回された．

であり，産業構造の質的転換過程とみて間違いない．「世界の工場」となった中国は，産業構造の高度化に向けて，製品の技術力の向上と高付加価値化にいっそう取り組んでいったが，その過程ですでに技術を取得した分野の外国投資に対しては厳しい対応が行われることになったのである．

その結果，低賃金を求めて中国に進出した韓国や台湾など多くの中小企業が中国市場から夜逃げ同然に撤退することになった．韓国の場合，中国へ進出した企業（登記済み企業）は一時期 2 万社近くにも上ったが，大韓貿易投資振興公社（KOTRA）によれば，2008年 1 月以降，「労働契約法」の施行など投資環境の変化によって，韓国企業による中国での人件費が25-40％上昇するなど，中小企業の経営環境が急速に悪化したという．そのため，中国では，進出企業の夜逃げ同然の「無断撤退」が相次ぎ，賃金未払いなどのトラブルが多発した．

このような韓国企業の中国からの撤退とそれにともなうトラブルは，輸出増値税還付率の引き下げや最低賃金の相次ぐ引き上げなどが行われた2007年からすでに多発しており，このような現象は，韓国ではすでに2007年からマスコミなどによって「チャイナ・ラッシュからチャイナ・エクソダスへ」というセンセーショナルな言葉で語られ，社会問題化していた[7]．

今日でも中国は依然として「世界の工場」であることに変わりはないが，もはや低賃金労働力の利用を目当てに進出するような労働集約的産業の投資先ではなくなった．図 6-4 に示しておいたように，今日では，中国で生産されているのは，かつてのような衣類・縫製品が中心ではなく，圧倒的にエレクトロニクス製品やIT製品である．中国で生産されたこれらの製品は，世界中へ向

---

6) 2008年 3 月に筆者が行った中国進出日系企業の調査によれば，当時すでにほとんどの企業が完全週休二日制（年間労働日250日以内）を導入し，残業に対しては賃金の割り増しが行われていた（平日は 5 割増，休日は 2 倍，法定祝日は 3 倍）．2007年からは，企業の社会保険への加入が義務付けられ，保険料の負担は労使折半ではなく企業側に 7 割弱の負担を求めている．これからも，労働者の権利意識の高まりとともに，賃金面だけでなく労働条件・福利厚生面での一層の改善を迫られることになろう．

7) 韓国輸出入銀行によれば，2000年以降青島地区に進出した韓国企業は8344社にのぼるが，そのうち206社が正式な手続きを踏まないまますでに撤退し，とくに2007年には44.2％にあたる87社の非合法撤退が集中したという（「青島(チンタオ)地区投資企業の非合法撤退の現状報告」2008年 2 月）．韓国企業の非合法撤退の主な原因は，中国の企業精算手続きが複雑なこと，土地使用料および免税額を追納しなければならないこと，撤退に際して地方政府の協力がないことなどが挙げられる．

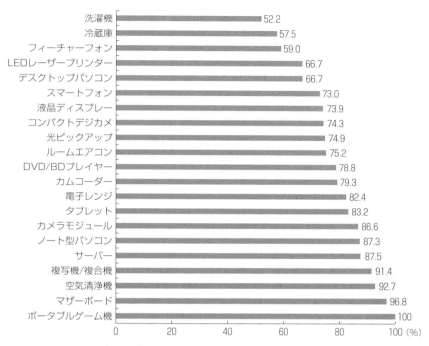

図6-4　世界に占める中国のエレクトロニクス生産割合（2014年）
資料：富士キメラ総研『2015ワールドワイド・エレクトロニクス市場調査』2015年3月より作成．

けて輸出されており，物流面でも中国のプレゼンスは抜きんでるようになった．例えば，中国最大の港である上海港は，世界最大のコンテナ取扱量を誇っており，世界の港湾の2014年のコンテナ取扱量上位10港には，上海港を含めて中国の港湾は7港もランク・インしている（上海，深圳，香港，寧波，青島，広州，天津）．

また，図6-5にみられるように，自動車の年間生産台数（バス，トラックを含む）も，2015年には2450万台と他に抜きんでており（米国1210万台，日本928万台，ドイツ603万台，韓国456万台），今日では世界最大の自動車生産大国に躍進している．粗鋼生産量（2015年）も全世界の生産量の49％強を占めるなど，圧倒的なシェアをみせている．すでに北京，上海，深圳，広州といった都市部では，1人当たり所得は先進国並みに上昇し，沿海地域では深刻な労働力不足さえ起きている．

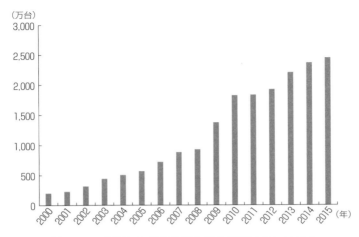

図6-5 中国の自動車生産台数の推移（2000-2015年）

資料：図6-2に同じ．

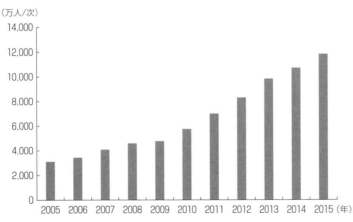

図6-6 中国の海外旅行者数の推移（2005-2015年）

資料：図6-2に同じ．

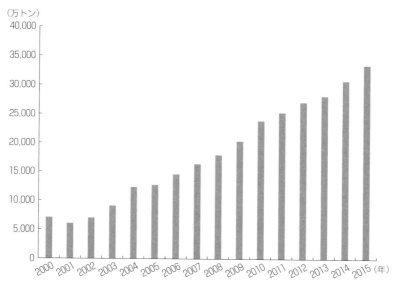

図6-7　中国の原油輸入量の推移（2000-2015年）

資料：図6-2に同じ．

　図6-6は，中国人の海外渡航者数の推移を示したものであるが，日本でもよく知られているように，都市部や沿海地域の富裕層を中心に近年では中国人観光客が東アジア全域で激増している．

　他方，このような目覚ましい経済成長は，当然のことであるが，環境問題とエネルギー・食料問題を深刻化させている．中国の環境問題については，PM2.5による大気汚染でよく知られているように，すでに危機的な状況にある．さらに，エネルギー消費量も膨大で，近年では石油輸入量が急増している（図6-7）．

　しかし，ここでは，中国の環境問題やエネルギー問題にはこれ以上立ち入らないでおこう．経済成長を遂げつつある人口大国が，環境問題やエネルギー・食料問題を抱えているというのは自明のことである．むしろ，今後中国政府が，これらの問題にどのように取り組んでいくのかという点にこそ関心が向けられなければならない．

　中国の市場経済化の新しい局面では，ほかにもいくつかの特徴がみられる．

中国企業による海外直接投資（FDI）も拡大の一途をたどっており，ハイアール（海爾：Haier）による日本のサンヨー電機の冷蔵庫・洗濯機事業部門の買収にみられるように，海外での積極的なM&Aも展開している．中国に進出する外国企業は，中国企業との厳しい競争にもさらされるようになり，13億人を超える人口を抱える世界最大の販売市場という位置づけの下で，新たな経営戦略の構築が求められている．
　しかしその場合，中国市場は必ずしも「市場メカニズム」に基づいてすべてが機能しているわけではない．中国経済は，第4節で改めて検討するように，「中国モデル」と呼ばれる特殊な市場経済モデルの下にある．中国でのビジネスは，常にこの「中国モデル」と呼ばれる異質性と直面しなければならないのである．

3 「シルクロード経済圏」構想
　2008年の米国発世界同時不況に際して，4兆元というとてつもない規模の景気対策をおこなって景気後退を短期間で切り抜けた中国政府は，中国のすばやい対応こそが世界経済の激しい落ち込みを緩和させたとの自負を誇示し，以後，世界経済におけるプレゼンスの増大に積極的に取り組むようになった．
　おりしも，2010年末には，マスコミによって，中国の名目GDPが日本を抜いて世界第2位に躍進するとの見通しが相次いで報道され，「経済大国」中国の自信はいっそう深まっていった．
　中国政府は，また，ASEANとの経済協力にも積極的に取り組み，すでにASEAN・中国自由貿易協定（ACFTA）を発足させ，とくにASEAN後発国（CLMV）への経済援助も積極的に進めていった．近年では，とくにカンボジア，ラオスへの中国企業の進出が著しく［坂田 2016］，自国と東南アジアを結ぶ「経済回廊」（第5章，第2節，参照）の建設にも意欲的に取り組んできた．
　2013年10月にインドネシアのバリ島で開催された「アジア太平洋経済協力会議」（APEC）において，中国の習近平（シー・チンピン）国家主席が提唱した「アジアインフラ投資銀行」（AIIB）設立構想は，中国の世界経済におけるプレゼンスの増大を目指した対外政策の一環として打ち出されたものである．
　習近平国家主席は，また，APEC閣僚会議に先立って，インドネシアを訪問し，ASEANとの経済連携の強化を謳うと同時に，中国が目指す「一帯一路」構想（陸と海のシルクロード構想）についても言及したといわれる．AIIBは，中国が目指すこの「一帯一路」構想実現のためのインフラ整備などの投資資金を

提供する機関として構想されたものであった．

「一帯一路」構想は，その後2015年3月5日に開幕した「第12期全国人民代表大会（全人代）第3回会議」において，李克強（リー・クーチアン）総理が行った政府活動報告においても取り上げられ，さらにこれを受けて，同年3月28日には国家発展改革委員会，外交部，商務部が共同で「シルクロード経済ベルトと21世紀海上シルクロードを推進し共に構築する構想と行動」を発表し，具体的な構想として取り組まれることになった．中国の説明によれば，「一帯」とは，中国西部の陝西省・西安から中央アジアのカザフスタンを通り，中東のイラン，さらにはトルコを経由してロシア，ヨーロッパにつながる「シルクロード経済ベルト」を指し，「一路」とは，中国沿岸部から東南アジアを経由して，インド，アフリカ東岸部，アラビア半島の沿岸部を通って地中海へ抜ける「21世紀海上シルクロード」を指すといわれる（図6-8）．

要するに，「シルクロード経済圏」とは，かつて中国とヨーロッパを結んだ「絹の道」（シルクロード）になぞらえて，中国を中心として世界へ広がる21世紀版の広域経済圏を創設しようという壮大な国家戦略構想である．この構想の背景には，アジア全域での市場の拡大，中央アジアの鉱物資源を中心とした天然資源の確保（カザフスタンの鉱物資源，ウズベキスタンの天然ガスなど），中国企業の海外進出への後押し（おもに海外インフラ建設投資の拡大）など，これからの中国経済の成長を維持していくために必要と思われる要素を確保したいとの思惑があることは疑いない．そして，この壮大な構想実現の中心におかれたのが，AIIBの設立であった．

こうして，中国が主導するAIIB構想は，早くも2014年10月の北京でのAPEC会合を前にして，21カ国の参加による「設立覚書」が調印された．その後も参加を表明する国が相次ぎ，創立国メンバーの申請が締め切られる直前の2015年3月には，英国が参加を表明し，それを皮切りにフランス，ドイツ，イタリアなど欧州の主だった20カ国が参加を表明した．その結果，2015年4月に発表された創設国メンバーは，57カ国にも及んだ．[8]

---

8) 日本は，米国とともに，創設国メンバーには入っていない．アジアにはすでに，この地域の開発を支援するための機関として日本や米国が中心となって設立した「アジア開発銀行」（ADB）があり，AIIBは明らかに既存のADBと重複するものであり，運営の透明性も確保されていないというのが不参加の理由である．

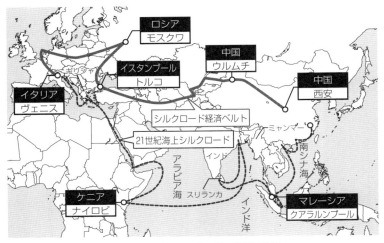

図6-8　中国の「一帯一路」構想
資料：中国中央電視台（CCTV）参照.

　中国財務省発表のAIIBの定款では，本部は北京に置かれ，資本金1000億ドルで，そのうち中国の出資額は全体の29.8%を占めることになる．議決権は出資額に応じて決められ，重要案件の議決は全体の75%以上の賛成が必要であるとされている．発表では，中国の議決権は26.06%となり，単独で拒否権をもつことになる．[9]

　中国政府は，拒否権を行使することはないと表明しているが，今後の運営は未知数である．AIIBの目指す方向は，既存の世界銀行やアジア開発銀行（ADB）のように融資決定に至るプロセスに時間をかけるのではなく，業務を簡素化してスピードアップを図ることにあるという．しかし，業務が簡素化されるということは，融資審査が簡素化されるということでもあり，たとえば融資対象事業の環境への影響調査なども簡素化されるのではないかという懸念もある．

　AIIBは，2016年1月に正式に発足したが，実際の運営については今後の実績をみなければならず，現時点で断定的な評価を下すことはできない．だが，

9）　出資比率は，第2位がインド（8.4%）で，続いてロシア（6.5%），ドイツ（4.5%），韓国（3.7%）の順になるという．定款では，資本金は「アジア域内」とされる国だけで75%を維持するという．

AIIB設立提案からわずか2年足らずで実現させた中国の意欲には，並々ならぬものがある．中国は，自国通貨「元」の国際化にも意欲的に取り組んでおり[10]，戦後米国を中心として作り上げられてきた既存の国際経済秩序の再編成を迫っていることは疑いなかろう．「シルクロード経済圏」構想は，このような中国の壮大な国家戦略の延長線上にある．

第4節 「中国モデル」とは何か

1 イアン・ブレマーの警鐘と「国進民退」論

米国のユーラシア・グループ代表のイアン・ブレマー（Ian Bremmer）による，*The End of the Free Market: Who Wins the War Between States and Corporation?*（Bremmer [2010]：邦訳『自由市場の終焉——国家資本主義とどう闘うか——』2011年）というセンセーショナルなタイトルの書籍が出版されて以降，「国家資本主義」という異質な経済制度の内容をめぐる議論がマスコミを巻き込んで沸騰することになった（Column 36）．

さらに，世界的に著名な英国の雑誌『エコノミスト』[The Economist 2012]までも，ブレマーの「自由市場の終焉」というセンセーショナルな議論に触発されて，「国家資本主義の勃興」（The Rise of State Capitalism）というタイトルの「特集」（Special Report）を組んで，中国をはじめとする「新しい型の国家資本主義」が「新興世界の新しいモデル」になりつつあると指摘し，「神のみえざる手」が，国家資本主義というしばしば権威的な"Visible hand"にとってかわられようとしている，との警鐘を鳴らした．

Bremmer [2010] は，今日の世界を，「自由市場資本主義」（free-market capitalism）陣営と「国家資本主義」（state capitalism）陣営とのせめぎあいの時代として描き，市場経済に国家が著しく介入している状態を「国家資本主義」と呼んだ．市場経済への介入は，おもに巨大「国有企業」を通じておこなわれ，そこから得られた富は「経済を最大限に成長させることよりも，国力ひいては体制の権力を保ち，指導層が生き残る可能性を最大化することを目指して」，

---

10) IMFは2015年11月の理事会で，IMFの特別引き出し権（SDR）の価値の算定基準となる通貨バスケット（現在は，米ドル，ユーロ，円，ポンドにより構成）に2016年10月から「元」を加えることを決定した．「元」の国際化への大きな一歩である．

> **Column 36　「国家資本主義」について**
>
> 　今日，「国家資本主義」という用語は，2つの意味でつかわれている．1つは，〈国家資本・主義〉と言い換えることができるような，政府が「国有企業」（国有セクター）を使って，市場メカニズムをコントロールしている体制を指す場合であり，もう1つは，〈国家・資本主義〉と言い換えることができるような，「独裁国家」が市場に介入することによって資本主義的工業化を目指そうとする体制を指す場合である．前者では，巨大な国有企業が事実上市場を支配していることが特徴であるとみなされ，後者では「国有企業」の存在よりも「国家」の市場介入による民間企業（民間セクター）のコントロールが特徴であるとみなされる．
>
> 　前者の議論では，主として，今日の中国やロシアの巨大国有企業が自由市場を圧迫していることを問題にしており，後者の議論では，かつての韓国や今日の中国にみられるような「開発主義体制」下での「キャッチ・アップ型」工業化の追求がもたらす弊害（資本主義の異質性）を問題にしている．
>
> 　「国家資本主義」という言葉は，歴史的には古くから使われてきたが，それらの意味するところはこの2つの意味が区別されることなく使われてきたため，混乱が生じている．坂田［2015］は，これらの混乱がなぜ生じるようになったかについて，歴史的にさかのぼって検証している．

上層部がふさわしいと考える用途に振り向けられると指摘している［Bremmer 2010：邦訳12］．

　その上でブレマーは，「国家資本主義あるいは自由市場主導，どちらにしても純粋な形態はありえず，どこの国でも政府介入の程度は時の経過の中で変化する」［Bremmer 2010：43：邦訳59］と述べた上で，中国，ロシア，インド，ベトナム，インドネシア，マレーシア，メキシコ，ブラジル，エジプトなどの国の経済を「国家資本主義」と分類したのである．

　ブレマーや『エコノミスト』誌の指摘を受けて，日本でも「国家資本主義」をめぐる議論が盛んになった．その場合の「国家資本主義」とは，主に中国を念頭においていたものであった．その代表的な例として，『日本経済新聞』「時事解析――TPPと国家資本主義――」（2012年5月14-18日）をあげることができる．そこでは，「国家が市場に能動的に介入して経済発展を目指す『国家資本

主義』が，新興国の定番の経済モデルとして世界に広がりつつある」と指摘し，「民主主義を制限する開発独裁を採った東南アジアや，中南米の諸国にも例は多い．巨大な国営企業を通じた市場の支配や，企業の事業と政府の保護政策を一体化した効率的な経済運営が特徴だ」と述べて，今日の代表格として中国を取り上げている．

「国家が市場に能動的に介入して経済発展を目指す」とか「民主主義を制限する開発独裁」という指摘からは，かつてのNIESの発展プロセスを思い起こされる読者も多いと思う．しかし，かつてのNIESには，「巨大な国営企業を通じた市場の支配」という特徴はみられなかった．この両者の特徴を併せもっているのは，今日ではたしかに中国が筆頭に上げられるだろう．では，「巨大な国営企業を通じた市場の支配」とは，具体的にどのような内容を指しているのであろうか．

よく知られているように，中国の現在の経済的特徴をめぐって，「国退民進（こくたいみんしん）」か「国進民退（こくしんみんたい）」か，という議論が盛んに行われている．いうまでもなくこれは，中国共産党が進める「市場経済化」の進展にともなって，国有企業（国有セクター）がどのように変化しているのかを取り上げた議論である．「国退民進」とは，国有企業のウエートが徐々に低下し民間企業（民間セクター）のウエートが増大していく傾向を指したものであり，「国進民退」とは，反対に国有企業のウエートが増大し，民間企業のウエートが低下する現象を指している．

国有企業のウエートとは，企業数，就業者数，生産額，資産総額などの指標によってはかられるが，実際には国有企業のウエートはどうなっているのであろうか．中国では，鄧小平の「南巡講話」以降の本格的な市場経済化によって，すべての指標において「国退民進」現象が進行したことは疑いなかった．当時は，あまりにも無差別的な外資導入政策を揶揄（やゆ）して，「国退洋進」（外国企業の大量流入）現象が進行しているとさえ言われた．だが，2008年の米国発世界同時不況に際して政府が行った4兆元にものぼる景気対策において，公共事業の受注や融資の優遇措置などによって主に国有企業が恩恵を受けたことによって，このとき以降，「国進民退」現象がみられるようになったという議論が行われるようになった．

では，実際に中国では，「国退民進」から「国進民退」現象への転換が行われたのであろうか．これまで多くの研究者による検証では，特定の産業分野では国有企業のウエートが高くなっている実態は確認できるが［加藤 2013］，国民

経済全体としてみた場合には，いずれの指標でみても国有企業のウエートの増大は確認できないというものである［丸川 2013］．

ただし，加藤［2013］は，政府の政策レベルでみた場合には，「国進民退」現象がたしかに確認できるという．政策レベルでみた場合の「国進民退」現象とは，国有企業に対するさまざまな直接，間接の支援措置（技術新興政策，産業育成政策，地域開発政策など）を通じた「下支え」現象を指している［加藤 2013：104］．

たしかに，中国政府が多数株支配を行っている国有企業の存在感は大きい．四大国有商業銀行（中国工商銀行，中国建設銀行，中国農業銀行，中国銀行）や中国石油天然気集団など巨大な国有企業の市場シェアは圧倒的である．しかし，「巨大な国営企業を通じた市場の支配」は基幹産業ではあるが特定の分野に限られており，マクロ経済レベルでみた場合には国有企業のウエートの低下という現象は否定できないであろう．中国経済の異質性を「国有企業のウエート」の多寡だけでみることには限界があるといわなければならない．したがって，中国の異質な経済制度（中国モデル）を，「権威主義体制下」でのキャッチ・アップ型工業化の追求という意味での「国家資本主義」という議論と関連させて検討してみることは無駄ではなかろう．

2 「北京コンセンサス」と「中国モデル」

「北京コンセンサス」とは，いうまでもなく「ワシントン・コンセンサス」（第2章，注10，参照）と対極を成す用語である．一般的には，「ワシントン・コンセンサス」が，発展途上国に対して「グローバル・スタンダード」の採用を迫るものであるのに対して，「北京コンセンサス」とは，「反グローバリズム」の立場から，「権威主義的国家」による市場への介入や規制を正当化しようとする中国のような立場を代表するものであると考えられている．

実際，Stiglitz［2002］のグローバリズム批判が注目されるようになって以降（Column 37），「グローバリズム」，「反グローバリズム」双方の立場から，中国の市場経済化モデルの分析に関心が寄せられ，「中国モデル」とは何かという議論が世界的に展開されるようになった．「北京コンセンサス」という言葉も，そのような議論の中から生まれてきたものである．

だが，「中国モデル」の具体像については統一した見解があるわけではなく，多様な見解が示されている．同様に，「北京コンセンサス」についても，統一した見解があるわけではない．日本でも，Halper［2010］が翻訳・出版されて

> **Column 37　スティグリッツ『世界を不幸にしたグローバリズムの正体』**
>
> 　かつて，米国クリントン政権の「大統領経済諮問委員会」の委員長を歴任し，東アジア経済危機が勃発した1997年当時世界銀行の上級副総裁兼チーフ・エコノミストであったジョセフ・E．スティグリッツ（Joseph E. Stiglitz）は，グローバル・スタンダードに基づいてIMFが危機に陥った東アジア諸国に突きつけた「構造改革」の要求は，結局大国の利益のためでしかなかったとして，次のようにIMFのコンディショナリティを批判している．「不幸にも，この騒乱の時期にIMFが押しつけた政策は，状況を一層悪化させた．もともと，IMFはこの種の危機を避けるため，あるいはそれに対処するために設立されたのだが，そのIMFがじつに多くの面で失敗したという事実は，IMFの役割を根底から考え直す契機となった．米国でも諸外国でも，多くの人びとがIMFの多くの政策と，この機関そのものを徹底的に見直しはじめた」［邦訳：135-36］．
> 　このようなスティグリッツのIMFのコンディショナリティ批判は，IMF・世界銀行・米国政府の三者が共有する「ワシントン・コンセンサス」への批判として受け止められ，「反グローバリズム」の立場から援用されていった．
> 　スティグリッツは，「情報の非対称性の理論」に対する貢献により他の米国の経済学者2人とともに2001年ノーベル経済学賞を受賞し，その後コロンビア大学教授に転身した．

以降［邦訳 2011］，「北京コンセンサス」をめぐって多くの議論がみられるようになったが，その理解にはかなりの幅がある．

　しかし，今日の段階からみて，「北京コンセンサス」とは，「巨大な国有企業」の温存と「市場メカニズム」の利用との両立を目指そうとする中国共産党の特殊な立場を代表するものであり，「中国モデル」とは中国型「国家資本主義」の別の表現であるといえるだろう．

　だが，中国政府が，「ワシントン・コンセンサス」に対抗して，「北京コンセンサス」を積極的に主張しているとみるには無理がある．「北京コンセンサス」とは，グローバリズムに対する抵抗ではあっても，グローバリズムに対するオルターナティブとはみなしえないからである．「グローバリズム」と現象としての「グローバル化」はさし当たって区別されるとしても，中国自身も，これ

まで「グローバル化」の恩恵に浴してきたわけであり，後述するように「グローバル・スタンダード」と「ナショナル・スタンダード」という「二重基準」を都合よく使い分けてきたわけである．「北京コンセンサス」とは，この「二重基準」を合理化しようとするものに他ならない．

3 「東アジアモデル」と「中国モデル」

中国の基本的な開発戦略は，長い間「不均衡開発理論」に基づいたものであり，先進国へのキャッチ・アップを目指した「輸出指向工業化」であった．いうまでもなく，国家体制は，共産党の一党独裁体制であり，民主主義的諸権利は，国家利益という大義名分の下で著しく制限されている．このような体制は，紛れもなく「権威主義体制」である．

基幹産業は国営企業（あるいは政府が支配株を握る株式会社）によって運営され，銀行は政府のコントロール下に置かれている．国内企業は，さまざまな保護措置によって，外国企業との競争から守られている．すべてこれらの指標は，「東アジアモデル」と呼ばれた「権威主義体制」下での「国家主導型」発展として検証された内容とまったく一致している．今日の中国は，紛れもなく「東アジアモデル」を継承しており，中国共産党のいう「社会主義市場経済」とは，「国家資本主義」の別名であると考えられる．

すでに述べたように，「東アジアモデル」は，「ダブル・スタンダード」と不可分の関係にあった．中国のこの間の飛躍的な成長も，この「ダブル・スタンダード」抜きには考えられなかった．周知のように，中国は，1986年以来の度重なる交渉を経て，2002年1月に，念願のWTOへの加盟を果たした．このことは，中国経済が，「グローバル・スタンダード」の支配する世界市場に積極的に身を投じたことを意味する．中国政府は，WTO加盟によって本格的に輸出指向工業化を推進する体制を整え，他方ではWTOからの対外的圧力を利用して赤字国営企業の改革など国内改革を加速させていったのである．

中国政府は，WTO加盟に際して，国内に張り巡らされた保護措置や規制など非市場経済措置の段階的な撤廃を約束させられた．その結果，中国の貿易額は飛躍的に拡大し，いまや世界最大の輸出国に成長した．中国経済が，この間いかに目覚しい発展をみせてきたかという点については，それを示す数字には事欠かない．中国は，過去30年間歴史上類をみない成長率で発展を遂げ，2010年にはついに経済規模（GDP）で，米国についで世界第2位にまでのし上がって

きたのである．

にもかかわらず，中国の非市場経済措置（ナショナル・スタンダード）は依然としてさまざまな分野で残されている．たしかに，中国は，ASEANとの自由貿易協定の締結を積極的に進めるなど，自由化に向けた動きを加速させてきたようにみえるが，中国がASEANなどと結んだ自由貿易協定は，自由化の水準においては低いレベルの協定にとどまっている．

主要産業への外国資本の直接投資や金融・物流面では，依然として強い規制が行われており，知的所有権保護の問題などで欧米諸国と対立を続けている．中国の法制度は，かつての「社会主義」独特の特徴を備えており，例えば2008年8月から施行された中国の「独占禁止法」は，外国企業にとっては厳しいビジネス・リスクとなっている．中国の「独占禁止法」には，「域外適応」の規定があり，中国に進出している企業については，中国以外の国で行われた企業同士の買収案件も，中国「独占禁止法」の対象にされる[11]．しかも，執行機関が複雑で各級政府の圧力からの独立性も不透明である［福山 2010］．中国の場合，法律そのものがビジネス・リスクを内包しているのである．

このように，国家の経済過程への介入は依然として強く，「二重基準」が使い分けられている．しかし，中国の経済規模が米国を抜くのは時間の問題とさえいわれる今日において，はたして中国のこの「ダブル・スタンダード」は今後も許容されるのであろうか．このような経済大国が，「権威主義体制」下での「国家主導型発展」の道（国家資本主義）を今後もまい進することは，米国を中心とした先進諸国とこれまで以上の経済摩擦を惹き起こさざるを得ないであろう．

4 「中国モデル」の展望

中国では，2014年ごろから政府の指導者たちによって「新常態」（ニュー・ノーマル）という言葉が頻繁に使われるようになった．これは，「改革・開放」以来

---

11) 「独占禁止法」違反であると判断された場合には，中国に進出している限り，たとえ中国以外の国で行われている事業であろうと，事業分離・分割などの決定を受けることになる．しかも，審査機関は，「審査結果と密接に関連する『市場占有率』や『関連市場画定』などの認定根拠，つまり関連する認定資料やデーターをほとんど公表しておらず，審査の透明性が問題となっている」［福山 2010：201］といわれている．

30年間にわたって年率10%前後の高い成長率で発展してきた中国経済の「異常な状態」が終わりを告げ，今後は中程度の成長で推移していくことになろうという政府の対外的表明であった．

　実際，図5-3からも窺われるように，中国経済の成長率は2012年以降，7％台の水準に落ち込んでおり，もはやかつてのような高度成長は望めなくなった．こうした新しい事態の出現に直面して，政府は，中国経済の「新常態」への移行によって，今後は構造改革を進めイノベーション中心の経済発展を目指していく，との表明を行ったのである．こうして，「第13次5カ年計画」(2016-2020年) では，年平均6.5％程度の「中高速成長の維持」を目標として掲げるに至ったのである．

　「一帯一路」（シルクロード経済圏）と「新常態」とは，今後の中国経済を展望する上での2大キーワードであろう．「一帯一路」構想は，中国の対外進出の加速を意味し，「新常態」は中国経済の「質的転換」の実現を意味する．だが，はたして中国は，「権威主義体制」を維持したまま「先進国型経済」への移行を果たしえるのであろうか．

　この点について，最大の懸念は，国内に広がった「格差社会」という現実である．新聞報道によると，近年中国のジニ係数は社会不安につながる危険ラインを超えるほど極度に悪化しているという（Column 38）．「改革・開放」以来中国がとり続けた「不均衡開発戦略」の結果，社会のさまざまな局面で「格差」が広がっていることは疑いない．歴史的には，経済格差は開発の開始に伴って一時的に拡大していくが，経済成長が実現されるにともなって「トリクル・ダウン効果」（成長の果実が社会的下層に向かって少しずつ広がっていく現象）が働くことになり，やがて格差の是正に向かうという「クズネッツの逆U字仮説」（クズネッツ曲線）が実証されていると考えられているが，はたして今日の中国でも，そのような格差の是正に向かって進んでいるのであろうか．

　実は，「権威主義体制」と「社会的格差」は，表裏の関係にある．まちがいなく，中国共産党も，将来，「権威主義体制」からの移行を模索せざるを得ない時が必ずやって来るはずであり，「権威主義体制」に支えられた「中国モデル」も必ず変容を迫られるはずである．この移行プロセスが，平和的に進行することが望ましいことは言うまでもない．日本は，中国を舞台とした東アジアの生産ネットワークに深く組み込まれており，中国の動向はけして他人事ではない．その意味でも，中国経済の動向には最大限の関心が向けられる必要があろう．

> ### Column 38　中国のジニ係数
>
> 　ジニ係数とは，社会の富の分配状況を示す指標であり，0から1の範囲で示される．社会の富がすべての構成員によって平等に分配されている場合には，ジニ係数は限りなく0に近づく．逆に，社会の富がごく一部の人々によって占められている場合には，ジニ係数は限りなく1に近づく．
>
> 　通常，開発が進むにつれてジニ係数は大きくなり所得格差が広がるが，社会の発展に伴って「トリクル・ダウン効果」が働くようになり，ある段階に至れば格差の拡大は止まり，以後ジニ係数は0に向かって小さくなっていくと想定されている（クズネッツの逆U字仮説）．
>
> 　一般に，「先進国」と分類されるような経済水準になると，ジニ係数は0.3前後で推移することになる．中国では，改革・開放初期には，ジニ係数は0.2程度（高い平等度）だったといわれているが，その後上昇を続け，2008年には0.491となったと報告されている（中国国家統計局）．2012年に発表された中国の西南財経大学（四川省）が行った調査によると，2010年のジニ係数は0.61となっており，社会不安につながる危険ラインとされる0.6を超えたという（『日本経済新聞』2012年12月11日）．ただし，中国国家統計局は，2008年をピークにその後ジニ計数は低下に転じ，2010年は0.481，2014年には0.469であったと発表している．中国では，自由な社会調査が制限されているので，正確な格差（不平等度）は分からない．
>
> 　ちなみに，『21世紀の資本』で世界的注目を集めたトマ・ピケティは，ジニ係数は総合所得格差を測る指標に過ぎず，経済格差は労働所得の格差よりもむしろ資本・資産格差によって広がっていると主張し，クズネッツ仮説（クズネッツ曲線）は，実証的な根拠は極めて弱く，低開発国を「自由世界」へ引き留めておくための「冷戦の産物」であったと断罪している［ピケティ 2014：16-17］．

おわりに

　第6章では，中国の市場経済化のプロセスを中心に考察してきた．中国が，30年近く続けてきた「計画経済」を断念して，市場経済化へと乗り出さざるを得なかった背景については，国内的要因と対外的要因の2つの側面から考察しておいた．中国の市場経済化が本格化するのは，1992年初頭の鄧小平による「南

巡講話」以降のことであるが，鄧小平の提起した「先富論」は，NIESがかつて追求した「不均衡開発戦略」の中国版であった．中国は，この「先富論」に基づいて，南部沿海地域を中心として，無差別的な外資導入政策を追求していったのである．

しかし，経済の成長に伴って，中国はもはや豊富な低賃金労働が存在する国ではなくなり，低賃金利用型の中国投資は限界に達した．中国の市場経済化は，明らかに新しい段階へと進んでいったのである．おそらく，これからの中国は，内需主導型の成長路線へと転換していかざるを得ないであろう．にもかかわらず，他方では，「一帯一路」（シルクロード経済圏）を推進するなど，対外的膨張を目指そうとする姿勢もみせている．

中国では現在，「第13次5カ年計画」(2016-2020年) が進行中である．「第13次5カ年計画」では，「小康社会」（まずまずのゆとりのある社会）実現のために，創新（イノベーションに基づく発展），協調（釣り合いのとれた発展），グリーン（環境に配慮した発展），開放（経済開放の推進），共享（共に享受する発展）という5つの柱を据えている．

「新常態」(ニュー・ノーマル) といわれる新しい発展段階に移行した中国経済は，はたして今後も目標とする「中程度の成長」（年平均成長率6.5-7.0％）を維持していけるのであろうか．食糧・エネルギー問題，環境問題，急速に進行する高齢化社会への移行など，課題が山積する中国経済の動向からはしばらく目が離せない．

第7章　台頭するインド経済をみる眼

はじめに

　インドの人口は，約13億人（2016年推計）である．近い将来中国の人口を追い越し，世界最大の人口大国になることは疑いない[1]．

　インドは永らく，中国と同様に，世界市場に背を向けて，「内向きの工業化」を追求してきた．しかし，インドと中国では，多くの面で対照的である．何よりも，インドは「権威主義体制」によらない国民統合と経済発展を目指している点において，決定的な違いがある．このことはまた，東アジアの多くの国が「権威主義体制」下での「キャッチ・アップ型工業化」（圧縮された発展）を目指してきたこととも対照的である．

　そのインドが，内向きの「閉ざされた工業化」から外向きの「開かれた工業化」へと転換したことによって，アジアの経済地図は大きく塗り替えられようとしている．もちろん，民主主義と市場経済に基づいたインドの経済発展は，日本にとっても多大なビジネス・チャンスを提供してくれるものであり，歓迎すべきことである．しかも，日本とインドの関係は，戦前・戦後を通じて一貫して良好な関係が続いてきた．アジアの巨象インドの経済動向は，今後日本経済とも深いかかわりをもつことになる．本章では，アジア経済を論じるに当たって避けることのできない人口大国インドの分析を試みてみたい．

1）　国連の推計では，2022年までには中国を追い抜くとされていた．しかし，中国政府は，「一人っ子政策」の結果として急速に訪れることになる高齢化社会への対策として，2014年から夫婦どちらかが一人っ子の場合，子供は2人まで認める緩和措置をとり，さらに2016年からは，すべての家庭で第2子まで認める措置に踏み切った．したがって，この新たな措置によって，中国の従来の人口予測はかなり修正される可能性がある．

第1節　輸入代替工業化の追求とハイコスト・エコノミー

1　「自立的国民経済」の形成

　インドは，長きにわたってイギリスの植民地として支配されてきたことは周知のとおりである．イギリスの植民地支配の始まりを何時に求めるかは，多少の議論はあろうが，イギリス東インド会社によるインド東部ベンガル地方獲得をめざした「プラッシーの戦い」(1757年) が行われた18世紀中ごろにはすでにイギリスによるインド支配は，全面支配への第1歩を大きく踏み出していたとみることに異論はなかろう (Column 39)．

　イギリスによる植民地支配がこの時期から本格的に始まったとすれば，インドが独立した1947年まで，およそ200年近くにわたってイギリスの支配を受けたことになる．ムガール帝国が最終的に滅亡した1858年から数えても，およそ90年にわたって直接支配を受けたことになる．

Column 39　イギリス「東インド会社」とムガール帝国

　イギリス東インド会社は，女王エリザベスⅠ世より貿易独占権を与えられた勅許会社で，貿易商社とはいえ独自の軍隊をもち，武力によってアジアにおける植民地獲得を目指していった．「プラッシーの戦い」とは，イギリス東インド会社軍（その大部分は東インド会社がインドで雇ったインド人傭兵）と当時インド亜大陸（パキスタン，バングラディッシュを含む）を支配していたムガール帝国のベンガル太守（今日のインド西ベンガル地方とバングラディッシュ含む地域を治めていた長官）軍との戦いである．太守軍にはフランス軍が支援していたため，この戦いはインドの植民地化を巡るイギリスとフランスとの戦いという性格も併せもっていた．

　東インド会社は，太守軍の主力を率いていた参謀長に謀叛(むほん)をけしかけるなど権謀術数(けんぼうじゅっすう)を用いてこの戦いにあっけなく勝利し，以後ベンガル地方を事実上支配することになった．この戦争での勝利を引き金として，以後，東インド会社は，数次にわたって，インド人傭兵とインド人とを戦わせるという都合のいい戦争によって，次々と支配領域を拡大していったのである．

イギリスによる支配は，一言でいって，インド経済を自国に都合のいいようにつくり上げていった．イギリスと中国の有名な「アヘン戦争」(1840-42年) は，イギリスが中国との貿易不均衡（輸入超過）を補うために，インドで栽培したアヘンを中国に売りつけたことに起因する．当時のインドは，イギリスの手によって，世界最大のアヘン栽培国に育てられていったのである．

　世界最大の綿織物（キャラコ）の生産国だったインドに，産業革命で確立された機械制綿工業により安価で大量に生産されたイギリス製綿布がインドにもち込まれたことによって，「インドの平原は木綿織物工の骨で白くなっている」（イギリスのインド総督の本国へあてた手紙）といわれるほどに，伝統的産業は破壊された．

　このような植民地としての過酷な経験をもつインドが，独立後に，「自立的国民経済」の形成を掲げて独自の途を歩み始めたことは容易に理解できる．インド経済の分析は，この「自立的国民経済」の形成を目指して出発したところから紐解いていかざるをえない．

　とはいえ，「自立的国民経済」という言葉に，厳密な定義があるわけではない．かつて，植民地支配を経験した多くの国が，戦後独立を果たし，自らの手で経済発展を目指そうとしたとき，「自立的国民経済」の建設というスローガンが例外なく使われた．そこでは，外国資本を排除して（外国資本に依存しない），自国の民族資本（あるいは国有企業）と労働者に依拠した，重工業から軽工業，農業にいたるすべての産業を備えた経済構造の樹立を想定していた．かつての宗主国が，旧植民地に対して，政治的独立を認めつつも経済的に支配しようとする野望を持ち続けている限り，先進工業国からの経済的自立が不可欠であると考えられたのである．

　このような「自立的国民経済」の建設を目指す政策が，ロシアや中国の「社会主義」の影響を強く受けていたことは疑いない．インドの独立運動を担い，独立後は新生インドの政権を担うことになった国民会議派も，「社会主義イデオロギー」から自由ではいられず，マルクス主義的開発論（重工業優先発展論）を踏襲したのである．

2　重工業中心の「輸入代替工業化」の追求

　民間（民族）資本に依拠する場合であれ国家資本に依拠する場合であれ，先進工業国からの経済的自立を目指して自国の資本だけで工業化を行おうとする

場合には，その方向は例外なく「輸入代替工業化」(内向きの工業化) に向けられることになる．「輸入代替工業化」とは，植民地支配の下で「モノカルチャー」，「モノイクスポート」と呼ばれる一次産品生産と一次産品輸出に特化された「畸形的経済構造」を是正すると同時に，低開発国 (発展途上国) の一次産品輸出と先進国からの工業製品輸入という先進国と低開発国との間で形成されていた「垂直的国際分業」を是正しようとするものであった．その背景には，低開発国の一次産品と先進国の工業製品との貿易における交易条件は，一次産品にとって傾向的に不利化するという認識があったことはすでに指摘したとおりである (Column 4, 14頁, 参照)．

近代化とはすなわち工業化であり，工業化こそ一国の自立的な経済を保証する唯一の途であるという強い信念が，自国資本による国内市場に依拠した「輸入代替工業化」政策を支え，やがて「重工業優先発展論」へと受け継がれていくことになった．

インドの場合，当時，工業化の担い手として依拠すべき民族資本は貧弱であった．後にインドでは，タタやビルラーといった民族資本の巨大財閥化が進行していくが，独立直後のインドでは，「輸入代替工業化」の担い手として国内民族資本 (民間セクター) に期待することはできず，国家資本 (国有セクター) の役割はとくに大きかった．

国民会議派政府は，国内投資資金をまかなうためには農業部門の近代化は避けられないと考え，イギリスが持ち込んだ〈地主−小作〉制度という前近代的な土地制度の改革 (土地改革) を急ぐことになった．しかし，長年にわたるインドの地主制度の基盤は強固で，立法化による土地改革は容易ではなかった [坂田 1978]．

前近代的な農村社会を広くかかえ，市場経済が未発達な上に国内貯蓄が圧倒的に不足している低開発諸国では，国内では十分な投資資金を賄うことができない圧倒的な貯蓄不足社会という状態にある．このような状態の下で「輸入代替工業化」を行う場合には，まず技術水準が低く，資本節約的 (労働集約的) な軽工業 (非耐久消費財) 部門から漸進的に進められなければならないということは，今日の開発理論からすれば自明のことである．にもかかわらず，インド政府は，いきなり重工業部門の発展を急ごうとした．

当時，インド政府の政策に強い影響を与えたのは，独立後のインドの国民会議派政府の下で，実際に開発政策の立案に携わったP. マハラノビス (Prasanta

C. Mahalanobis：1893-1972年）である．インド統計研究所所長の地位にあったマハラノビスは，時の首相 J. ネルーの厚い信任を受け，内外の著名な経済学者の助言と協力を得て，開発計画のモデルとなる原理論の確定に携わった．マハラノビスは，インドの工業化において，ドップ理論と同様，重工業部門への重点的投資配分の必要性を説いたのである［Mahalanobis 1955］．こうして，マハラ

Column 40　ドップ＝マハラノビス・モデル

　マハラノビスの主張は，ドップの「重工業優先発展論」［ドップ 1956］とともに，マルクス経済学における開発理論として，「ドップ＝マハラノビス・モデル」と呼ばれるようになった．だが，「重工業優先発展論」とは，旧ソ連がおこなった重工業部門への優先的投資配分による急速な工業化の実現という「社会主義モデル」の優位性を示す理論にすぎないものであった．ドップの主張は要約すると次のようなものである．一般的に，圧倒的な供給不足社会である低開発国では，国民的立場に立てば，日用消費財を供給する軽工業部門（消費財産業）へ投資を行うほうが重工業部門への投資よりも優先されるべきであり，短期的効果をえやすいが，そのことによって，生産財生産部門（重工業部門）への投資が遅らされる事になれば，資本設備の蓄積が阻害され将来の発展はそれだけ制約されることになる．他方，生産財生産部門への重点投資は，短期的には日常生活品の不足を惹き起こし，国民の生活を圧迫することになるが，将来的には資本設備ストックを増大させることによって国民的生産力を引き上げ，生産性の上昇を通じた持続的発展を保障することになる．したがって，政府の開発計画における投資形態の選択としては，短期的には目にみえる成果が期待できるが，将来的には発展が制約されてしまうような投資形態を選ぶのか，それとも短期的にはより少ない成果で満足しなければならないが，将来的には飛躍的な成長率を実現することができるような投資形態（手に入れるのは遅いが結局は大きな成果を生み出す投資形態）を選ぶのかという，二者択一的な投資形態の選択問題に帰結することになる．ドップの結論は，いうまでもなく後者の投資形態を選択することにある．だが，「重工業優先発展」戦略は，バラン（Paul A. Baran）によって「成長のための病気」［Baran 1959：282，邦訳 374］として片付けられた農業・消費財産業の遅れと食料・日用消費財不足が，結局は「死にいたる病」となって破綻していった．

ノビスは，インドの輸入代替工業化の方向を，重工業中心の輸入代替の方向に導いていった（Column 40）．

3　「混合経済」としての歩み

インドでは，一般に国家が市場経済を直接コントロールする「混合経済」と呼ばれる経済制度の下で，「5カ年計画」を立案し，各5カ年計画の下で重工業部門への優先的投資配分が図られてきた（Column 41）．日本では，当時のこのようなインドの開発政策を高く評価し，「国家資本主義」（第6章，Column 36，参照）を通じた「非資本主義的発展の途」（国有セクターの拡大を通じた漸進的社会主義への途）として分類する議論がおこなわれたこともある．マハラノビスもまた，ドッブと同様に，ソビエト連邦で行われた社会主義的計画経済の優位性を前提としていたのである．

だが，ソビエト連邦の社会主義工業化モデルが，多くの国民（ことに農民）の

Column 41　インドの「混合経済」

「混合経済」という用語には，はっきりとした定義があるわけではなく，極めてあいまいな概念である．一般論として言うならば，資本主義制度の下で，民間セクターを中心とした市場経済と，国家セクターを中心とした計画経済が併存して存在している状態を指している．

「混合経済」について杉谷［1978］は，開発途上国の場合，それは「公共部門を経済の主導的位置に置き，生産活動にも直接参加させ（重要産業の国営），民間企業は抑制はしないが開発目的に従って規制していくという基本的政策指向」を反映しており，「私企業のもつ活力を否定はしないが，これに経済発展の主導権を許すと，すでに著しく不平等となっている所得分配の歪みをいっそう悪化させる恐れがある」という政府の「バランスド・グロース」（均衡成長論）の立場を代表していると指摘している［杉谷 1978：98-99］．

インドでは，国有部門の比重は特に大きく，民間企業の活動にはライセンスを通じた厳しい規制が行われた．このような事情から，インドは，「非資本主義的発展の途」を歩んでおり，「混合経済」から社会主義へ向かっていくのではないかとみられた時期もあった．

犠牲の上に行われた強蓄積であったことは今日ではよく知られている。とくに，農業と軽工業の遅れは深刻で，日用消費財の不足はドッブがいうような短期的な問題などではなく，慢性的な問題となっていた．

しかし，1950年代のソビエト経済は，P. クルーグマン（Paul Robin Krugman）が指摘しているように［Krugman 1994］，資本主義世界の経済学者からは驚異的な眼でみられていた．クルーグマンは，当時の西側エコノミストたちの不安を象徴する見解として米国の経済学者カルビン・フーバー（Calvin B. Hoover）が1957年に執筆した論文を引用しながら次のように述べている．

> 「フーバーは，ソビエト経済が，かなりの期間にわたって，主要な資本主義国家に比べて約2倍，そして，米国の年平均経済成長率と比べればほぼ3倍の数字を達成していると指摘している．彼は，経済成長の実現という点では，『集団主義的，権威主義的国家』のほうが，自由市場の民主主義国家よりも，『本質的に優れている』可能性があり，15年以内，すなわち，1970年代末までには，ソビエト経済が，米国経済を圧倒するようになるかもしれない，と結論している」［Krugman 1994：65：邦訳 13］．

クルーグマンが紹介するフーバーの「不安」は，当時の学問状況をよく示している．この時期は，ソ連のスターリンの手によって仕上げられた「資本主義の全般的危機論」とともに，「社会主義陣営」の優位性が強調された時代であった．先に述べたドッブやマハラノビスの「重工業優先発展論」もこのような学問状況の下で展開されたのである．

2）　かつて，ソ連の経済学者プレオブラジェンスキーは，資本主義的発展の遅れたロシアのような後発国の社会主義工業化は，農業と工業との間に意図的に不等価交換（鋏状価格差）を組織することによって，農業からの余剰の収奪を通じてのみ可能であると主張した．彼のこのような主張は，「社会主義的本源的蓄積論」と呼ばれ，資本蓄積の遅れた現実の社会主義国の多くが採用した強蓄積メカニズムである．中国の場合も，このような蓄積メカニズムが，農業の集団化（人民公社化：第6章，Column 30，参照）と低農産物価格政策のもとで利用されていった．

3）　「資本主義の全般的危機論」とは，簡略的にいえば，社会主義国の出現と社会主義体制の発展という新しい状況の下では，資本主義は国内における階級矛盾と対外的な市場問題の激化に直面せざるをえず，結果的にますます存続の危機を深化させていかざるをえないというものである．もちろん，このような都合のいい解釈は，その後の資本主義発展の歴史によって完全に否定された．

このようにインドでは，「国家主導」による重工業優先発展戦略が採用され，国有セクターを中心とした「輸入代替工業化」が目指されていくことになった．だが，インド政府は，そのことによって直ちに中国のような「社会主義」の道を目指したわけではない．インドの独立運動の指導者で初代首相の J. ネルー (Jawaharlal Nehru：1889–1964) は，独立後のインドが目指すべき方向として「社会主義型社会」という言葉をたびたび使っているが，政治システムにおいても経済システムにおいても，ソ連や中国のような「社会主義」システムがとられたわけではない．

インド政府が行った数次にわたる「5カ年計画」も，「計画経済」というよりも，むしろ政府の財政支出の配分を反映したもので，市場メカニズムを否定したものではなかった．前述したように，インドには，今日世界的に有名なタタ財閥やビルラー財閥といった巨大民間企業が独立以前から存在しており，インド政府は独立後の輸入代替工業化過程では，これら民間企業にはさまざまな特典を与えて保護さえ行ったのである．

ただし，民間企業に開放されたのは主に国民の生活に直結する産業分野が中心で，基幹産業と目されたものは国有セクターとして運営された．しかも，欧米諸国からたびたび「ライセンス・ラージ」(Licence Raj) と揶揄されてきたように，政府による民間企業に対する「ライセンス」取得を通じた規制が徹底しておこなわれた[4]．インドの「混合経済」とは，このような「国有セクター」の優位の下で，民間企業への規制を行いながら重工業中心の「輸入代替工業化」を目指す体制であったといえよう．

4 「モンスーンに賭けるギャンブル」の克服

重工業中心の「輸入代替工業化」がめざされていったとはいえ，当時のインドは圧倒的に農業国であった．だが，国内市場に依拠した「輸入代替工業化」にとって，国内市場の拡大を可能にする農業の近代化は避けて通れない重要な課題であった．次にこの点をみておこう．

---

4) Licence Rajとは，British Raj（イギリスの統治）になぞらえてつけられたもので，インド政府による民間企業に対する産業・投資規制を揶揄したものである．ライセンス取得を義務付けた規制は，企業の新規設立はもちろん新たな設備投資や追加投資，輸入などにも及んだ．Licence Rajとは，政府による市場介入の代名詞でもある．

インドの農業は，ながらく「モンスーンに賭けるギャンブル」と酷評されてきた．これは，モンスーンの順・不順によって農業生産が大きく左右され，たびたび大量の餓死者を出していたインド農業の脆弱性を「揶揄」したものである．このことはまた，インド農業の近代化が遅れ，深刻な構造的問題を抱えていることを意味していた．インド農業の構造的脆弱性の基本的な原因は，イギリスによる植民地支配によって形成された土地制度（寄生地主制度）と「モノカルチャー」農業であった．

　インド政府は，1950年代初頭の第１次土地改革，1950年代末から1960年代初頭にかけての第２次土地改革と，２度にわたる土地改革を行っていったが，インドでは，ながらく地主の農村支配が強く，政治的にも強い影響力をもっていたため，政府が地主の抵抗を抑えて，立法化を通じて徹底した土地改革を行うことは至難であった．結局，これらの土地改革はいずれも農村における「徹底した制度的改革」（地主-小作制度の解体と自作農創設）には至らず，「自立的国民経済」建設の成否は重工業中心の工業化の成否と認識され，土地改革を通じた農業近代化という課題は次第に背後に追いやられていった．

　ただし，インドの土地改革に関する限り，第１次，第２次土地改革を通じて，大規模不在地主などの土地所有はある程度制限を受けることになった．その限りでは，かなりの数の自作農が生まれたことは確認できる．しかしながら，「重工業優先発展」政策の下で，重工業部門への重点投資と農産物価格の抑制が行われ，信用制度の不備や農村開発計画の欠如なども加わって，小農（自作農）の経済発展のための基礎が破壊されていった．インド政府は，慢性的食料不足を解消する手段として，生産性の低い小農経済の保護・育成より，耕作地主，富農を中心とした大農経営への道を志向するようになったのである．

　とくに，1965年に打ち出された「新農業戦略」では，「緑の革命」と呼ばれた「高収量品種」の導入を柱とした一連の農業近代化が追求され，その担い手として「富農」層の役割が期待された（Column 42）．大規模な耕地での「多収穫品種」の導入には，灌漑設備の拡充や化学肥料・農薬の投入増大，トラクターなどの農業機械の投入が不可欠であり，そのためには農民の自発的投資が必要であった．政府は，こうした農民の自発的投資を助成するために，富農層を中心に金融・財政面での支援を行っていったのである．こうした「緑の革命」と呼ばれる一連の農業近代化の推進によって，1970年代以降，インド農業の生産性は著しく増大し，「モンスーンに賭けるギャンブル」と酷評されてきたイン

> Column 42　「緑の革命」と「赤い革命」
>
> 　「緑の革命」(Green Revolution)とは，「赤い革命」(社会主義革命)に対置して用いられた言葉である．第2次世界大戦後の第三世界(低開発国)では，共産主義思想が広く浸透し，多くの国で社会主義を目指す動きが活発になっていった．資本主義の盟主を自認する米国は，低開発国における社会主義革命(赤い革命)の「温床」となっているのは，特にこれらの国の貧しい農村であると考え，社会主義の拡大を防ぐためには農村の近代化と貧困の解消を図らなければならないと考えた．その際，注目されたのが，最も効率的に農業生産性を引き上げることができると期待された「高収量品種」(High Yield Varieties: HYVs)の開発とその農村への導入(緑の革命)である．
>
> 　米国は，フォード財団やロックフェラー財団などからの資金協力を得て，1960年にフィリピンに「国際稲作研究所」(IRRI : International Rice Research Institute)を設立し，コメや小麦の品種改良に取り組んだ．こうして開発されたのが，「ミラクル・ライス」とも呼ばれた「IR-8」に代表される，コメや小麦の高収量品種である．これらの新品種は，在来種に比べ2-3倍の高収量を実現したのである．米国政府は，低開発国への経済援助の一環に「高収量品種」の提供をリンクさせた．とくにインドではコメの収量は飛躍的に増大し，高収量品種が最初に導入されたインド最大の穀倉地帯であるパンジャブ地方では，トラクターなどの農業機械を利用した大規模農業を経営する「富農」層の出現につながっていった．ただし，「高収量品種」の導入には，在来種よりも多くの肥料と水の管理を必要とし，病虫害にも弱いなどの弊害もあった．

ド農業は大きくその姿を変えていったのである．

　この時期以降，インド農業は，階層間格差(所得格差)，地域間格差，消費格差といった無視しえない問題を抱えつつも，インド最大の悲願であった食糧自給を達成し，慢性的食料不足という深刻な問題から解放されたのである．さらに，その後，インドの地主制も，農業近代化の進展と農村への市場経済の浸透によって，次第に消滅へと向かっていった．いわゆる，「市場メカニズム」を通じた〈地主-小作〉制度の基盤の侵食(地主による富農層への土地の売却など)が進行したのである [坂田 1979]．このことは，〈地主-小作〉制度が解体される新しい道筋の出現を意味するものであった．

5 「ハイコスト・エコノミー」への帰結

深刻な食糧問題から解放されたとはいえ，「自立的国民経済」の樹立を目指して，「重工業優先発展」論に基づいた「輸入代替工業化」路線に固執したインド経済は，1970年代以降も，多くの隘路に直面することになった．第1章でも述べたように，国内市場に依拠した工業化（内向きの工業化）を目指そうとする場合，外国製品との競争を避けるためには，当然のこととして国内市場を保護しなければならない．国内市場を保護する手段としては，高率関税や輸入規制のほか，外国投資の制限などが実施される．先に指摘したように，外国企業によって「ライセンス・ラージ（Licence Raj）」と揶揄された，政府による民間企業に対する「ライセンス」取得を通じた規制もその1つである．

だが，このような国内市場の閉鎖性と内向きの工業化は，結果として「ハイコスト・エコノミー」に帰結せざるをえないものであった．「ハイコスト・エコノミー」とは，内発的なイノベーションが欠如し，生産性の上昇が抑えられることによって経済の非効率と高コスト構造が慢性化する状態を指している．

このような「非効率・高コスト構造」は，かつてのソビエト連邦や「改革・開放」前の中国にもみられた現象である．工業製品の国産化を国是として，国際競争に背を向けた重化学工業化が目指された結果，一部の軍需産業を除きこれらの国で生産された工業製品で，国際競争力をもっているものはまったくなかった．フーバーの先の「不安」は完全なる「杞憂」であった．

インドでも，「重化学工業化」が急がれたために，内発的なイノベーションの欠如は国民経済にとって決定的な隘路となった．かつては，インドは，アジアでは日本に次いで工業化の進んだ国とみられていた時期もあった．乗用車は早くから国産化され，重工業を中心とした国有部門の比重は大きく，他方では巨大財閥の形成もみられた．アジアNIESが成長するまで，インドはアジアの工業国であったのである．

しかし，このような工業化は，「幅広い関連・下請工業の発展に先行して最終資本財・耐久消費財の近代的生産体系（組み立て加工）を一挙的に先進国から移植する仕方で展開された」［西口 1986：32］ものであり，その後，先進諸国の巨大企業の技術独占によってインド国内での関連工業の発展に対して制約的に作用したのである．

しかも，国際収支の悪化によるインド政府の厳しい輸入制限は，多様な原材料・部品の極端な内製化に拍車をかける結果となり，「非効率・高コスト構造」

を生み出していったのである．

インド経済は，1960年代後半から長期停滞に陥ることになるが，このような「非効率・高コスト構造」に基づく低成長は，「インドではしばしば『ヒンドゥ成長率』と呼ばれ，インドにとっての宿命的な成長率であると考えられた」［絵所 2008：42］といわれている．

このようなインドの長期不況期に，インド経済は何度かの危機的状況を経験したが，その最大の危機が1972年からの経済的混乱であろう．その引き金となったのが，1971年12月に勃発した第3次印パ戦争とそれに続くバングラデシュ独立支援のための多額の財政出動である（Column 43）．おりしも，第1次オイル・

Column 43　東パキスタン（バングラデシュ）の独立と印パ戦争

　イギリスの植民地であったインドは，1947年8月に，ヒンドゥ教徒が多数を占めるインドとイスラム教徒が多数を占めるパキスタンとに分離して独立した．インド亜大陸は広く，ヒンドゥ教徒とイスラム教徒とは混在して居住していたため，イスラム教徒の国は東と西の2つの地域に分けて建国された（この過程で，インド側に住んでいたイスラム教徒はパキスタン側に，パキスタン側に住んでいたヒンドゥ教とはインド側に，それぞれ移住が行われた）．その結果，インドは，東パキスタンと西パキスタンにはさまれる形となった．

　西パキスタンとインドでは，カシミール地方の国境が未確定で，両国は互いに領有権を主張して2度の大規模な武力衝突を繰り返した．しかし，1971年に勃発した第3次印パ戦争は，パキスタン政府（西パキスタン）から冷遇されていた東パキスタンの不満が爆発して，パキスタンより独立しようとした東パキスタンをインドが支援したことによって惹き起こされた．この戦争の結果，東パキスタンは新たに「バングラデシュ」としてパキスタンより独立した．インドは，独立したバングラデシュに対して，経済復興のための支援を行わざるを得なかった．

5）　1978年末のインドの累積債務は153億ドルにも達し，1970年代末には，ブラジル（272億ドル），メキシコ（248億ドル）と並ぶ累積債務のワースト3にランク・インしていた．デフォルト（債務不履行）の危機に直面して，インド政府は厳しい輸入制限をとらざるを得なかった．

ショックが重なり，石油輸入国インドの財政をいっそう圧迫した．その結果，1973年，74年と2年続きで20％を超える激しいインフレーションが発生し，国民生活が逼迫したのである．

インド政府は，この危機を乗り切るために，IMFからの緊急支援を仰ぐことになるが，この時期にはまだ，短期的な「国際収支危機」への対応という認識しかなく，「ハイコスト・エコノミー」を是正するための抜本的な構造改革の必要性という認識は薄かったのである．インド経済は，1970年代，80年代を通じて，長期停滞からの脱却を果たすことはできなかった．

第2節　新経済政策への転換と新興市場としての台頭

1　「新経済政策」への転換

みてきたように，独立後のインドが目指してきた重工業を中心とした「輸入代替工業化」は，「ハイコスト・エコノミー」へと帰結した．このことは，NIESやASEANが「輸入代替工業化」に見切りをつけて，世界市場での比較優位を追求する「輸出指向工業化」へと転換することによって目覚しい成長を実現したのとはきわめて対照的であった．

しかも，インドと同様に重工業中心の「輸入代替工業化」に固執していた中国も，深刻な経済不振に直面し，1980年代初頭から中央指令的「計画経済」を廃止し，市場メカニズムの導入へと大きく舵を切っていった．

実はインドでも，インディラ・ガンディー（Indira Gandhi）政権下の1981年に，累積債務危機に直面して，IMF（国際通貨基金）から「構造調整融資」を受ける見返りに部分的な経済自由化が進められたこともあった．しかしその後のインドは，インディラ・ガンディー首相の暗殺（1984年）とそれにともなう政治的混乱によって，改革を断行できる強いリーダーシップをもった指導者不在の状況が続いた（Column 44）．この間，インド経済は抜き差しならない状況にまで悪化していったのである．とくに，1990年のイラクによるクウェート侵攻によって惹き起こされた湾岸戦争の結果，インドの主要輸入品である石油及び石油関連製品の値上がりによって貿易収支赤字が大幅に拡大し，深刻な国際収支危機に見舞われることになった．

こうしてついに，1991年初頭にはインド経済は危機的状況に直面することになったのである．「91年初頭には，外貨準備残高が輸入のわずか2週間分しか

> **Column 44　ガンディー家の悲劇**
>
> 　インディラ・ガンディーは，マハトマ・ガンディーと並ぶインド独立運動の指導者で初代首相のジャワハルラール・ネルーの1人娘であり（M. ガンディーとは血縁関係はない），第5代首相（1966-77年），第8代首相（1980-84年）を務めた．しかし，インドからの分離独立を主張するシク教徒を厳しく弾圧したため，シク教徒の反発をかうことになり，1984年10月，シク教徒の警察官に銃撃され死亡した．その後，彼女の長男のラジブ・ガンディーが後継者となり第9代首相（1984-89年）に就任したが，汚職疑惑などの政治スキャンダルによって1989年の選挙では国民会議派は敗北し，首相の座を降りた．その後，1991年5月に政権への復帰をはかるべく南インドでの選挙遊説中にタミル人テロ組織による自爆テロによって暗殺された（首相在任中に，スリランカの内紛にインド軍を派遣して独立を目指すタミル人の武装組織を弾圧したことへの報復であったといわれている）．
>
> 　インディラの息子には他にも早くから後継者と目されていた次男のサンジャイ・ガンディーがいたが，1980年に自ら操縦する航空機の墜落事故で死亡した．そのため，当時インディアン航空のパイロットをしていた兄のラジブ・ガンディーが急遽インディラの後継者として担ぎ出されたという経緯がある．米国のケネディー家と似た境遇から，インド人の間では「ガンディー家の悲劇」として語られている．

確保できない水準の11億ドルにまで激減し，インド経済は債務不履行寸前の窮地に陥った」［佐藤2002：5］といわれている．

　このような危機的状況の下で，1991年6月に首相に就任したナラシンハ・ラオ（Narasimha Rao）は，ラジブ・ガンディー暗殺によって急遽国民会議派の総裁に選出され政権を担うことになった国民会議派の長老であったにもかかわらず，ラオ政権は，国民会議派が一貫してとってきた伝統的な政策を排除して，大胆な経済の構造改革に踏み切らざるをえなかったのである．いわゆる，「新経済政策」への転換である．

　「新経済政策」とは，一言でいえば，従来までの国家の市場介入に基づく統制型経済から市場メカニズムの導入を柱とした経済自由化への転換である．ラオ政権は，直面する債務危機を乗り切るためにIMF・世銀に緊急融資（構造調整融資）を仰ぎ，IMF・世銀が要求する「ワシントン・コンセンサス」（第2章，

注10. 参照) を受け入れた.

　国内経済の自由化・規制緩和と公企業の民営化，構造改革などが次々と実施に移され，外国企業からとくに評判の悪かった「ライセンス・ラージ」も廃止された．その結果，インドは，「動き出した最後の巨大市場」[山崎 1997] とか，「目覚める巨象」としてにわかに注目されるようになり，インド経済に対する評価は一気に高まった．

　まず，民間企業に対する規制が撤廃あるいは大幅に緩和された結果，民間企業の活動範囲が広がり，民間活力が発揮されるようになった．絵所 [2008] によれば，1991年まで公企業だけに限られていた産業の数が，17業種（鉄鋼，重プラント・機械，通信・通信設備，鉱物，原油，航空サービス，発電・配電など）から8業種に縮小され，その後も段階的に3業種（国防用航空機・戦艦，原子力発電，鉄道運輸）にまで縮小されたという[絵所 2008：85]．さらに，産業ライセンス取得義務が撤廃されたことにより，外資系企業の参入が容易となり，自動車，家電産業，携帯電話やITサービス産業などが伸張した．

　また，貿易の自由化が行われた結果，輸出・輸入ともに大幅に増加した．輸入ライセンス制度は段階的に撤廃され，高率関税も徐々にではあったが着実に引き下げられていった．貿易額は，「新経済政策」以前の1980年代に比べて，輸出，輸入とも1990年代には2倍以上増加した（ただし，インドの貿易額が本格的に増大するのは2000年代に入って以降である．図7-1）．

　その結果，貿易依存度（GDPに占める輸出・輸入総額の割合）は，1980年代の11-12％台から，2000年には20％台に，2010年には36％台にまで急増した．それに伴ってインドの貿易相手国も多様化し，とくにASEANや中国，韓国など東アジア諸国との貿易が増大するようになった．

　さらに，資本の自由化への取り組みも積極的に行われた．産業ライセンス取得に加えて外資企業に課せられていた出資比率規制も大幅に緩和され，外資の100％出資比率が認められるようになった[6]．その結果，外国企業の直接投資（FDI: Foreign Direct Investment）が急増し，インドは有望な投資市場とみられるようになった．とくに，2000年代に入って以降，海外からの直接投資は急増し，世界の直接投資受入国のトップ10に数えられるまでになった．

---

6) 1973年に制定された「外国為替規制法」では，外資出資比率は最大40％に制限されていた [佐藤 2002：7].

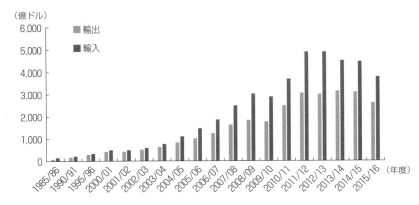

図7-1　インドの貿易の推移（1985/86-2015/16年度）

注：貿易額は4月-3月の会計年度．
資料：Government of India, Central Statistical Organization, *National Accounts Statistics*, 他より作成．

　併せて，金融・為替取引の自由化も進められ，1994年には為替取引の完全自由化が行われ，インドはIMFの8条国へ移行した．[7] 株式市場など資本市場の改革も確実に進められ，「インドの金融改革は大きな混乱をみることなくほぼ順調に進展してきた」［絵所 2008：107-108］といわれる．

　インドの「新経済政策」の下での経済改革は，他にも，公企業改革（公企業の民営化，赤字企業のリストラ），財政改革（赤字財政の克服），サービス分野での改革など，多方面にわたって行われ，従来までの閉鎖的な経済システムが一掃されることになった．この改革によって，インドはまったく新しい国として生まれ変わったといっても過言ではない．

2　「新興市場」としての台頭

　2001年に，米国の投資銀行ゴールドマン・サックスのエコノミスト，ジム・

---

[7]　IMF8条国とは，IMF協定第8条で規定されている加盟国の一般的義務の履行を受諾している国を指す．IMFは，発展途上国に対しては，経過的措置として経常取引における為替制限や二重為替レートなどを容認しており（一般的義務の免除），8条の規定が免除されている．これらの国は，14条国と呼ばれている．

オニールがはじめて用いたBRICs（Brazil, Russia, India, China）という用語は，2000年代初頭の台頭著しい「新興市場」の代名詞であったが［O'Neill 2001］，その後，ブラジル，ロシアは失速し，人口超大国の中国とインドだけが「新興市場」の双璧となった．

しかし，「新興市場」としてのインド経済の魅力は，13億というその市場規模に加えて，民主主義に基づく市場経済化が定着していることにある．民族や宗教対立に根ざしたテロ事件が発生することはあるが，インドはアジアでも日本と並んで最も民主主義の歴史が古い国である．

また，インドは英語が準公用語とされているため，国民の間でも比較的英語教育が広がっており，英語能力が高い．さらに，これまで経済発展の桎梏となっていた「カースト制度」も，近年では若年層の増加などによって変化しており，日本企業に対するアンケート調査でも，「カースト制度」を主要な障害にあげる企業は少なくなっている．絶対的貧困層の減少とともに，識字率も74％（2011年センサス）と急速に改善されている．

実際のところ，インドが「新興市場」として本格的な成長を開始したのは，図7-2にみられるように，「第10次5カ年計画」（2002年4月-2007年3月）以降のことである．とくに，2005年から2007年までの3年間は，9％を超える高い成長率を達成して，世界的な注目を集めた．「第11次5カ年計画」（2007年4月-2012年3月）期には，リーマン・ショック（世界同時不況）や欧州金融危機などの影響により，GDP成長率はやや減速気味であったが，インフラなどを中心とした設備投資需要は旺盛であった．この時期，家電製品などを中心に個人消費需要も旺盛に推移し，携帯電話の加入数はこの5年間で約4倍の9億件に増えたと伝えられた（『日本経済新聞』2012年5月1日）．

2012年4月からは，1兆ドル規模の野心的なインフラ整備を盛り込んだ，「第12次5カ年計画」（2012年4月-2017年3月）がスタートした．とくに，2014年に新しく，グジャラート州首相時代に経済改革で実績を残したナレンドラ・モディ

---

8) BRICsは，その後南アフリカ（South Africa）を加えて，BRICSとも呼ばれるようになった．しかし，その南アフリカも，ブラジル同様，低成長にあえぐことになった．

9) インドでは，独立後に導入された「議会制民主主義」（1952年に初の総選挙実施）において，当時の識字率が20％にも満たなかった状況にもかかわらず，いきなりすべての青年男女に対して等しく選挙権と被選挙権を与える「普通選挙制度」が実施された．これは，民主主義の歴史上類をみない画期的な措置であった．

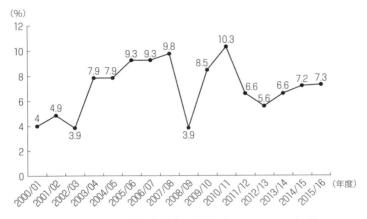

図7-2 インドの成長率の推移（2000/01-2015/16年度）
資料：図7-1に同じ。

(Narendra Modi) 政権が登場したことによって，インド経済は再び注目を集めるようになった．

よく知られているように，IT産業は，インド経済の牽引車的役割を果たしており，インド南部のバンガロールが一大産業集積地になっている．とくに，ソフト・ウエアー開発では群を抜いており，もっとも成長著しい分野である．また，近年では，IT産業に続いて，自動車産業が急成長しており，近い将来，中国に次いで世界第2位の自動車生産大国に成長する可能性がある（2015年乗用車・商用車生産台数413万台，韓国に次いで世界第6位）．

二輪車市場も急成長しており，2013年の生産・販売台数はそれぞれ1688万台，1400万台にも達し，中国を抜いて世界最大の巨大市場となっている．鉄鋼業も，タタ・スティールなど民間企業を中心として成長著しく，中国，日本，米国に次ぐ世界第4位（2014年）の粗鋼生産国である．

外国企業の対インド直接投資（FDI）も旺盛で，これまで最も積極的であった欧米企業だけでなく，近年では韓国，シンガポールなどアジア諸国の企業からの投資も活発である．とくにインドの家電市場での，SAMSUNG（三星），LGなど韓国企業の知名度とシェアは圧倒的である．携帯電話市場でも日本企業は完全に出遅れてしまった．

インド側は，日本企業の誘致にはとくに熱心であったが，これまでのところ

日本企業はインドへの進出にはきわめて慎重で，欧米企業に比べてとくに動きが鈍かったのである．ジェトロによると，2014年10月時点でインドに進出していた日系企業は1209社（3961拠点）で，2014年末現在の直接投資残高（資産）は，136億ドルと日本の対外直接投資残高（資産）の1.1％を占めるに過ぎなかった．結局のところ，日本は「新興市場」中国やASEANへの傾斜を強めた結果，日本からは距離的に遠く，インフラで見劣りのするインドへの関心が薄かったといえる．

しかし，近年，日本政府も，ようやくインドとの経済協力に積極的に取り組むようになった．とくに注目されているのは，デリーとムンバイ（約1500km）を貨物専用鉄道で結ぶ「デリー・ムンバイ間産業大動脈構想」（DMIC）と「チェンナイ・バンガロール間産業回廊構想」（CBIC）への日本の協力である．デリー・ムンバイ間は，インド国内総生産の50％を生み出す一大産業集積地域で，今後この地域への日本企業の進出が最も期待されている．また，バンガロールはインド最大のIT産業の集積地であり，チェンナイ（旧マドラス）は，すでにムンバイに次いで日本企業が多く進出している南部の大都市である．

そのような中で，2014年8月に来日したモディ首相は，来日記念講演を行い，その中で「モディノミクス」と呼ばれる経済改革を推進し，いっそうの規制緩和やインフラ整備を進めて外資を導入し，さらなる経済成長につなげたいとする考えを示し，「インドには低コストで質の高い労働力がある」として「メーク・イン・インディア」というモディ政権が掲げるキーワードを繰り返したといわれる（『日本経済新聞』2014年9月3日）．今日では，「メーク・イン・インディア」はモディ政権が掲げる最大のキャッチ・フレーズとなっている．

このように，日本にとって「新興巨大市場」としてのインドの魅力は大きいが，東アジアでの生産ネットワークの広がりという視点からみた場合，今後，日本・中国・ASEAN・インドとの経済的連携強化はいっそう重要となってこよう．その際，「ASEAN＋6」（日本・中国・韓国・オーストラリア・ニュージーランド・インド）の枠組みで構想されている「広域自由貿易圏」（東アジア地域包括的経済連携：RCEP）の動向が大きな鍵を握ってくる．

10）　ただし，この数字は，2010年の数字（企業数725社，1236拠点）と比較すると，企業数で67％，拠点数で2.2倍の増加であった．にもかかわらず，この間の投資残高にはほとんど変化はなかった．

現在交渉が進められているRCEPは，できるだけハイレベルのRTA（地域貿易協定）を目指そうとする日本と，比較的ローレベルのRTAにとどめたいとする中国とのせめぎあいが行われており，最もハイレベルのRTAを目指しているTPP（環太平洋経済連携協定）とは対照的である．だが，かりにRCEPが中国の望むような低いレベルのものになったとしても，「ASEAN＋6」での「広域自由貿易圏」が実現するとすれば，日本にとってもその経済的効果はきわめて大きいものとなる．

　アジアには，14億人の巨大市場中国と13億人の巨大市場インド，さらに6.5億人の統一市場ASEANという3つの互いに性格の異なる経済地域が存在しているわけであるが，日本はすでに中国とASEANとの間では，「東アジア生産ネットワーク」と呼ばれる東アジア域内での補完的関係（サプライ・チェーンあるいはバリュ・チェーン）を築いており，これにインドを加えることができるならば，日本企業の生産ネットワークはさらに広がりをもつことになろう．日本政府が，「ASEAN＋3（日本・中国・韓国）」ではなく，「ASEAN＋6」にこだわってきた理由の1つが，この点にある．[11]

第3節　インド経済の課題

1　差し迫った課題

　「新興市場」としての期待は大きいとしても，インド経済も手放しで賛美できるわけではなく，多くの課題を抱えていることも事実である．インド経済の差し迫った課題としては，何といってもインフラ整備であろう．インド経済は，インフラ不足が経済成長の最大のネックになっており，インフラ整備が進めば，

11）　東アジアの広域自由貿易圏の枠組みとして，日本政府が「ASEAN＋3」にかえて，「ASEAN＋10」を主張し始めたのは2007年である．当時の背景としては，交渉中のオーストラリア，ニュージーランドとのEPA（経済連携協定）を東アジアでの広域自由貿易圏につなげようと考えたことと，成長著しい巨大市場インドを取り込もうとしたことに加えて，何よりも，当時ASEANに急接近しつつあった中国への牽制という意味合いが強かった．日本政府は，オーストラリアやインドを加えることによって中国の経済的影響力の低下を狙ったのである．しかし，TPP（環太平洋経済連携協定）など広域自由貿易圏（メガFTA）が主流となりつつある今日の状況からみれば，「ASEAN＋3」という枠組みは，すでにほとんど意味をもたなくなっている．

経済成長の潜在力はきわめて大きい．とくに，「新興市場」としてのインドは，当面は投資主導型の成長を維持せざるを得ず，そのためには海外直接投資（FDI）の導入は不可欠である．

したがって，インド政府がもっとも力を入れているのが，インフラ整備である．インフラ投資は，「第10次5カ年計画」（2002年4月-2007年3月）では，対GDP比5.2％であったが，「第11次5カ年計画」（2007年4月-2012年3月）では対GDP比7.6％（5,140億ドル）と大きく増額された．さらに，2012年4月から開始された「第12次5カ年計画」では，対GDP比10.0％，1兆ドルの投資が盛り込まれた．

インフラ整備では，とくに物流面での課題が大きい．現在，最優先課題として，「黄金の四角形」と呼ばれるデリー・ムンバイ（旧ボンベイ）・チェンナイ（旧マドラス）・コルカタ（旧カルカッタ）を結ぶ鉄道・道路網の整備を中心としたインフラ整備が進められている．とくに，北のデリーと南のチェンナイ（南北回廊），東のコルカタと西のムンバイ（東西回廊）を結ぶ道路整備が重要な課題となっている．東南アジアではすでに，ベトナム・ラオス・タイ・ミャンマーを横断する東西経済回廊が実現しており，将来的には，ベトナムから，ミャンマー，バングラデシュを経てインドにつながる新しい物流網の構築も目指されることになるであろう．

さらに，電力不足の問題が深刻であり，エネルギー部門への投資も重要課題として取り組まれている．その結果，民間企業による電力供給が増加し，従来まで中心であった政府系企業の発電量を大きく上回るようになった．しかし，このまま需要増が続けば，「第12次5カ年計画」の供給計画では不十分であるとの指摘もあり，輸入石炭に大きく依存している現状の改善と合わせて喫緊の課題となっている．[12]

また，港湾整備も急ピッチで進められている．インドは全長7517kmにも及ぶ海岸線に囲まれており，12の主要港と187の中小港湾を備えている．主要港は東部，南部，西部に分散しており，インドは比較的港湾に恵まれているといえる．現在進められている港湾整備は，設備の近代化，運営の民営化，港湾の拡

---

12) インドでは，2015年現在，電気のない生活を送っている人は人口の約4分の1の3億人程度いるとみられている．政府は，「第13次5カ年計画」（2017-2022年）が終了する2022年までに全世帯に電力を供給するという目標を掲げているが，そのためには後述するエネルギー・環境問題への対応との両立を迫られることになる．

充・浚渫などが中心である.

　インド経済の自由化の進展速度も,課題の1つにあげられる.インド経済は,1991年以降,自由化・規制緩和に大きく転換したとはいえ,国内的には自国産業保護のための規制が依然として残されており,経済自由化の水準は低い.日本とインドの間では,2011年8月に経済連携協定(EPA)が発効しているが,日本製品に対する多くの品目の関税引き下げは10年目に実施されるなど当面は効果が少なく,原産地証明の取得についても他のEPAと比較するとかなり厳しい基準になっている.

　インドは他にも多くの国とFTAやEPAを結んでいるが,それらは総じて低いレベルの地域貿易協定(RTA)にとどまっている.もともとインドでは,フルセット型の「輸入代替工業化」が目指されていたため,外国製品と競合する分野が多く,産業構造の転換には時間をかけなければならないという制約が強い.インド政府は,今後も,グローバル化の進展に対応した産業構造の調整という難しいかじ取りを迫られることになる.

2　長期的課題

　しかし何よりも,インド経済の最大の課題は,長期的にみた場合の人口大国が陥りやすい「成長の限界」である.「成長の限界」を予見させる阻害要因としては4つのことが考えられる.1つは,人口増加が経済成長に及ぼす負の影響に関するものであり,2番目は,人口増加と「中所得国の罠」(第1章,第3節,24頁参照)との関係である.3番目は,人口増加に伴う食料問題であり,四番目は,経済成長とエネルギー・環境問題に関するものである.以下では,これらの問題について順に検討してみよう.

① 人口増加と経済成長

　人口と経済成長の関係については,「人口ボーナス」期と「人口オーナス」期という2つの時期に区分して説明される(Column 45).その際,カギを握っているのが「生産年齢人口」(基準は国によって異なるが,日本では15-64歳とされている)の動向である.「従属人口」(14歳以下と65歳以上の人口)と比べて「生産年齢人口」の方が増大しつつある場合には,国家財政への負担も小さく「人手不足」の問題は起こらない.

　インドの人口増加率は近年約1.4％程度で推移しており,90年代ごろまでと比べれば比較的低位水準に落ち着いているが,それでも国連の推計によれば

Column 45 「人口ボーナス」と「人口オーナス」

　経済学では，一般論として，人口と経済成長の関係を，「人口ボーナス」と「人口オーナス」という概念で説明する．人口のうち，「生産年齢人口」と「従属人口」を比較した場合，「生産年齢人口」が増加し続けている状態を「人口ボーナス」と呼び，経済成長にプラスの作用を及ぼすと考えられている．逆に，「生産年齢人口」よりも「従属人口」が増加しつつある状況（たとえば少子高齢化社会）を「人口オーナス」と呼び，経済成長にマイナスの作用を及ぼすと考えられる．

　一国が人口ボーナス期にあるか，それとも人口オーナス期にあるかは，さしあたり「人口ボーナス指数」によって区分される．人口ボーナス指数は，（生産年齢人口）／（従属人口）×100であらわされる．指数が200を超えている状態（すなわち生産年齢人口が従属人口の2倍以上ある状態）にある時を「人口ボーナス期」，200を下回っている状態にある時を「人口オーナス期」と呼んでいる．

　要するに，「人口ボーナス」も「人口オーナス」も，さしあたって人口規模とは直接の因果関係はなく，一国の年齢別人口構成に着目したものにすぎない．しかも，人口構成と経済成長との直接の因果関係を説明するものでもない．「人口ボーナス」とは，それ自体が経済成長を実現するわけではなく，経済成長を後押しする人口構成のパターンを意味するにすぎない．例えば，高度経済成長期のように労働力に対する追加需要が常に存在すると仮定するならば，人口増加率よりも，「生産年齢人口」の増加率が高ければ，新規雇用の増大（所得の増大）と生産の増大を通じて経済成長には当然プラスの作用を生み出すことは自明である．

2050年までに17億人に達すると予想されている．現在のインドの平均年齢は25歳程度と若く，今後も「生産年齢人口」は増加し続けることが見込まれる．

　したがって，インド経済が安定的な成長を続ける限り，「生産年齢人口」の増大は，経済成長にプラスの作用を及ぼすと考えることができる．したがってインド経済が今後も成長を続けていくと仮定するならば，「生産年齢人口」の増大による豊富な労働力供給を可能にし，経済発展に有利な条件は続くことになる．

　ただし，インド経済の成長率が鈍化することになれば，インドが抱える巨大な「生産年齢人口」は，一転して失業問題の深刻化に直結し，経済成長の足か

せとなる．この場合には，人口増加は失業対策など国家財政への大きな圧力となり，直接インド経済をマイナス成長へと導くことになる．要するに，巨大な人口がプラスに作用するかマイナスに作用するかは，インド経済の今後の動向に左右されるということになる．これは，巨大な人口を抱える国の宿命である．

　おそらく，しばらくは，インドの巨大な人口規模が，経済成長の足かせになるとは予想しにくい．今後も，インドには，巨大な消費市場と豊富な低賃金労働力を求めて外国からの直接投資が流入してくることは疑いなかろう．その限りではインドの経済成長もしばらくは続くことが予想される．しかし，このことはまた，「中所得国の罠」というもう1つの別の問題を提起することになる．

② 経済成長と「中所得国の罠」

　インド経済が今後も高度成長を続けていくとすれば，いずれは，いわゆる「ルイスの転換点」と呼ばれる局面を迎えることになる．巨大な人口を抱える今日のインドには，農村部に不完全就業状態にある大量の余剰労働力が存在している．「ルイスの転換点」とは，労働力の無制限供給状態（買い手市場であることから賃金水準は下方硬直的である）から労働力の売り手市場（賃金上昇局面）へと向かう転換点を指しており，労働力の無制限供給を支えているのが，農村のこの余剰労働力である．一般に，工業化の進展とともに，農業部門の余剰労働力は工業部門へと吸収されていき，やがて農業部門の余剰労働力が底をついて急速な賃金上昇局面が出現することになる．したがって，この転換点以降は，賃金上昇に見合った生産性の上昇（産業構造の高度化）が実現されなければ，その国の産業は国際競争力を失うことになる．この転換点は，人口規模の小さい国ほど早く訪れることになるが，多くの農村人口を擁するインドがいつごろ「ルイスの転換点」を迎えることになるのかということについては，現時点で正確に予測することは難しい．

　「中所得国の罠」（高所得国への移行の壁）と呼ばれる現象は，この「ルイスの転換点」を迎えて以降に訪れることになるわけであり，現在のインドでは差し迫った課題ではない．経済開発論において一般に「中所得国の罠」と呼ばれる場合の「中所得国」については，明確な定義があるわけではないが，現状では「下位中所得国」に分類されているインドが，本格的な「上位中所得国」（1人当たりGNIで1万ドル前後の水準）と呼ばれるようになるには，かなりの時間がかかりそうである（Column 46）．

　ただし，「新興市場」として比較的順調な成長を遂げてきたインドが，今後

も高い成長率で推移するとすれば,「上位中所得国」に分類されるようになるのは予想以上に早まる可能性もある.その場合,一般論として言えば,インド経済の国際競争力を回復させるためには,産業構造の高度化（転換）が重要な課題となろう.この課題がクリアーされなければ,インド経済は「中所得国の罠」に陥ることになる.

だが,グローバル化の著しい今日のような国際経済の環境の下では,「中所得国の罠」という一国規模での国内資源に基づく経済発展を前提とした従来の開発理論から導かれる命題は,大幅な修正が必要である.実は,「中所得国の罠」の克服という議論は,労働集約的な産業から出発して産業構造を段階的に高度化していくことを前提とした「雁行形態的発展」論（第1章,第2節,参照）と軌を一にしており,すでに「雁行形態的発展」パターンが崩れ去った今日の状況下では,そのような議論はさほど意味があるとは思えない.

たしかに,経済成長を考える場合,一国の技術水準の上昇や内発的な技術革新は産業構造の高度化という課題にとっては依然として重要な要因であることは疑いないが,産業構造の高度化を一国規模での国内資源にのみ依拠したプロセスとして想定することは非現実的であり,たとえば,東アジアに張り巡らされた生産ネットワーク（サプライ・チェーン）にどのような形で参入していくかといったようなグローバルな視点の方が現実的である.「ASEAN+6」という

Column 46　「低所得国」・「中所得国」・「高所得国」

世界銀行は,毎年,1人当たり国民所得（GNI）を基準として,「低所得国」,「下位中所得国」,「上位中所得国」,「高所得国」という分類を行っている.しかし,この基準は大雑把なものにすぎず,しかも毎年見直されている.直近の分類（2014年）では,低所得国（1045ドル以下）,下位中所得国（1045-4125ドル）,上位中所得国（4125-1万2735ドル）,高所得国（1万2735ドル超）とされている.インドは,世界銀行の基準では,依然として「下位中所得国」（2014年：1570ドル）に分類されている.大雑把なイメージで言えば,「中所得国の罠」（高所得国への移行の壁）に直面するのは,現在の基準で1人当たりGNIが1万ドル前後に達した頃ということになろう.仮に,名目GDP成長率年平均10％で成長したとしても,1万ドルに達するには,2014年から起算して20年近くかかる計算になる.

枠組みで構想されている「東アジア地域包括的経済連携」(RCEP) は，そのことを暗示している．

さらに，インド経済の将来を展望する場合，低賃金という比較優位にこだわるのではなく，「17億人の巨大市場」に注目した議論へと核心が移っていくことも十分予想される．このような事態は，人類がいまだ経験したことのない未知の領域である．したがって，「中所得国の罠」からの脱出という課題は，今日ではきわめて抽象的なものにすぎない．

③ **食糧問題**

それでは，人口大国にとって最も懸念される食糧問題についてはどうだろうか．中国はすでに食糧輸入国に転じており，近い将来深刻な食糧問題に直面することが懸念されている．この点については，インドの事情は中国とはかなり異なっている．

インドの穀物生産量は約3億トン (2014年：FAO) で，中国の5.5億トンと比べるとかなりの差があるが，この数字はそのまま単純には比較できない．よく知られているように，インド人は宗教上の理由から肉類摂取量が極端に少ないという事情がある．ヒンドゥ教徒は宗教上の理由から牛肉を食べないし，イスラム教徒が忌みする豚肉もほとんど食べる習慣がない．インドの全人口の約13％を占めるイスラム教徒も，ほとんど牛肉を食べる習慣はない．インドで肉類といえば，主に鶏肉や羊肉である．しかも，インドには人口の約4割に相当する菜食主義者がいるといわれている．そのため，豚肉を多く摂取する中国と比べて飼料用の穀物消費量が極端に少ないという特殊事情がある．いうまでもなく，経済が成長すると動物性たんぱく質の摂取量が増大し，食糧穀物よりも飼料用穀物の消費のほうが急増することになるが，インドにはこの法則が当てはまらないのである．[13]

また，インド農業は，「モンスーンに賭けるギャンブル」といわれる最悪の状態は脱したとはいえ，依然として灌漑面積の割合は全耕地の45％程度にすぎず，農業の近代化も遅れている．その意味では，農業面での課題も多いが，世界第1位の耕地面積 (1.7億ha：牧場・牧草地を除く) を有しており，発展の潜在力も大きいといえる．[14] したがって，飼料用穀物を多く必要としないインドでは，

---

13) ごく大雑把に言って牛肉1kgに対して必要な穀物は約10〜11kg，豚肉1kgに対して必要な穀物は約4〜7kg，鶏肉1kgに必要な穀物は約2〜4kgであるとされている．

仮に人口が17億人を超えたとしても，深刻な食料不足が起こる可能性は低いといえよう．

④ エネルギー・環境問題

インドの持続的な発展にとって最大の問題は，おそらく，エネルギーと環境問題であろう．経済成長に伴って，一次エネルギーの消費量は飛躍的に増大することになるが，インドは石油も天然ガスも石炭もともに純輸入国である．とくに，インドの石油輸入量は近年急増しており，今後も経済成長に伴って増加の一途をたどることは間違いない．インド経済は，長年の重工業中心の工業化路線によって，依然としてエネルギー多消費型の産業を多く抱えている．増大するエネルギー需要は，エネルギー価格を押し上げるだけでなく，エネルギー確保を巡る国際摩擦をも引き起こしかねない．インド政府は，2030年までに，電力需要の40％までを太陽光発電など再生可能エネルギーに代替する計画を立てているが，それだけではとても経済成長に伴う一次エネルギー需要の増大には対応できないことは明らかである．

当然のことながら，一次エネルギーの消費増大に伴って環境問題も深刻の度を強めている．現在でもすでに，首都ニューデリーのPM2.5による大気汚染は，中国の北京と並んで世界最悪の水準である．近年では，大気汚染はニューデリーだけでなく，地方の大都市にも波及しており，全国的な課題へと広がっている．さらに，大気汚染だけでなく，工場排水などによる河川の汚染や有害物質の流出による土壌の汚染も深刻な問題となっている．このままの状態で推移すれば，環境問題は中国よりもインドのほうがはるかに深刻化するであろうことは疑う余地はない．

にもかかわらず，インド政府は，経済成長を制約する環境問題への取り組みにはいたって消極的である．インド政府には，環境問題に対する危機感は希薄であり，現状での抜本的な対策はとても期待できない．しかし，このような状態が続けば，近い将来，エネルギー・環境問題が経済発展の最大の桎梏となる

14） 農地面積全体（耕地・樹園・牧場・牧草地の合計）では，中国5.1億ha，米国4.1億ha，オーストラリア4.1億haで，インドは1.8億haで第7位に位置する．これら上位の国では，牧場・牧草地の方が耕地よりもはるかに多いことによる．前述したように，インドでは肉類消費量が少ないために牧場・牧草地は極端に少ない（中国の2.5 %，米国の4.0%：『世界国勢図会』2015/16年）．

ことは十分予想できる．

　日本としては，インフラ整備への協力だけでなく，省エネ技術の移転など，環境面での積極的な支援が要請されており，この面での支援が強化されることは，日印関係の良好な発展にとってとくに重要な意義があろう．

おわりに

　前述したように，インドは日本と並んで戦後アジアでは民主主義が最も発展した国である．アジアの多くの国が「権威主義体制」下に置かれたのとは対照的に，インドでは一貫して民主的な選挙が行われてきた．宗教対立やカースト制など，深刻な社会問題が残されているとはいえ，13億を超える人口を抱えたインドが，民主主義という制度の下で統一を維持できていることはまさに驚きでさえある．

　しかも，日印関係は戦前・戦後を通じて一貫して良好で，インド人の日本人に対する態度はきわめて友好的である．アジャンタ石窟群，エローラ石窟群，タージ・マハル，仏教の聖地ブッダガヤなど著名な世界遺産をはじめとして多くの観光資源にも恵まれている．インドを旅して，インドに魅せられた日本人は多い．

　さらに，日印関係は，近年いっそう良好な関係へと発展している．2006年12月に来日したインドのマンモハン・シン首相は，「日印戦略的グローバル・パートナーシップに向けた共同声明」に調印し，日印間の「戦略的グローバル・パートナーシップ」関係の構築に意欲を示した．日本もそれに答えて，円借款の供与など，いっそうの経済協力の強化を約束した．

　さらに，2014年8月末に来日したナレンドラ・モディ首相は，両国の関係をさらに発展させるために，「戦略的グローバル・パートナーシップ」を「特別戦略的グローバル・パートナーシップ」に格上げすることに合意した．[15]

　こうした友好関係の基礎のうえで，2015年12月に訪印した安倍総理大臣は，「防衛装備品及び技術の移転に関する日本国政府とインド共和国政府との間の協定」および「原子力の平和的利用における協力のための日本国政府とインド共和国政府との間の協定に関する覚書」に署名するとともに，インド政府が構想している高速鉄道網建設計画の第一弾となるインド最大の都市ムンバイとグジャラート州アーメダバード間（約506km）を結ぶ高速鉄道建設計画について，

日本の新幹線方式を採用することで合意した(図7-3).
　グジャラート州アーメダバードは，インド有数の工業都市で，インドでは珍しく停電のない州として知られ，モディ首相がグジャラート州首相を務めていた時期（2001-14年）には日本企業専用の工業団地と駐在員のための日本人街を設置するなど，日本企業の誘致に積極的であった.
　このように，日本にとってインドは，経済的にも政治的にも，アジアで最も

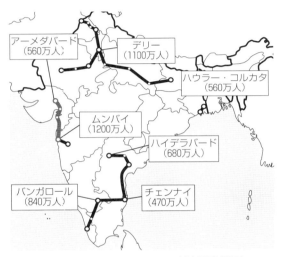

図7-3　インドにおける高速鉄道計画

注：（ ）内は2011年の人口（出典：インド国勢調査）．
資料：国土交通省「インド・ムンバイ～アーメダバード高速鉄道計画」．

---

15) ただし，「格上げした」といっても，両者の間に何か質的な変化がみられるわけではない．あえて指摘するとすれば，経済・政治・文化面での関係強化に加えて，軍事面での協力関係の強化をも視野に入れているということであろう．その背景にあるのは，中国の台頭という新たな事態への対応という両国間の思惑であろう．

16) この高速鉄道建設プロジェクトは，2017年着工，2023年開業予定で，建設費用は総額150億ドルと見込まれている．日本は，120億ドルを年利0.1％，償還期間50年，据え置き期間15年で提供し，併せて高速鉄道路線の運用，保守及び運営に関わる人材の育成なども行うという（外務省ホームページ）．新幹線の輸出は2007年に開業した台湾の高速鉄道以来，2例目となる．インドでは他にも6路線でも高速鉄道の計画があり，今後の日本の受注拡大への期待も大きい．

重要なパートナーとなることは疑いない．その意味でも，インド経済の動向にはとくに注目する必要があろう．

---

17) モディ首相は，グジャラート州首相時代の2012年7月にも来日し，同州への日本企業の投資を呼びかけた．その結果，アーメダバード周辺には，2014年以降，日系企業の進出が急増している．

第8章　北東アジア経済をみる眼

はじめに

　北東アジアは，日本にとって，地域経済協力が最も難しい地域である．それは，これらの地域における政治・経済制度の多様性に起因するだけではない．政治・経済制度が最も近い韓国との間でも，戦前の歴史問題や「竹島」をめぐる紛争がある．日本人はみな，「竹島」をめぐる紛争は「領土問題」と考えているが，韓国人はみな「歴史問題」だと考えている．日韓の間には，依然として「清算されない昭和史」が残されている．

　日ロの間では，「北方領土」問題への双方の歩み寄りが得られないまま，いまだに「平和条約」さえ締結されない状態が続いている．「領土問題」という点では，尖閣諸島をめぐる日中間の対立も，解決の糸口はまったくみられない．北朝鮮の核とミサイル問題は，北東アジアでの地域経済協力にとって最大の障害であり，朝鮮半島は依然として厳しい緊張状態が続いている．このような北東アジアにおいて，はたして地域経済協力は可能なのであろうか．

　実は，このような北東アジアにも，かつて，「北東アジア経済圏」あるいは「環日本海経済圏」といった局地的な経済圏を創出しようとする計画が本格的に取り組まれた時期があった．残念ながら，多くの人々の期待とは裏腹に，このような地域開発のための国際協力はことごとく挫折していった．

　第8章では，まず，1990年代に多くの人々の期待を集めて取り組まれることになった地域経済協力の試みについて紹介し，それが挫折していった背景と要因を明らかにしながら，北東アジア地域経済協力の今後を展望してみたい．

第1節　北東アジア新時代への期待

1　北東アジアの変貌

　近代以降，戦前・戦後を通じて，北東アジアは世界的に見て最も不幸な歴史を歩んできた．戦前にあっては，「大東亜共栄圏」の名の下に，日本による植民地支配が拡大され，アジア・太平洋戦争の舞台となっていった．戦後にあっても，米中を巻き込んだ悲惨な「朝鮮戦争」(1950年6月-53年7月) を経験し，この地域では，平和条約はおろか国交さえ断絶した状態が続いた．
　その後も，北東アジアは，中ソの対立，朝鮮半島での軍事的対峙（たいじ）など，長らく世界的な冷戦構造の最前線に置かれることになった．だが，イデオロギー対立，分断国家，領土問題，民族問題など，20世紀のあらゆる対立要因をはらんだ北東アジアにも，1980年代末以降，ようやく明るい兆しがみえ始めた．
　1985年3月に登場したソ連のゴルバチョフ書記長が進めた「ペレストロイカ」は，30年近くに及んだ中ソの激しい対立を和解へと劇的に方向転換させることになった．ゴルバチョフ書記長は，1986年7月に訪問先のウラジオストクで世界に向けて演説を行い（ウラジオストク演説），この中で，アフガニスタンからのソ連軍の撤退を表明すると同時に，ソ連を「アジア太平洋国家」の一員であると規定し，ウラジオストク港の近い将来の開放と中国を含む東アジア諸国との関係改善の意志を明確にした．
　さらに，続く1988年9月の「クラスノヤルスク演説」では，アジア・太平洋地域での安全保障問題をさらに前進させるための提案を行うとともに，韓国との関係改善への意思と極東地域における「経済特別区」設置の意向を表明した．
　ゴルバチョフ書記長のこの一連の演説は，北東アジアにもようやく夜明けが訪れるのではないかという予感を感じさせた．実際，この一連の表明によって，中ソ関係は大きく好転し，1989年5月には，ついに30年ぶりの中ソ首脳会談が実現した．この会談において，ゴルバチョフ書記長は，最大の懸案事項となっていた中ソ国境確定作業にはいることを確認し，友好関係構築に向けた努力を表明した．これによって，30年にわたって激しい対立を繰り返してきた中ソ関係は，新しい時代に入っていった．
　北東アジアの最大の「トゲ」となっていた中ソ対立が和解に向かっていったことにより，北東アジアは一気に夜明けを迎えたのである．

ゴルバチョフ書記長の「クラスノヤルスク演説」によって正常化への道が拓かれた韓ソ関係は，早くも1989年4月には貿易事務所の相互開設にまでこぎ着け，1990年9月には一気に国交樹立にまで進展した．韓ソの国交樹立と歩調を合わせるかのように，90年10月には韓中間でも貿易事務所の相互開設が合意され，経済交流拡大の道が拓かれた．さらに，両国は，大方の予想を超えて1992年8月には電撃的な国交樹立へと至り，以後，韓中経済交流がめざましい勢いで拡大していった．

　鄧小平（ドンシャンピン）の復活によって，改革・開放政策の途を歩み始めた中国では，1980年代前半には対外開放は福建省・広東省など南部沿海地域に限られていたが，その後，対外開放地域は点から線に拡大され，1984年には東北地区では大連（ダーリェン），秦皇島（チンファンダオ）が対外開放都市に指定された．さらに，1980年代後半には，東北地区でも，省レベルでの経済開発区が相次いで指定され，対外開放地域は面としての広がりをもつようになっていった．

　1989年6月の「天安門事件」によって，対外開放は一時後戻りするかにみえたが，1990年代初頭からは「社会主義市場経済」論の提起とともに，本格的な市場開放，外資導入政策が図られていった．東北地区でも，90年代初めには黒龍江省の黒河（ヘイホー），綏芬河（スイフェンホー），吉林省の琿春（フェンチュエン）など辺境（国境）開放都市が中央政府により相次いで指定され，国境貿易再開に向けた優遇措置が打ち出された．

　北東アジアで最大の緊張をもたらしていた朝鮮半島にも，1980年代末から新しい動きがみられるようになった．「漢江（ハンガン）の奇跡」と称賛された目覚しい経済成長を遂げた韓国では，1988年2月に就任した盧泰愚（ノ・テウ）大統領は，軍事クーデターによって政権を掌握した朴正熙（パクチョンヒ）―全斗煥（チョンドファン）に直接繋がる職業軍人出身でありながらも，初めての公正な選挙によって選ばれた大統領として，歴代大統領がなしえなかった大胆な政策を実行に移していった．ソウルオリンピックを目前に控えて就任した盧泰愚大統領は，合法的政権としてのイメージを全面に掲げ，国内的には一連の民主化政策を推し進める一方，1988年7月，大統領特別宣言を発して，社会主義諸国との関係改善を積極的に進めるとともに，北朝鮮に対しても優遇措置を講じて経済交流を呼びかけた．

　朝鮮半島の南北経済交流は翌1989年から始まり，これに呼応して1990年9月からは南北高位級会談（首相会談）が開始され，1991年12月には，当時としては画期的な成果と評価された「南北間の和解と不可侵および交流・協力に関す

る合意書」(南北基本合意書)が署名された.さらに南北両政府は,1992年1月には,「朝鮮半島の非核化に関する共同宣言」にも正式署名し,朝鮮半島の緊張は一気に和解に向けて動き出したようにみえた.

相次ぐ計画経済の失敗と深刻な経済危機に直面していた北朝鮮も,80年代末から新たな外資導入政策を模索し始め,1991年末には,初めて「経済特区」の導入に踏み切った.同年12月に政務院決定された「羅津・先鋒自由経済貿易地帯」は,明らかに中国の「経済特区」を模倣したものであり,北朝鮮もついに部分的ではあるが外資導入を柱とした「対外開放」の道に踏み出したものと受け止められた.北朝鮮の政府高官も,北東アジアの開発に関する国際会議に積極的に参加して,この「経済特区」の利点をアピールした.

このような朝鮮半島の緊張緩和を受けて,1991年9月には,第46回国連総会において北朝鮮と韓国は同時に国連加盟を承認された.こうして,北東アジアでも,1980年代末から90年代初頭にかけて,戦後世界経済を律してきた冷戦構造が急速に溶解し,ようやく新しい時代を迎え始めたという実感が多くの人々によって共有されるようになったのである.

2 「北東アジア(環日本海)経済圏」形成への期待

こうした新しい状況の出現によって,もっとも活気づいたのは「環日本海」地域の人々であった.かつては,大陸との重要な接点(海を通じた交流)でありながら,近代以降の度重なる不幸な歴史によって,閉ざされた冷たい海へと変貌していった「日本海」を再び開かれた交流の海へと復権させようという熱い思いが,「環日本海」地域の人々の心をとらえたのは当然の成り行きであった.

1990年代の前半には,日本,韓国,ロシア極東地域,中国東北地区との間で,地方自治体や民間団体,学術機関などがわれ先にと「民際交流」[1]に乗り出していった.この時期結ばれた友好交流協定や学術・文化交流協定は,枚挙にいとまがない.それに伴って,「環日本海」地域の人々の往来も急速に拡大し,日本・韓国・中国・ロシアを結ぶ新たな航空路線や海上航路が新設された.こうして,

---

1)「民際交流」とは,従来までの中央政府が中心となって進めた「国際交流」に対置して,地方自治体や民間団体が中央政府を介さないで独自に国際交流を行う現象をさしている.このような取り組みは,「地方からの国際化」とか「グローカリゼーション(Glocalization)」(Globalization+Localizationの造語)などとも呼ばれた.

「環日本海」新時代の到来が実感されていったのである．

　北東アジアでのこのような時代認識の変化に伴って，当然のことではあるが，この地域での経済協力に基づく「経済圏」構想が，にわかに現実味をもって語られるようになった．その際，まず注目されたのは，北東アジアにおける「経済的補完関係」の存在であった．たしかに，「経済的補完関係」という面からみれば，この地域には巨大な潜在力が存在している．

　北東アジアには，ロシア極東をはじめとして多くの天然資源が眠っている．ロシアの東シベリア・極東地域には，森林資源（エゾマツ，カラマツ，アカマツ，トドマツ，シラカバなど），エネルギー資源（石炭，石油，天然ガス），鉱物資源（金，銀，錫，アルミニウム，ダイヤモンド，タングステン，アンチモン，チタンなど），海洋資源（豊富な魚介類）など，豊富な天然資源が賦存していることが知られていた．

　これらの資源は，旧ソ連邦の資金不足と技術的難点のために，これまで開発が遅れていた．もし，国際協力によってこれらの資源開発が進めば，シベリア鉄道を利用した輸送体制の整備と港湾・埠頭の拡充によって，東アジア，ことに日本や韓国など巨大な市場へのアクセスが可能となると期待された．実際，日本や韓国にとって，ロシア極東の天然資源は魅力的な存在であった．特に，極東の石油と天然ガスについては，当時具体的な開発プロジェクトが持ち上がっており，北東アジアでは最大の経済的補完関係をもっていると考えられた．ソ連邦の国家元首としては初めて，1991年4月にゴルバチョフ大統領（当時）が来日した際には，10件の経済協力案件（そのうち半数が極東でのプロジェクト）を日本の財界に提示し，中でもサハリン大陸棚石油・天然ガス開発への協力を強く要請した．

　中国の東北地区には，東北三省（遼寧省，吉林省，黒龍江省）だけで1億人を超える人口と豊富な労働力が存在し，黒龍江省の三江平原など有利な農業条件も備わっている．重工業が比較的発達し，森林資源や石炭，黒煙，石油などの鉱物資源の存在も見込まれていた．計画経済時代には，重工業の中心地帯であった東北地域は，「改革・開放政策」への転換以降，南部沿海地域と比べて開発が遅れており，日本や韓国との資本・技術協力は中央政府や地方政府が最も望んでいるところであった．

　北朝鮮は，地理的には北東アジアの要に位置し，インフラ整備が遅れているとはいえ日本海側には羅津港や清津港のような良港を備えている．北朝鮮の対外開放が本格的に行われるようになれば，天然の良港である羅津港や清津港

を利用した物流の大動脈が形成され，朝鮮半島を経由してシベリア鉄道を利用した「ユーラシア・ランド・ブリッジ」も夢ではなくなると期待された．加えて，北朝鮮の労働力は，当時からすでにシベリアでの森林伐採労働，ハバロフスク・沿海地方での建設労働，農業労働などに派遣（労働力輸出）されており，労働者の教育水準と能力・勤勉性には定評があった．

　韓国と日本は，典型的な資源輸入国であり，しかも，労働集約的な産業においては完全に比較優位を失っている半面，中間技術から先端技術に至るまでの豊富な蓄積と資本・経営ノウ・ハウがある．1985年のプラザ合意（Column 6, 32頁，参照）以後の円高局面への移行によって，日本企業は生産拠点の移転を迫られており，北東アジアでの政治状況の劇的な変化は，日本の企業にとってはまたとないビジネス・チャンスの出現であると考えられた．

　韓国でも，高度成長に伴う賃金上昇によって，生産拠点の海外移転が急務であると考えられていた．1990年当時，韓国の賃金水準は，すでに先進国並みの水準に達していたのである．にもかかわらず，韓国企業のアジア進出は，香港，台湾，シンガポール，日本などに後れをとっており，中国との国交樹立による失地回復にはとくに熱心であった．加えて，中国には，吉林省を中心に200万人の朝鮮族が生活しており，彼らの教育水準は高く，多くの朝鮮族は朝鮮語と中国語とのバイリンガルである．中国との経済交流にあたって，朝鮮族のネットワークは韓国企業にとって決定的に有利であると考えられていた．

　要するに，北東アジアには，天然資源，労働力，資本，技術，経営ノウ・ハウ，物流ルートなど，経済発展に必要な条件がすべてそろっており，インフラの整備さえ進めば，北東アジアの構成国・地域間での相互の「経済的補完関係」は著しく高いと考えられた．

　北東アジアでのこのような潜在的な「経済的補完関係」は，冷戦構造の溶解の進行にともなって，顕在的なものへと変化させていくことが可能であり，それが可能となれば，「21世紀の巨大市場」〔藤間1991〕も夢ではないと考えられるようになった．

3　経済圏構想の浮上

　北東アジアには，巨大な「経済的補完関係」が潜在的に存在しているとしても，それだけで直ちに「北東アジア経済圏」が形成されるわけではない．このような「経済的補完関係」の存在は，経済圏形成の必要条件であるとしても，

それだけでは十分条件ではない．このような潜在的な「経済的補完関係」が開花するためには政治状況の変化だけでは十分ではなく，インフラをはじめとした経済環境や外国企業の投資活動を保障する制度面での環境整備など，多国間での合意と目的意識的な政策協調が必要であった．こうして，北東アジアでの「局地経済圏」構想では，「多国間協力」（国家間協力）の必要性が痛感され，それに基づく大規模な開発計画が構想されるようになった．

その結果，「経済的補完関係」を，国家間協力の実現によって結合させようとする大規模な経済圏構想が，「北東アジア経済圏構想」とか「環日本海経済圏構想」として相次いで発表され，その具体化のための方策が議論されるようになった．こうした経済圏構想に最も熱心に取り組んだのが，海への出口をもたず，南部沿海地域と比べて著しい経済的地盤沈下にあえいでいた中国東北地区の吉林省であった．ロシアと3000kmもの国境線で接する黒龍江省も，ロシアとの国境貿易の拡大に期待を寄せた．

「漢江の奇跡」と称賛された目覚ましい経済成長を達成した韓国も，ロシア，中国との関係改善は積年の願いであり，これら諸国との経済協力に積極的に取り組む姿勢をみせた．分断国家韓国にとって，北朝鮮も巻き込んだ「北東アジア経済圏」の形成は，計り知れない恩恵をもたらすことになるとの強い期待が広がっていった．

北朝鮮も，厳しい経済不振を背景に1980年代末から部分的な対外開放の道を模索するようになり，1990年代初頭には中国・ロシアと国境を接する北部地域（咸鏡北道羅津・先鋒地域）に「経済特区」（自由経済貿易地帯）を設置して外資導入を図ろうとする姿勢を示した．北朝鮮のこのような姿勢は，朝鮮半島の緊張緩和と北東アジアの平和的な発展に寄与するものとして各国から歓迎され，北朝鮮も「北東アジア経済圏」形成の一翼を担う重要な国家であるとの認識が広がっていった．

ソビエト連邦の崩壊によって大量の人口流失と経済的混乱をきたしていたロシア極東地域の地方政府の間でも，経済再建に向けた日本や韓国からの支援に対する期待は大きく，「北東アジア経済圏」形成への強い期待を示すようになった．

このように，1990年代初頭には，北東アジアの「経済的補完関係」を利用した経済圏構想に熱い期待が寄せられるようになっていったのである．

4 経済圏構想の具体化と挫折

「図們江(トゥーメンチャン)地域開発計画」の始まり

　北東アジアで熱い期待を集めるようになった経済圏構想は，中国吉林省の国連開発計画(UNDP)への積極的な働きかけによって，UNDPの第5次事業計画(1992-96年)の目玉プロジェクトとして採用され，以後UNDPのイニシアティブの下で，多国間地域協力という新しい枠組みによる大規模開発プロジェクトとして具体化されていくことになった．

　中国では，南部沿海地域を中心に80年代に相次いで対外開放地域(経済特区)が制定され，委託加工取引や外資導入を通じてめざましい発展を遂げていった．しかし，「社会主義計画経済」期には重工業の中心地域として位置づけられていた東北地区，なかでも吉林省は，市場経済の導入以降は「東北現象」と呼ばれる極端な地盤沈下に直面していた．こうした事態に危機感を募らせていた内陸省である吉林省は，日本海への自前の出口として，図們江に着目したのである．

　吉林省は，すでに1980年代末から図們江(朝鮮名：豆満江(トゥマンガン))河口の独自調査を行い，図們江河口開発のための青写真を作成していた．吉林省の構想は，1990年7月，米国ハワイ東西センターと中国アジア太平洋協会の共同主催で開催された「北東アジア経済発展国際会議」(吉林省長春(チャンチュン)市)の席上，吉林省科学技術委員会の丁士晟(ディンシチェン)主任によって「ウラジオストク・図們江河口・清津・ゴールデンデルタ開発構想」として提案された[丁 1996]．

　中国吉林省がブループリントを描き，UNDPが具体化していった開発計画が，「図們江地域開発計画」と呼ばれるものである．図們江とは，中国と北朝鮮の国境にそびえる長白山(チャンパイシャン)(標高2744m，朝鮮名：白頭山(ペクトサン))を水源として日本海にそそぐ中国と北朝鮮を隔てる国境河川で，日本海への出口の15km手前からは北朝鮮とロシアとの国境に変わる．すなわち，図們江河口流域は，中国・北朝鮮・ロシアの三国が国境を接するデルタ地帯である．このデルタ地域を中・朝・ロ

---

2)　吉林省の提案は，中国の敬信(ジンシン)，ロシアのポシェト，北朝鮮の羅津を結ぶ「小三角地帯」(約1000k㎡)を「図們江国際自由貿易区」としてまず共同開発し，次に延吉(イエンジー)・ウラジオストク・清津を結ぶ「大三角地帯」(約1万k㎡)を「図們江経済開発区」として開発し，将来的には「北東アジア開発区」へと拡大・発展させていこうという「三段階開発構想」であった．UNDPも基本的にこの構想を踏襲した．

三国の協力に加えて,「北東アジア経済圏」の形成に関心を寄せる韓国, モンゴルなどの協力を得て, 大々的に開発しようという構想が「図們江地域開発計画」である.

　この計画を主導することになったUNDPの青写真は, さしあたり, 中国の琿春(フェンチュエン), 北朝鮮の羅津, ロシアのポシェトを結ぶ「小三角地帯」(1000 km²)を「図們江国際自由貿易区」として各国からの土地のリース契約に基づいて国際共同管理の下におき, さらに広く国際出資を募ったうえで出資国によって運営される「開発株式会社」を設立して, 共同開発を行おうというものであった. 計画ではさらに, 第2段階として, 中国の延吉(イエンジー), 北朝鮮の清津(チョンジン), ロシアのウラジオストクを結ぶ「大三角地帯」(約1万 km²)へと開発を拡大していこうと構想していた.

　UNDPは, この地域は, 世界的な貿易形態の見地からみると, 計り知れない可能性を秘めており, この計画が実行に移されれば,「図們江デルタ地帯が将来の香港, シンガポール, ロッテルダムになり, 中継貿易と関連産業が発達した地域になる可能性がある」(UNDP『図們江地域開発調査報告書』1991年)とまでもちあげて, 計画の実現可能性が大きいと訴えた(Column 47).

　いうまでもなく, この計画が世界的な関心を集めたのは, 国連機関のイニシアティブによる多国間協力の枠組みを利用した新しい開発方式の試みであるという理由に加えて, その国際的計画において北朝鮮という依然として独自の道を歩む国が重要な位置を占めていたためでもある. この計画の実現によって, 北朝鮮の対外開放が進めば, 北東アジアの不安定要因は一気に取り除かれることになるとの期待が膨らんでいった. 実際, 北朝鮮も, この計画に対して前向きの姿勢を示した.

　北朝鮮は, 1984年に中国の「合弁法」を模した「合営法」を制定し, 共同出資・共同経営・共同分配・共同責任を原則として外資導入を図ろうとしたが, 現実には在日本朝鮮人総連合会系の民族資本が進出したのみで「朝・朝合弁」と揶揄される貧弱な成果しか得られなかった. このような現実を前にして, 1980年代末頃からは中国の「経済特区」に類した対外開放地域の設置を検討し始めていた. 中国式の改革・開放路線とは一線を画しながらも, 経済的には部分的な対外開放を模索せざるを得ない段階に直面していたのである.

ずさんな開発計画

　「北東アジア経済圏」構想の中核的計画として位置づけられた「図們江地域

Column 47　「図們江地域開発計画」と日本の立場

　UNDPは，先の『図們江地域開発調査報告書』において，これまで北東アジアでの開発計画が具体化しなかった主要因は，地域開発の前提条件が中・朝・ロ三カ国の協力にかかっていたからであるが，「現在の状況は，この協力を実現する絶好の機会である」との認識を示した．

　しかし，当初，UNDPは，「小三角地帯」の開発費用は，インフラ整備だけで300億ドルと見積もっていたが，資金的なめどは全く立っていなかった．中・朝・ロ三国だけでこれらの開発費用を賄うことは当時ではとうてい不可能であった．だが，資金面での協力を最も期待された日本政府は，この地域では領土問題や歴史認識問題など敏感な問題を多く抱えており，積極的な対応が取れなかったのである．当時ではまだ，北朝鮮による日本人拉致事件は外交問題としては取り上げられていなかったが，北朝鮮との間には国交さえ樹立されていなかったのである．

　結局日本政府は，「図們江地域開発計画」に対しては消極的な態度に終始し，関連する会議にも外務省の職員をオブザーバーとして派遣しただけで，求められた資金協力にも冷淡であった．この計画の実現に対して，日本国内で最も強い期待を寄せたのは，日本海側の地方自治体であった．「図們江地域開発計画」が具体化すれば，「環日本海経済圏」の形成は現実のものとなり，それは地方の活性化へとつながっていくものと期待されたのである．こうして，石川・富山・福井の北陸三県では，早くも1992年には，産・官・学の協力による「北陸環日本海経済交流促進協議会」（北陸AJEC：本部は金沢市）が設立され，環日本海地域での経済交流促進のための各種の支援が行われるようになり，新潟県では，「環日本海経済圏」実現のためのシンクタンクとして，1993年には「環日本海経済研究所」（ERINA）が設立された．また，1994年には，北東アジア地域を研究対象とする研究者が中心となって「環日本海学会」（現：北東アジア学会）も設立された．

開発計画」は，UNDPのイニシアティブのもとで1992年から計画の具体化に向けた会議が正式にスタートすることになった．同年2月には中国，北朝鮮，韓国，モンゴルの4カ国が参加して[3]（ロシア，日本はオブザーバー参加），韓国のソウルで第1回計画管理委員会（PMC：Program Management Committee）が開催され，

開発対象地域の選定，財源の調達方法，分野別の専門家会議（Working Group Meeting）の設置などの議題が集中的に討議された．国際的な関心が集中する中で開かれた第1回計画管理委員会ではあったが，結局，会議では各国の意見は鋭く対立したまま，重要な決定は何も得られなかった．以後，度重なる計画管理委員会と専門家会議の開催にもかかわらず，UNDPと吉林省が描いた当初の青写真は，次々と換骨奪胎させられていくことになる．

　図們江河口から中国領最端の防川（ファンチュアン）までの15kmの区間を浚渫して，防川に「国際自由貿易港」を建設したいという吉林省の悲願は，図們江の自然条件によって早々と挫折した．図們江は，1938年に防川周辺で勃発した日ソの武力衝突事件（張鼓峰事件）によって封鎖され，以後今日まで中国の航行権は回復されていない．そのため，図們江は至る所で土砂が堆積し，とくに河口近辺には堆積した土砂によって無数の中州が形成されている．防川に国際的な河港を建設するためには，堆積した土砂の大規模な浚渫を必要とし，しかも上流からの土砂の流入に対応するためには絶えず浚渫を行わなければならないことが判明した．これらの浚渫には当初の見積もり（10億ドル）を大きく超える膨大な経費が予想された．さらに，図們江は年に数カ月間（短くても3カ月以上）凍結するため利用不能となる．『図們江地域開発調査報告書』でも，「図們江はどうみても船の航行には適しておらず，なるべくならやめたほうがいい」と当初から消極的であった．さらに北朝鮮は，この会議でも，図們江の航行権さえ認めようとはしなかった．

　中・朝・ロ3カ国に跨る図們江デルタ地域約1000km²の土地を3カ国からリースし，国際共同管理のもとにおいて多国間協力の下で開発しようという案は，「領土に対する国家主権」を強く主張し，「各国は独自に開発する」という北朝鮮の立場によって，共同管理の具体的な方法を検討する以前に挫折した．ロシアにおいても，土地のリースに関する法律さえ当時は存在していなかった．

3）　モンゴルが正式に参加した背景には，1990年から開始された市場経済化にとって，日本・韓国など北東アジア諸国との関係構築が不可欠であり，ロシア経済への過度の依存から脱却するためにも，自らを北東アジア国家の一員と位置づける必要があったこと，さらにモンゴルは，北東アジアとヨーロッパを結ぶランド・ブリッジの中心となる有利な地理的位置をいかして，ロシア・中国と繋がる既存の鉄道を利用した，図們江とヨーロッパを結ぶ「ユーラシア・ランド・ブリッジ」構想に望みをかけていたこと，などがある．

図們江デルタ地域の開発主体として提案された「図們江地域開発株式会社」設立案は，開発会社の理事会の構成と株式の分配方法をめぐって，開発会社の運営（理事会）から韓国を排除しようとする北朝鮮と，拠出資金に応じた株式の配分と運営参加を要求する韓国が鋭く対立した．

　ロシアも，この計画には終始消極的であった．新生ロシア政府は当初，極東の地で行われようとしている図們江デルタ地域開発計画については全く無知で，計画の存在さえ知らなかった．おそらく，中央政府が最初に考えたことは，この計画が沿海地方に与える影響である．当時，中央からの自立指向を強めていた沿海地方が，極東の地で対外関係を強化しようとすることの意味を考えたに違いない．ロシアが計画管理委員会の正式メンバーになったのは1992年10月の第2回会議からであり，中央政府はこの計画に対して終始懐疑的であった．

　図們江河口を管理する沿海地方も，図們江デルタ地域よりもウラジオストク・ナホトカ周辺の開発に関心が強く，図們江河口地域の開発はむしろ競争上障害にさえなりかねないと考えた．ロシア極東地域にとっては，中・朝・ロ3カ国の国境地帯を開発するよりも，商業港としての高い潜在力を備えているウラジオストク港やナホトカ港を中心として開発する方がはるかにメリットは大きい．図們江流域地帯を中心に開発が進められることになれば，外国資本にとってウラジオストクやナホトカへの投資価値は半減してしまうことにもなりかねない．そのため，中央政府も地方政府も，吉林省の主導で進められていた図們江開発計画には消極的にならざるを得なかった．

　民族問題に敏感な中国政府は，図們江河口地域が延辺朝鮮族自治州に属することから，韓国・北朝鮮が参加する図們江開発には当初から優先順位を置かなかった．中国政府は，1992年1月末からの鄧小平の「南巡講話」（Column 35, 161頁，参照）以降も，沿海地域への外資導入に熱心であった．さらに，東北地区を構成する遼寧省・吉林省・黒龍江省の間でも，三者三様の思惑が働いた．大連・営口・丹東などの良港を有し，鉄道を通じて内陸部とつながっている遼寧省と，海への出口をふさがれた吉林省とでは，インフラストラクチャーの面で決定的な開きがあった．ロシアと3000kmもの国境線で接する黒龍江省は，ロシアとの国境貿易に活路を求めており，図們江地域開発には関心を示さなかった．中国東北地区は，敏感な政治問題をはらんでいる上に，沿海地域・内陸地域・国境地域という条件の全く異なる3つの省から構成されているために，中国政府の統一的な地域開発戦略の確定がもっとも困難な地域であった．

日本政府もまた，この計画には当初から消極的であった．ロシアとの領土問題や北朝鮮との国交樹立交渉を抱える日本政府にとって，この計画においてイニシアティブを発揮する決断はとてもできなかった．UNDPの強い要請にもかかわらず，日本政府は，この計画管理委員会に対して途中から外務省の職員をオブザーバーとして派遣したのみであった（Column 47）．

　結局，期待を寄せられた計画管理委員会での議論は，これほどの大規模な開発計画でありながら，わずか1カ月という短期間で済ませてしまったUNDPの可能性調査の杜撰さを改めて浮き彫りにさせる形となったのである．先の『図們江地域開発調査報告書』では，「調査団は，すべての当事国が共同運営で地域開発を進めることに基本的に賛成であることを確認した」と述べられていたにもかかわらず，「当事国」への調査とは，実はそれぞれの思惑をもつ地方政府や役人個人の意見に過ぎなかったのである［坂田1995］．

裏切られた期待

　結局，計画管理委員会は，具体的な開発計画を何1つ決められないまま，1995年12月の第6回会議をもって解散した．4)「計画管理委員会」が解散したことにより，この計画における韓国とモンゴルの役割は著しく後退した．以後，韓国とモンゴルの「図們江地域開発計画」実現に掛けた熱意は急速に冷めていった．

　1996年4月に北京で開かれた第1回「調整委員会」および「諮問委員会」では，北京に両委員会の常設事務局として「図們江書記局」を設置することが決定されたのみで，その後の会議でも特筆すべき進展はみられなかった．1999年6月にウランバートルで開催された第4回会議には，北朝鮮は出席さえしなかった．北朝鮮は，「経済特区」として設置したはずの「羅津・先鋒自由経済貿易地帯」という名称から，「自由」という文字を削除し，同地帯から韓国企

---

4) 計画管理委員会は，この会議において，3つの合意書——①「図們江地域開発調整委員会」（調整委員会）の設立に関する合意書（中国・北朝鮮・ロシアの3カ国で調印），②「図們江経済開発地域および北東アジアの開発のための諮問委員会」（諮問委員会）の設立に関する合意書（中国・北朝鮮・ロシア・韓国・モンゴルの5カ国で調印），③図們江経済開発地域および北東アジアの開発における環境問題に関する覚書（中国・北朝鮮・ロシア・韓国・モンゴルの5カ国で調印）——を調印して解散した．「計画管理委員会」が「調整委員会」（3カ国）と「諮問委員会」（5カ国）に分断されたことにより，実質的な決定権は中・朝・ロ3カ国の手に委ねられることになった．

業を締め出した.

　結局この計画は，国際的共同管理の下で国際的資金を導入して共同開発を目指すとしたUNDPの当初の青写真は雲散霧消し，各国はまず自国領土内の対象地域を独自に開発し後に必要な調整を行うという北朝鮮の強い主張によって，国際的な関心を失っていったのである（北朝鮮はその後，核開発とミサイル開発に邁進することになり，国連安保理での相次ぐ対北朝鮮制裁決議によって，「必要な調整」さえ行われない状況が出現した）.

　たしかに，「計画管理委員会」での議論が紛糾した直接の理由は，北朝鮮が自国の立場に強く固執し続けたためであるが，基本的には，北東アジアには国境をまたいだ「地域協力」を実現できるような条件はなく，「図們江地域開発計画」は結局のところ「同床異夢」でしかなかったということである．この計画の挫折以降，「北東アジア経済圏」形成にかける期待は急速にしぼんでいくことになった．

第2節　北東アジア地域経済協力の試練

1　北東アジアの現実

期待と現実のギャップ

　北東アジアではなぜ国家間の地域協力が進展しなかったのであろうか．経済的補完関係（経済的Win-Win関係）という意味では，北東アジアの潜在力はどの地域よりも大きいはずである．にもかかわらず，国家間協力という肝心な問題を乗り越えることができなかった．結局のところ，多国間協力（国家間協力）の枠組みを前提とした大規模な開発計画は，北東アジアに潜在的に存在するにすぎない経済的補完関係を重視するあまり，この地域の特殊性を余りにも軽視していたといわざるを得ない．

　1990年代初頭に脚光を浴びた，国連のイニシアティブと多国間協力を前提とした「図們江地域開発計画」のような開発方式は，たしかに従来まではみられなかった新しい試みとして注目されるが，肝心の多国間協力の枠組みを可能にするような条件がまったく考慮されていなかった．このような条件は，冷戦構造の溶解という国際政治状況の変化だけで直ちに生みだされるものではない．近代以降の度重なる不幸な歴史によって，北東アジアにはそれぞれの間に強い不信感が蓄積されていたのである．

実は,「図們江地域開発計画」を含めた北東アジアにおける「局地経済圏」構想は,それが語られ始めた1990年代初頭から,すでに現実との乖離が進行していたのである.しかし,当時は,構想実現への期待が大きかったために,現状分析には強いバイアスが働き,客観的な分析が十分ではなかった.90年代後半には,この乖離はますます進行していたにもかかわらず,多国間協力に基づく大規模開発に望みをつなぐ議論が依然として主流を占めていたのである.

北東アジアの特殊性

　北東アジア経済圏をめぐる構想と現実のギャップは,つまるところ,この地域の特殊性に対する認識の不足に起因している.かつて坂田［2001］は,「北東アジアは,歴史的,地理的,政治的,経済的,制度的,文化的にみてきわめて特殊な地域である」として,その特殊性として以下の6点を指摘した［坂田2001：16-21］.

　① この地域は,かつて宗主国と植民地という支配と従属の関係に置かれていた地域が大部分であること.このような過去の不幸な関係は,人々の心の中から完全には払拭されておらず,日本人の「歴史認識問題」として今日に至ってもたびたび批判の対象となっている.北東アジアでは,信頼関係の構築が極めて困難である.戦後70年を経てもなお,北東アジアには依然として清算されない歴史が残されている (Column 48).

　② この地域の構成主体には国家と国家の一部地域（中国東北地区,ロシア極東地域）が混在しており,中央と地方という複雑な利害関係を内包していること.このことは,東南アジアのように国家レベルでの地域経済統合を構想するという方式とは別のアプローチを必要としているということを意味している.そもそも,中国やロシアのような広大な国土をもつ国を全体として北東アジアに含めることにさえ地理的に無理がある.ロシアの中央政府は,自国の天然資源が集中する極東地域の地方政府が独自に日本や韓国と友好関係を深め,北東アジア志向を強めることには特に警戒的であり,中国政府も民族問題を刺激しかねない東北地区の独自の動きには慎重であった.

　③ 今なお分断国家が対峙する著しい不安定性をもっていること.冷戦によって生まれた分断国家をいまなお抱える北東アジアが,この問題の解決の糸口を見出せない限り,北東アジアでの安定的な発展の展望はみえてこない.朝鮮半島の分断は,のど下に突き刺さったトゲのごとく,あらゆる局面において「躓きの石」となっている.北東アジアは,東アジアの中でも最もボーダフル

> # Column 48　日本海の呼称問題
>
> 　日本と韓国・北朝鮮との間には,「日本海」の呼称を巡る鋭い対立という問題がある．日本では，1990年代初頭から，「環日本海経済圏」という用語が頻繁に用いられるようになると，「日本海」という呼称に強い異議を唱える韓国と北朝鮮は，1992年8月に開催された第6回国連地名会議に対して，初めて呼称の再調整を要求した．韓国・北朝鮮側の言い分は,「日本海」は朝鮮では古来,「東海」あるいは「朝鮮海」と呼ばれており，「日本海」という呼称は，1928年に「国際水路局」（現・国際水路機関：IHO）に対して日本が一方的に登録したことによって定着させたものであり，日本による朝鮮半島の植民地支配と深く結び付いている，というものである．すなわち,「日本海」という名称登録は，日本が朝鮮半島を植民地として併合していた時代のものであり，韓国・北朝鮮側の意見が全く反映されていない形で行われており，改めて国連地名会議の場で名称の調整をする必要がある，というものである．
>
> 　しかしながら，韓国で現在使われている「東海」（トンヘ）という呼称も，朝鮮半島西側の「黄海」を「西海」（ソヘ）と呼ぶ習わしと同様に，韓国からみた「東の海」という意味合いが強く，国際的呼称としての妥当性を欠いている（中国では「東シナ海」を「東海」と呼んでいる）．日韓の学者の間では，いっそ「日本海」という呼称も「東海」という呼称もやめて,「ジャコリア海」といったような新しい名前を付けたらどうかという議論もあったが，実現には至らなかった．韓国政府は，機会あるごとに呼称の変更を求め続けている．日本海の呼称問題は,「竹島」（韓国名・独島）の帰属問題にも深く結び付いている．

（border-full）な現実を抱えている．

　④　他の地域にはみられない著しい経済格差とそれとは対照的な「社会的生産知識体系」の存在．北東アジアには，圧倒的な経済格差がある．同時に，ロシア極東地域の旧軍需産業や中国東北地区の重化学工業，北朝鮮の重化学工業など,「社会的生産知識体系」の蓄積がある［金田 1997］．このことは，北東アジアで形成される経済連携は，垂直的分業関係ではなく，軍需産業の民需転換支援のような水平的分業関係の構築が重視されているということを意味する．低賃金と天然資源を利用するだけの経済的補完関係（垂直的分業関係）の追求は，現地の人々からは拒絶されるであろうことは明らかである．[5]

⑤ この地域に存在している政治・経済システムの多様性．北東アジアには，「移行経済」と呼ばれる市場経済化の過渡期にある国家や「権威主義体制」下にある国家が含まれている．これらの国の特徴は，強い中央集権制にある．経済システムの多様性は経済交流（民間企業間のビジネス・アライアンスなど）の障害となる場合が多く，政治システムの多様性は地方自治体や民間レベルでの交流の障害となっている．

⑥「儒教文化圏」という範疇では括れない文化の多様性の存在．日本では，一般に，中国や韓国とは同じ儒教文化圏に属しており，文化的な共通基盤をもっていると考えられてきた．韓国でも，「儒教経済圏」という呼び方がされ，儒教原理に基づく経済圏形成の可能性が指摘されている［金 1992］．実は，このような安易さが，日本と中国・韓国の間でたびたび深刻な文化摩擦を生んできたのである．民間企業の経営にとっても，日・中・韓の文化的な違いは多くのトラブルの原因になっている（Column 49）．しかも，中国では，10年間続いた「文化大革命」の時期に，儒教的道徳や倫理は徹底的に否定されてきた．北朝鮮では，儒教思想の一部は指導者を絶対的存在として仰ぐ「主体思想」や「社会政治的生命体」論へと変質させられ，個人崇拝を支えるイデオロギーとなっている．

おそらく，北東アジアの特殊性は，これに尽きるものではないだろう．未解決の領土問題，複雑な民族問題など，他にも無視し得ない特殊性がある．だが，結局のところ，これらの特殊性も，近代以降のこの地域の不幸な歴史と結びついている．それゆえ，北東アジアにはたしかに巨大な「経済的補完関係」が存在しているにしても，これらの特殊性は，多国間での地域経済協力の実現を困難にしており，市場メカニズムを通じた「経済的補完関係の結合による経済圏の形成」という一般的な道筋を展望することはできなかったのである．

5） たとえばロシア極東地方には，石油・天然ガスをはじめ豊富な天然資源が賦存しているが，極東地方の人々は，天然資源を採掘するためだけの経済協力なら必要ないと考えている．彼らが望んでいるのは，極東地域で蓄積されてきた技術を活用した「ものづくり」のための支援である．それが果たされない限り，極東地域からの人口流出は続くことになるからである．

> **Column 49　韓国の儒教と日本の儒教**
>
> 　一般に，朱子学によって代表される新しい儒教の根幹は「忠」と「孝」にあるといえるが，その受容において日本と韓国では大きな違いがある．一言でいって，日本は「忠」を中心とした社会原理を作り上げていったのに対し，朝鮮半島では「孝」を中心とした社会原理が作り上げられていった．日本では，徳川幕府によって奨励された朱子学は，主に武士階級の間で広まっていくこととなり，そのため主君を長とした主従関係が重んじられたことによる．他方，朝鮮半島では，王朝文化の下で知識階級（文班）による「価値合理主義」（人間にとって価値のあるものを追求し，その価値を重視しそれに従って生きようとする）が追及され，結果として儒教のもつ倫理的側面としての「孝」が重視されるようになった．
>
> 　このような日韓での儒教の受容の違いは社会原理の違いに反映されており，社会原理の違いはまた，企業の労使関係，経営組織原理の違いに反映されている．一般的にいって，韓国では企業への帰属意識よりも血縁集団への帰属意識が強く，企業を疑似家族集団とみなす日本とは対照的である．韓国で財閥が根強く生き残っているのはこのことと無関係ではない．

2　北東アジアの試練

経済的混乱の拡大

　北東アジアでは，1990年代半ばに「図們江地域開発計画」を核とした「局地経済圏構想」が頓挫して以降，国家間協力に基づく地域開発への関心は急速に薄れ，90年代末から2000年代初頭にかけて，地域協力において厳しい状況を迎えた．

　1990年代のロシア極東地域の経済は，惨憺たる状況であった．国内分業体制の崩壊による経済的混乱に加え，犯罪組織のビジネス・チャンスへの介入や租税制度の混乱などによって，経済活動は著しく萎縮した．こうした状況に人口流出が加わり，ロシア極東地域は典型的な悪循環へと陥っていった．だが，1999年8月に登場したプーチン大統領は，「強いロシア」の復活を目指して中央集権化を強め，その結果，地方の自主性は大きく後退し，極東地域の開発はすべて中央政府の手にゆだねられることになった．折からの石油価格の高騰に支えられて，ロシア経済は急速に経済復興を遂げていったが，極東地域がその

恩恵を受けるまでには至らなかった．

1990年代，唯一好調な経済成長を持続させた中国も，長江デルタ開発・上海浦東開発，西部大開発など中央政府の戦略的開発計画を優先させるのみで，老朽化した国有企業改革，広大な面積で接するロシアとの敏感な政治・社会問題，国境を接する北朝鮮との複雑な関係など，困難な問題を抱えていた東北地区の総合的な開発は等閑視され続けた（東北地区の開発に向けた開発政策「東北振興」が打ち出されたのは2003年に入ってからである）．

1997年後半からのアジア経済危機は，ロシア極東地域や中国東北地区で進めていた韓国の経済協力事業の見直しを迫ることになり，結果として北東アジアでの韓国のプレゼンスを大きく後退させた．1998年2月に就任した金大中大統領は，財政・金融制度改革，企業改革，労働市場改革など，国内経済の構造改革に忙殺され，北東アジアでの失地回復にまでは至らなかった．北東アジアの平和的発展にとって最大の障害として横たわっていた朝鮮半島問題は，2000年6月の「南北首脳会談」の実現によって，緊張緩和への期待が大いに高まっていったが，その後，首脳会談での合意事項は次々と引き延ばされていき，韓国内では金大中政権が進める「包容政策」（太陽政策）への失望感が広がっていった．

朝鮮半島の緊張

さらにこの時期，朝鮮半島の緊張を高める重大な事態が進行した．北朝鮮による核開発疑惑の浮上である（Column 50）．1993年に明るみに出た北朝鮮の核開発問題は，1994年10月の「米朝枠組み合意」によってひとまず危機的状況を回避することができたが，1998年8月には，北朝鮮は弾道ミサイルの発射実験を強行した．これによって米朝関係はふたたび悪化していった．2000年10月のオルブライト米国務長官の訪朝によって，ミサイル問題での北朝鮮の譲歩と引き換えに米国の「テロ支援国家」指定リストから北朝鮮を除外すること，双方に連絡事務所を開設すること，クリントン大統領の訪朝などが米国側から提案

---

6) この会談で合意された事項は，「南北閣僚級会談」を通じて実現していくことが謳われていたが，その後の数次にわたる閣僚級会談が開かれたにもかかわらず，具体的な進展はみられなかった．とくに，最も期待された軍事面での進展はほとんどみられなかった．南北首脳会談の席上で，金正日国防委員長から提案された南北鉄道・道路の連結事業も，北朝鮮側の工事のたびたびの引き伸ばしによって，この時期にはほとんど進展しなかった．

> Column 50　北朝鮮の核開発問題
>
> 　北朝鮮の核開発問題は，1990年代初頭に国際原子力機関（IAEA）による疑惑がもたれていた北朝鮮での核施設に対する査察に関する報告書によってにわかにクローズアップされることになった．IAEAは，北朝鮮側が示した資料と査察によって得られた実際の結果との間には，重大な不一致があるとして特別査察を要求したが，北朝鮮はこれを拒否し，1993年3月には核不拡散条約（NPT）からの脱退を表明した（翌年にはIAEAからも脱退した）．これによって，米国と北朝鮮との関係は極度に悪化し，米国は国連安全保障理事会に対し対北朝鮮制裁案を提出した．こうした事態に対し，北朝鮮側は態度を軟化させ，米朝対話が行われることになり，その結果「米朝枠組み合意」が成立した．
>
> 　米朝「枠組み合意」とは，北朝鮮の黒鉛減速炉を中心とした原子力施設を凍結・解体する見返りとして，軽水炉2基を提供するという米朝合意を基本としたものである．これを受けて，1995年3月に日・米・韓3カ国により，朝鮮半島エネルギー開発機構（KEDO）の設立協定が署名された．しかし，軽水炉本体の設置までに行うことになっていた北朝鮮の核施設の査察方式・モニタリングなどについては，曖昧なまま残されていた．結局，米朝合意は完全実施には至らず，KEDOが進めていた北朝鮮での軽水炉建設も途中で中止された．こうして，2006年10月には北朝鮮は初めての地下核実験を強行するに至ったのである．以後北朝鮮は，2009年5月，2013年2月，2016年1月，9月と，これまで5度の核実験を強行し，併せて核兵器が搭載可能な長距離弾道ミサイルの発射実験をも進めてきたのである．

され，双方の歩み寄りの姿勢がみられるようになった．だが，好転しかけた米朝関係も，2001年1月のブッシュ政権の登場によって大きく後退した．ブッシュ政権は，対北朝鮮政策の根本的な見直しを行い，北朝鮮をイラン，イラクと並ぶ「悪の枢軸」と呼ぶまでになった（2002年1月29日，一般教書演説）．

　これによって米朝関係は一変し，北朝鮮は再び「瀬戸際外交」（核実験やミサイル実験など危機的状況を演出することによって，米国をはじめ国際世界から譲歩を引き出そうとする外交政策）へと突き進んでいくことになる．以後，朝鮮半島情勢は一気に膠着状態に陥り，南北経済交流も期待されたほどの進展はみられなかった．この間，北朝鮮経済は悪化の一途をたどり，深刻な危機に見舞われること

になった．一時好転するかにみえた日朝関係も，日本人拉致疑惑の新たな浮上によって，再び厳しい状況を迎えた．

　このような状況の下で，90年代前半に盛り上がった交流・協力気運は霧散し，北東アジアは再び厳しい冬の時代に後戻りしたかにみえた．この時期，研究者の大方の関心はASEANを軸とした東アジアの制度的地域統合へと向けられ，北東アジアは再び国際政治学の専有領域となっていったのである．

第3節　北東アジアのグローバル化と日本

1　北東アジアのグローバル化の現状

経済のグローバル化と日本

　前述した北東アジアの特殊性は，21世紀の今日に至っても，基本的には変化はない．日ロの間には，いまだに平和条約さえ締結されず，北方領土問題は解決の糸口さえ見いだせない袋小路に入っている．北朝鮮との関係に至っては，国交樹立交渉はおろか「日本人拉致問題」解決のための外交交渉さえ途絶えたままである．韓国，中国との間においても，日本政府は領土問題，歴史問題など困難な問題を抱え，対応に苦慮している．

　だが，北東アジアでは，近年，「北東アジア経済圏構想」が熱く語られた1990年代とはくらべものにならない規模の人とモノの動きが活発化している．北東アジア諸国の相互依存関係は，当時とは比較にならないほど，深化しているのである．にもかかわらず，今日では「北東アジア経済圏」構想が語られることはほとんどない．北東アジア諸国の相互依存関係の深化と日本における「北東アジア経済圏」形成への期待の後退という逆現象は，どのように連動しているのであろうか．実は，この点を理解するカギは，北東アジアにおける中国と日本のプレゼンスの変化にある．

　表8-1は，日本，中国，韓国3カ国の相互貿易の推移をみたものである．この表にみられるように，北東アジア3カ国の相互貿易（香港との貿易は除く）は，2000年の1683億ドルから2015年の6015億ドルへと3.6倍も増大している．しかしながら，このような著しい相互依存関係の増大にもかかわらず，日本の地位には大きな変化がみられる．北東アジア3カ国の貿易総額に占める韓中貿易の比重は，2000年の18.6％から2015年には37.8％へと実に2倍以上増加しているのに対して，日韓貿易の比重は，2000年の30.5％から2015年には11.8％へと大

幅に縮小しているのである．

　このことは，北東アジアにおける相互依存関係の増大とは，主に中国のプレゼンスの増大の結果によるものであり，全体としてみた場合，中国のプレゼンスの増大と日本のプレゼンスの縮小という対照的な現象が窺われる，ということを意味している．

　図8-1は，日本の貿易に占める中国の割合の推移を示したものであるが，この図からは，日本にとって中国との貿易の重要性が窺えよう．さらに，図8-2は，日本と中国の相互貿易依存度の推移を示したものである．この図からは，日本にとって中国への貿易依存度は一貫して上昇しているのに対して，対照的

表8-1　北東アジア3カ国の相互貿易の推移と伸び率の比較　（単位：億ドル，%）

	2000年	2005年	2010年	2015年	平均伸率
韓・中	312.5 (18.6)	1005.7 (27.8)	1884.1 (32.4)	2273.7 (37.8)	14.1
日・中	857.3 (50.9)	1894.4 (52.4)	3018.9 (52.0)	3032.9 (50.4)	8.8
日・韓	513.2 (30.5)	714.2 (19.8)	905.9 (15.6)	708.8 (11.8)	2.2
計	1683.0 (100.0)	3614.3 (100.0)	5808.9 (100.0)	6015.4 (100.0)	8.9

注：香港を除く．韓中貿易は韓国側統計．平均伸率は，過去15年間の年平均増加率．
資料：Korea National Statistical Office "Monthly Statistics of Korea" 各月版，JETRO『貿易投資白書』各年版，他より作成．

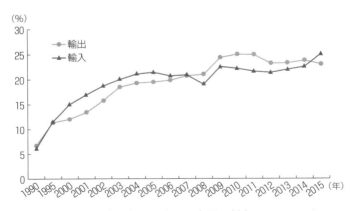

図8-1　日本の貿易に占める中国の割合（1990-2015年）

注：香港との貿易を含む．
資料：財務省貿易統計より作成．

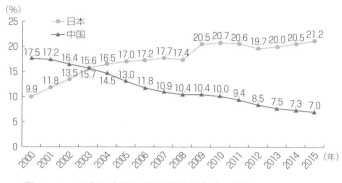

図8-2　日本と中国の相互貿易依存度の推移（2000-2015年）
注：香港を除く．
資料：中国国家統計局編『中国統計年鑑』および財務省貿易統計より作成．

に，中国にとって日本への貿易依存度は一貫して低下していることが窺われる．もちろん，中国経済がグローバル化し，しかも巨大消費市場として成長を続けている現状では，中国の日本に対する貿易依存度が低下し，日本の中国に対する貿易依存度が高止まりすることは自然な成り行きである．しかし，このような傾向が今後も続くとすれば，北東アジアにおける日本のプレゼンスはますます低下していくことになろう．

このように，北東アジアの経済的主役は完全に日本から中国に移っている．この点こそ，1990年代に「北東アジア経済圏」構想が熱く語られた当時の状況との大きな違いである．

人流のグローバル化と日本

北東アジアにおける貿易や投資の増大と同時に，人的交流も急激に拡大している．表8-2は，日・中・韓3カ国の相互訪問者の推移を示したものである．2000年には，日・中・韓3カ国の相互訪問者の数は，年間767万人に過ぎなかったが，2015年には，2375万人へと3倍以上も増加した．このうち，2000年代の初めまでは，北東アジアでの人の流れは圧倒的に日本が主役であった．だが，2000年代後半に入ると，それはやがて韓国にとって代わられることになった．そして今日では，圧倒的に中国が主役である．

この表からもうかがわれるように，日本の場合は，北東アジアでの人的交流は，その時々の政治情勢に大きく左右されている．2010年9月に勃発した尖閣

表8-2　北東アジアの人的交流の推移（2000-2015年）

（単位：万人，%）

年	日本⇒韓国	日本⇒中国	韓国⇒日本	韓国⇒中国	中国⇒日本	中国⇒韓国	合計
2000	244 (31.8)	220 (28.7)	106 (13.8)	134 (17.5)	35 (4.6)	28 (3.7)	767 (100.0)
2005	244 (19.6)	339 (27.2)	175 (14.0)	354 (28.4)	65 (5.2)	71 (5.7)	1248 (100.0)
2006	234 (16.9)	375 (27.1)	212 (15.3)	392 (28.3)	81 (5.9)	90 (6.5)	1384 (100.0)
2007	224 (14.3)	398 (25.5)	260 (16.7)	478 (30.6)	94 (6.0)	107 (6.9)	1561 (100.0)
2008	238 (16.6)	345 (24.1)	238 (16.6)	396 (27.6)	100 (7.0)	117 (8.2)	1434 (100.0)
2009	305 (22.6)	332 (24.6)	159 (11.8)	320 (23.7)	101 (7.5)	134 (9.9)	1351 (100.0)
2010	302 (18.2)	373 (22.5)	244 (14.7)	408 (24.6)	141 (8.5)	188 (11.4)	1656 (100.0)
2011	329 (20.5)	366 (22.8)	166 (10.3)	419 (26.1)	104 (6.5)	222 (13.8)	1606 (100.0)
2012	352 (20.2)	352 (20.2)	203 (11.7)	407 (23.4)	143 (8.2)	284 (16.3)	1742 (100.0)
2013	275 (15.5)	288 (16.3)	246 (13.9)	397 (22.4)	131 (7.4)	433 (24.5)	1770 (100.0)
2014	228 (11.1)	272 (13.3)	276 (13.5)	418 (20.4)	241 (11.8)	613 (29.9)	2048 (100.0)
2015	184 (7.7)	250 (10.5)	400 (16.8)	444 (18.7)	499 (21.0)	598 (25.2)	2375 (100.0)

注：中国は香港を除く．
資料：Korea National Statistical Office, "Monthly Statistics of Korea"，中国国家統計局『中国統計年鑑』，国土交通省『観光白書』各年版より作成．

諸島周辺での中国漁船による海上保安庁の巡視船への衝突事件，および2012年9月の日本政府による尖閣諸島国有化措置をめぐる日中間の緊張と中国国内での反日デモの拡大を背景として，以後日本から中国への渡航者は急激に減少していった．このように，日中間の人的交流には予想できない政治情勢の変化が反映されざるを得ない．日中関係の悪化の結果，日本人の中国への渡航者数は，ピーク時（2010年，373万人）から2015年には250万人へと33％も減少している．

　以上のことは，韓国との人的交流についても当てはまる．2000年代前半には，「冬のソナタ」（初回放送：2003年4月-9月NHK・BS2）に象徴される「韓流ブーム」の到来によって，日本人の訪韓者数はうなぎのぼりに上昇し，その後2000年代後半には，日本から韓国への旅行客は，韓国ドラマにはまった中高年の女性から，「Kポップ」のコンサートに出かけて行く若い女性，韓国エステを目的に訪問を繰り返すリピーターまで，幅広い年齢層の交流へと広がっていった．ところが，日韓関係は，2012年8月の李明博大統領による「竹島」上陸とそれに続く「天皇謝罪要求」発言によって一気に悪化し，日本から韓国への訪問者の数はピーク時（2012年，352万人）から2015年には184万人へと44.7％も減少した．

　他方，韓国から日本への訪問者数は，多少政治的な影響を受けつつも，基本的には増加傾向を示している．中国から日本への訪問者数も，基本的には増加しており，特に2015年には，前年を2倍以上上回る500万人近くもの観光客が

殺到した．すなわち，韓国と中国の訪問者については，政治情勢に影響される程度は大きくないということがうかがわれるのである．

このように，北東アジアでの人的交流において日本が能動的な役割を果たした時代は終わりをつげ，今や日本は完全な受け身の状態にある．明らかに，イニシアティブは中国や韓国が握っているのである．いうまでもなく，人的交流は，異文化理解を促し，新たな人々の出会いをもたらす．その意味からいえば，北東アジアにおける異文化理解の促進においては，かつてのような日本人のイニシアティブは完全に影を潜め，今や全くの受け身の状態に置かれているといえよう．

北東アジアにおける日本のプレゼンスは，人的交流の面においても著しく低下しているのである．

2　北東アジア経済への新たな視点

北東アジアでの日本のプレゼンスが著しく低下している現状において，しかも，近年中国が，「北東アジア経済圏」にはほとんど関心を示さず，独自に「シルクロード経済圏」構想を打ち出している状況において，たとえ北東アジアでの相互依存関係が今後も引き続き深化していったとしても，北東アジアにおいて日本が果たしうる役割は小さい．

もちろん，北東アジアでの新しい経済協力の枠組みに対する展望が，全くないわけではない．北東アジアでの著しい経済的相互依存関係の拡大という新しい状況の出現を受けて，中国や韓国の学会では，日・中・韓3カ国の間でのFTA（自由貿易協定）の締結を通じた「北東アジア自由貿易圏」（NEAFTA：North- east Asia Free Trade Area）形成の可能性が議論されるようになった．だが，いうまでもなく，その中心には中国と韓国との経済連携の強化が置かれており，日本の役割は限られている．

たしかに，「北東アジア自由貿易圏」という構想は，FTA全盛の時代にあっては，必ずしも唐突な議論ではない．しかし，それはあくまでも可能性の問題であり，現実のものとするために乗り越えられなければならないハードルは依然として高い．さしあたり，現在交渉が進められている日・中・韓3カ国での「自由貿易協定」の締結交渉の行方が注目されるところであるが，前途は依然として厳しいと言わざるを得ない．

すでに韓国と中国の間では，2015年末にFTAが発行しているが，それは必

ずしもレベルの高いものではない．日・中・韓3カ国でのFTAについても，中国政府は韓中FTAと同じ水準のものを主張しており，貿易依存度において日本とは対照的な状態にある中国としては（図8-2），日本とのFTA締結を急ぐ必要性はない．

　韓国政府も，現状では日本とのFTAの締結には極めて慎重である．韓国の産業界には，技術力に差のある日本とのFTA締結は日本企業を利するだけであるという根強い反対意見がある．しかも，日韓のFTA交渉には，常に領土問題や歴史問題など，清算されない過去が暗い影を投げかけてくる．

　しかも今日では，日本国内での多くの関心は，北東アジアという局地的な範囲での経済圏構想ではなく，「ASEAN＋6」によるRCEP（東アジア地域包括的経済連携）やTPP（環太平洋経済連携）のような，広域での「自由貿易圏」構想の実現に向けられており（この点については第9章で改めて取り上げる），グローバル化が著しく進展した時代における地域経済協力の新しい在り方が問われている．

　このような時代における北東アジアの地域経済協力は，かつてのような北東アジアの経済的補完関係に依拠した「局地経済圏」（北東アジア経済圏あるいは環日本海経済圏）構想ではなく，東アジアという「リージョン」で取り組まれる地域経済協力を構成する「サブ・リージョン」という視点が重要になってくるであろう．北東アジアを東アジアの「サブ・リージョン」と位置付ける視点からは，東アジアの地域経済協力の方向と北東アジアでの地域経済協力の在り方とは互いに連動することになるのは当然であろう．

　敷衍すれば，北東アジア経済への新たな視点とは，北東アジアの経済的補完関係を重視した経済圏の形成を目指すのではなく，「サブ・リージョン」として取り組むべき課題は何かということを明らかにすることであろう．おそらく，そのような課題の中には，北東アジア諸国間での信頼関係の醸成といった基本的な内容も含まれるであろうが，まず急がれることは，日・中・韓・ロ4カ国間での経済的Win-Win関係の拡大を目指すことであろう．その際，日本に求められることは，グローバル時代に対応した経済連携のモデルを示すことである．

　たとえば，日本企業の中には，これまで韓国企業をライバル視する傾向が強く，Win-Win関係の構築は難しかった．しかし，東アジアの生産ネットワーク（サプライ・チェーン）の拡大に象徴されるように，今日では，企業間の相互依存関係は著しく深化しつつある．このような時代に，韓国企業を依然としてライバルとしてしか見ない経営は，いかにも近視眼的であるといわざるを得ない．

> **Column 51　「生産ネットワーク」と「ビジネス・アライアンス」**
>
> 　ビジネス・アライアンスとは，本来，企業間の業務提携（技術提携・販売提携などの契約関係）および資本提携などの「戦略的アライアンス」を指す場合が多いが，より広義には，部品や中間財などの安定的な取引関係（相互調達）の構築もアライアンスの形態とみなすことができる．このようなアライアンスの具体的な目標としては，アライアンスの実現による現地市場・現地企業向け販売の促進や新規事業進出など「新市場の開拓」，技術力の相互補完・製品レンジの相互補完・資金力の相互補完といった「経営資源の相互補完」，量産効果や開発コストの削減・事業リスクの分散など「規模の経済性」などの効果が指摘できる［JETRO 2006］．とくに，外資に対する出資規制など進出国に各種の規制が存在する場合や，海外事業に対するノウ・ハウが不足していたり，資金・技術・人材などの経営資源が不足している場合などは，戦略的アライアンスの実現が有効な手段となる．
>
> 　ただし，これまでビジネス・アライアンスの構築にとって障害としてあげられていたものは，「企業情報の不足」，「信頼関係の欠如」，「ビジネス慣行の違い」，「品質上の問題」，「コスト上の問題」，「納期上の問題」，「機密上の問題」などであった．しかし，経済のグローバル化とサプライ・チェーンの拡大という新しい状況の出現によって，これまでアライアンスの障害となっていた要因も，変化していくことが予想される．「東アジア生産ネットワーク」という新しい企業間の相互依存関係に対応した「ビジネス・アライアンス」の在り方を模索すべき時代が来たのではなかろうか．

日韓でのビジネス・アライアンスの追求など，積極的な経営姿勢が求められよう（Column 51）．

　他方，中国との関係においては，日本企業は「製造拠点」という位置づけから「巨大消費市場」の開拓という位置づけへの変化を迫られている．ただし，中国の市場については，依然として人脈支配（コネクション）や非市場経済的な古いしきたりが多く残されている．品質さえ良ければ売れるはずだというのは過信である．その場合，日本企業と中国企業とのWin-Win関係の構築という点からいえば，日本企業が日本の厳しい消費者の目によって磨かれてきた高度な「品質」や「ノウ・ハウ」を中国企業とともに活用するという視点が求められ

よう（このような試みは，すでに中国における福祉ビジネスでの連携などにみられる）．

このように，グローバル化によってもたらされた東アジアの新しいビジネス・チャンスをうまく利用しながら地域経済協力を進めていくという視点こそ，求められている新しい視点ではなかろうか．

おわりに

かりに，東アジアを，「北東アジア」と「東南アジア」に区分するとすれば，東アジアを構成するこの2つのサブ・リージョンの動向はきわめて対照的である．戦前・戦後を通じて一貫して戦争の舞台となってきた東南アジアでは，世界的な冷戦構造が終わりを告げた1990年代初頭以降，目覚ましい変化を遂げ，いまや東南アジア10カ国（ASEAN）による「共同体」の実現が議論されるまでになった．

他方，北東アジアでも，1990年代初頭以降，中ソ対立に起因した国家間の対立が和解へと向かい，多国間にまたがる地域経済協力の機運が高まっていったが，その後，四半世紀以上経た今日においても，本格的な地域経済協力が実現するめどは全くたっていない．朝鮮半島を取り巻く情勢など，むしろ厳しさを増しているとさえいえる．残念ではあるが，北東アジアでは依然として「ナショナリズム」が支配的な状況が続いている．

このような中にあって，当然のことであるが，北東アジアにもグローバル化の波が押し寄せてきた．これによって，北東アジアの経済地図は大きく塗り替えられることになった．この主役は，中国と韓国である．領土問題，歴史問題など困難な問題を抱える日本政府は，北東アジアでは全くイニシアティブが取れない状況にあった．

しかしながら，北東アジアでの経済のグローバル化は今後も引き続き早い速度で進行し，北東アジアの二国間経済連携は着実に拡大していくであろう．そうであるならば，日本は差し当たって，北東アジアでの立ち位置について考えておく必要があるといえるだろう．その際，鍵となるのが，グローバル化時代に対応した経済的Win-Win関係の追求であり，新しい経済連携モデルの模索である．その突破口となるのが，日・中・韓相互間での「ビジネス・アライアンス」の追求のような21世紀型の企業戦略モデルであろう．

第9章　グローバル時代の地域経済協力を考える

はじめに

　東アジアでは，1997年のアジア経済危機をきっかけとして，地域経済協力への機運が急速に高まっていった．それはまさに，迫りくるグローバリゼーションの荒波から身を護る手段として，東アジア域内での地域協力を実現しようとするものであった．その背景にあるのは，リージョナリズム（地域主義）という戦後の西ヨーロッパを起源とする新たな思想である．

　他方，2001年から開始されたWTOの「ドーハ・ラウンド交渉」が行き詰まりをみせて以降，先進諸国の間ではWTOを補完する二国間あるいは多国間での「地域貿易協定」（RTA）を利用した経済連携を模索する動きが加速していった．この動きは，東アジアでは，「自由貿易協定」（FTA）や「経済連携協定」（EPA）の締結を「テコ」とした「地域経済統合」を模索する方向に向かっていった．「WTOプラス」とも呼ばれるこのような動きは，世界経済のグローバル化を加速させようとする新たな潮流に他ならない．

　このように，東アジアでは，グローバリズムとリージョナリズムというあい反する2つの流れが互いに複雑に絡み合いながら，「大競争時代」に突入している．本章では，東アジアの地域経済協力の現状を，この2つの流れを整理しながら紐解いてみたい．

第1節　地域経済協力の2つの途

1　リージョナリズムと地域経済協力

リージョナリズム（地域主義）とは何か

　改めて説明するまでもなく，「イズム（-ism）」とは，主として「主義」とか「思想」を意味する接尾語であり，特定の「立場」や「行動様式」につながるもの

である．「ナショナリズム（nationalism）」然り，「グローバリズム（globalism）」然り，「リージョナリズム（regionalism）」もまた然りである．では，リージョナリズムとは，いかなる「主義」・「思想」に基づくものであり，どのような「行動様式」につながるものであろうか．

かつて，日本やドイツが推し進めた「広域経済圏」構想に代表されるような「拡張主義（expansionism）」（ブロック経済化）も，リージョナリズムの一形態であり，それは強権的・排他的色彩を色濃くもっていた．しかし，このようなある特定の国のナショナリズムの延長として追求されたリージョナリズムは，第2次世界大戦という悲惨な結末とその結果としてもたらされた植民地体制の崩壊，および「第三世界」における民族自決運動の昂揚という戦後の新しい世界史的状況よって，その存立基盤を失っていった．ナショナリズムと一体化したリージョナリズムは，厳しく断罪されることになったのである．

だが，リージョナリズムは，これによってすべて否定されたわけではなかった．第2次世界大戦後，リージョナリズムは，ヨーロッパで「新しい衣」をまとって再登場することになった．「新しい衣」をまとったリージョナリズムとは，一言でいえば，特定の地域で共存している複数の国家間で「脱・ナショナリズム」を基調として地域協力を志向するという地域主義である．

実は，「脱・ナショナリズム」という点では，戦後の「IMF・GATT体制」と呼ばれる新しい国際経済秩序も同様の方向を目指していた．「IMF・GATT体制」とは，狭義には，戦後の世界経済を貿易ならびに通貨・金融面から律する国際経済秩序を意味するが，広義の意味では，戦前の世界経済のブロック化への反省に立って，欧米先進国による相互協調に基づいて，戦後の世界経済を再建していこうとする西側諸国の協調体制を指している．

戦後の世界経済は，この協調体制の下で，圧倒的経済力を誇った米国の主導によって，グローバルな「自由・無差別・多角主義」（グローバリズムの起源）に基づいて再編されていくことになったが，他方では，冷戦構造の形成という新しい状況の下で，西側諸国のすみやかな戦後復興を成し遂げるための手段として，地域的な国家間協力をも容認せざるを得なかったのである（Column 52）．

戦後の「新しい衣」をまとったリージョナリズムの起源は，このリージョナルな国家間協力の実現にある．このようなリージョナルな国家間協力は，「国家主権」を絶対視するナショナリズムの支配的な時代には不可能であった．したがって，ここで取り上げるリージョナリズムとは，さしあたり，「脱・ナショ

> **Column 52　GATTと地域主義**
>
> 　1947年に調印されたGATTでは，第24条（適用地域―国境貿易―関税同盟及び自由貿易地域）第5項において，関税同盟や自由貿易地域の目的が，他の地域との貿易障壁を引き上げるものでない限り，「この協定の規定は，締約国の領域の間で，関税同盟を組織し，もしくは自由貿易地域を設定し，または関税同盟の組織もしくは自由貿易地域の設定のために必要な中間協定を締結することを妨げるものではない」と規定し，ヨーロッパでの「関税同盟」の結成を容認した．GATTのこの規定は，「東西問題」（第2章，注2，参照）が深刻化する中で，欧州の戦後復興を急ぎたい米国が，欧州での地域経済協力を推し進めることによって戦後復興を加速させたいと企図したことによって容認されたものである．
>
> 　今日取り上げられている二国間または地域間でのFTA（自由貿易協定）やEPA（経済連携協定）の締結は，このGATT24条の規定にある「中間協定」と位置付けられている．しかし，GATTが容認したヨーロッパの「関税同盟」は，域内と域外との区別という点で，差別的な内容を含んでおり，欧州における地域主義（リージョナリズム）の拡大に道を開くことになったのである．

　ナリズム」を志向しながらもグローバリズムとは一線を画した「第三の立場」をさしている．ナショナリズムが「主権国家」を前提とした（絶対化した）かつての「ウエストファリア体制」の延長にあり，実態はともかくとして，建前としてのグローバリズムが「脱・主権国家」につながる「ボーダレス社会」を目指すものであるとすれば，戦後の新しいリージョナリズムは国家主権の範囲を「相対化」（制限）させつつ国家間協力を追求する動きであると捉えられる．

　換言すれば，今日のリージョナリズムとは，本来，特定の地域において共通の目的のもとに国家間で何らかの制度的調整を図ることによって「地域経済統合」やさらには「制度的地域統合」を目指そうとする動きを指すものであるといえよう（Column 53）．このような動きは，「特恵貿易協定（PTA）」や「自由貿易協定（FTA）」の締結を目的とした経済協力（機能的統合）とは，協力のレベルにおいて質的に異なるものであり，明確に区別されなければならない．「協力のレベル」とは，いうまでもなく，「制度的調整」にかかわる次元のものであり，最終的には「国家主権」にかかわる次元のものである．

> **Column 53 「制度的地域統合」と「機能的地域統合」**
>
> 　「制度的地域統合」という用語は，必ずしも明確に定義された概念ではないが，ここでいう「制度的地域統合」とは，「自由貿易圏」のような国家間の壁を関税や投資など経済面において低くすることによって実現される市場統合（地域経済統合＝機能的地域統合）にとどまらない．さらに社会制度のさまざまな分野においても国家間の壁を低くする（国家主権を制限する）ことによって実現される「有機的統合」化を指している．一般に「共同体」の実現とは，この「制度的地域統合」の最終形態を示すものと理解されよう．したがって，「機能的地域統合」の場合には，経済的win-win関係に基づく統合が可能であるが，「制度的地域統合」の場合には，困難な課題である国家主権の制限（調整）という問題を解決しなければならない．それゆえ，「機能的地域統合」から出発して「制度的地域統合」へ至る過程には，高いハードルが待ち構えており，両者を同じ次元で議論することはできないのである．今日，「共同体」が語られる多くの場合，必ずしもこの点が区別されているとはいえない．

　このようなリージョナリズムの発展モデルは，いうまでもなくEEC（欧州経済共同体：1958年発足），EC（欧州諸共同体：1967年発足），EU（欧州連合：1993年発足）へと拡大・深化していった欧州統合のプロセスにみることができる．今日，地域統合が語られる場合には，必ずといっていいほど，欧州統合のプロセスが引き合いに出されるのは，それがリージョナリズムに基づく地域統合の成功モデルとみなされているからである．とくに，EU（欧州連合）は，国家主権を「相対化」させることによって（国家主権の一部を上位機関に委譲することによって），地域統合にとっての最大のハードルをクリアーしたとみなされている．

　実は，欧州のリージョナリズムが「地域経済統合」（機能的統合）の枠を超えて，国家主権の制限（主権の一部委譲）を伴う制度的枠組みの形成にまで踏み込んでいった背景には，当時圧倒的経済力をもった米国主導で進められていた「自由・無差別・多角主義」（グローバル・スタンダード）を理念とした「IMF・GATT体制」への世界的再編成に対する欧州各国の防衛的対応と，米国発のグローバリズムに対する「堡塁」の構築という共通の利害があった．

　誤解を恐れずにあえて言えば，欧州のリージョナリズムは，その出自はとも

かくとして，その発展過程において，当時圧倒的経済力を背景に米国が推し進めようとしていた「アメリカン・スタンダード」の強要に対する「集団的防御」という保護主義的性格を有していたのである．その意味では，「新しい衣」をまとった戦後のリージョナリズムも，個別国家の「国益」と無縁ではありえなかった．英国のEU離脱の動きなどは，このことを端的に示している．

リージョナリズムと「共同体（community）」

しかし，保護主義的な「地域経済統合」の追求という性格をもっていた欧州のリージョナリズムは，究極的には「共同体（community）」の実現という国家間協力における新しい目標を掲げることになった．たしかに，共通の利害に基づいて国家間協力を推し進めようとするリージョナリズムが行き着く先として，「共同体」が掲げられることは，ある意味，必然的な流れかもしれない．

だが，あえて指摘するまでもなく，「共同体（community）」という用語は，きわめて抽象的かつ恣意的なものにすぎない．元来，英語の"community"は，単に利害を同じくする社会集団から共通の帰属意識をもつ集団，共通の自治組織の下にある社会集団まで，多様な意味が付与されてきた．そこには，基本的なコンセンサスはない．しかも，複数の国家にまたがった国家主権の問題や社会・経済構造にかかわる次元での"community"という用語は，これまで明確に定義されたことはない．とくに，東アジアにおいて"community"という言葉が使われる場合の多くは，経済連携の強化（win-win関係の強化）を目指す場合のような「機能的統合」（例えば経済共同体というような）を意味する場合が多い．

実際，欧州統合のプロセスでも，"community"という用語は，さまざまな段階で都合よく使われてきた．「共同体」という用語が，多少とも実体を伴うようになるのは，1993年のマーストリヒト条約の成立によって発足した「欧州連合（EU）」にともなって，「欧州（諸）共同体」と総称されていた「欧州経済共同体」が，「欧州共同体」（EC：European Community）へと名称変更されて以降であろう（Column 54）．

今日では，「欧州共同体」は，EUにおける共通の外交政策，安全保障政策，司法協力などとあわせて欧州統合の深化に重要な役割を担っている．欧州統合のプロセスでは，共通の目的のために「国家主権」の一部がすでにEUの最高意思決定機関である欧州理事会に委譲されており，実態として「国家主権の相対化」（国家主権の制限）が進んでいる．その意味で，「共同体」という呼び名は，単なる修辞的なものではなくなっている．

> **Column 54　欧州統合と"community"**
>
> 　欧州において，地域経済協力を目指す際に使われる"community"という用語のモデルになったのは，おそらく，1951年のパリ条約の調印（フランス，西ドイツ，イタリア，ベルギー，オランダ，ルクセンブルク）を受けて設立された「欧州石炭・鉄鋼共同体」(European Coal and Steel Community) が最初であろう．以後，1957年のローマ条約の調印を受けて設立された「欧州原子力共同体」(European Atomic Energy Community)，および「欧州経済共同体」(EEC：European Economic Community) によって，"community"という用語は広く認知されることになった．
>
> 　さらに1967年から，「欧州経済共同体」は，「欧州石炭・鉄鋼共同体」，「欧州原子力共同体」とあわせて，「欧州（諸）共同体」(EC：European communities) と総称されることになった．当時日本では，「欧州（諸）共同体」は，「欧州共同体」(EC) と訳されることが多く，実態としての「共同体」をイメージさせることとなった．しかし，この段階での「共同体」という用語は，依然として「○○共同体」といういわば対象が限定された機能的なものとして使われており，国家主権の制限にまで踏み込んで規定されたものではなかった．したがって，この段階までの欧州統合は，「機能的地域統合」としての性格が強く，マーストリヒト条約成立後の「制度的地域統合」を目指し始めた段階とは区別される．このように，同じ"community"という用語に含まれる地域統合の質的な違いは，東アジアの地域統合をみる場合には特に重要である．
>
> 　なお，「欧州（諸）共同体」を構成していた「欧州石炭・鉄鋼共同体」は，「欧州連合」(EU) の発足に伴って2002年に条約が失効し，消滅した．「欧州原子力共同体」は，1993年以降も主として政治的な理由から法律的には存続し続けているが，EUの一部として運営されている．

「東アジア共同体」論の台頭

　このように，今日のリージョナリズムは，常にその先に，「共同体」を意識せざるを得ないものとなっている．東アジアにおいても，地域経済協力の気運の高まりに合わせて，いきなり「東アジア共同体」構想がもち込まれることになった背景がここにある．

　20世紀末に至って東アジアで高揚したリージョナリズムの機運は，[1] 21世紀に

はいると一気に「制度的地域統合」構想へと突き進んでいった．おそらく，東アジア全域での「制度的地域統合」を目指そうとする最初の出発点となったのは，2001年11月に，ブルネイの首都バンダル・スリ・ブガワンで開催された「ASEAN+3」首脳会議に向けて，「東アジア・ビジョン・グループ」[2]が提出した，『東アジア共同体を目指して』（Towards an East Asian Community : Region of Peace, Prosperity and Progress）と題する報告書であろう．この報告書は，経済協力，金融協力，政治・安全保障協力，環境協力，社会・文化協力，制度的協力（Institutional Cooperation）の実現を通じて，平和・繁栄・進歩の「東アジア共同体」を創設することを東アジアの人々の共通の目標として掲げた．

このような提案は，2002年1月にシンガポールにおいて当時の小泉首相が行った，「東アジアの中の日本とASEAN――率直なパートナーシップを求めて――」と題する演説にも引き継がれていった．小泉首相は，その中で，「ASEAN+3」にオーストラリアとニュージーランドを加えた15カ国で構成する「東アジア・コミュニティ」構想を提案した．そこでの提案は，「ともに歩み，ともに進む」コミュニティを目指そうというきわめて抽象的な内容で，多分に政治的宣伝の色彩が強いものであった[3]．しかし，「東アジア・コミュニティ」という用語は，以後，「東アジア共同体」という言葉として独り歩きを始めることになった．

こうして，東アジアではあたかも「東アジア共同体」の形成が最終目標であるかの前提に立って，東アジアでの地域経済協力を推し進めようという議論が

---

1) 東アジアのリージョナリズム高揚の背景には，東アジア経済危機に際して痛感されたグローバリズムに対する「集団的セイフティー・ネット」形成の必要性という各国の思惑以外に，ASEANの地域協力の進展，実態としての東アジア域内経済連携の拡大（東アジア生産ネットワークの形成と東アジア域内貿易の拡大），中国の成長とWTO加盟に伴う市場経済化の加速など，いくつかの要因がある［坂田 2010］．
2) 「東アジア・ビジョン・グループ」（EAVG）とは，当時の韓国の金大中大統領による「ASEAN+3」首脳会議（1998年12月ハノイ）の場での提案によって設置された有識者による諮問機関である．
3) 「東アジア・コミュニティ」構想について，谷口［2004］は，「この概念はきわめて抽象的で，『コミュニティ』は必ずしも厳密な意味での『共同体』を意味するものではなく，より漠然とした地域協力をさすようにみえる」と指摘し，「an East Asian community のanとcommunityは小文字であり，特定の確定したコミュニティを意味するものではない」点に注意を喚起している［谷口 2004：34-35］．

主流を占めるようになった［進藤・平川編 2006］．その際，地域経済協力を推し進めるテコとみなされたのが，自由貿易協定（FTA）や経済連携協定（EPA）の活用である．

　日本政府も，2002年1月にシンガポールとの間ではじめてのEPAを締結したのを皮切りに，東アジアでは2005年12月にマレーシアと，2006年9月にはフィリピンと，2007年4月にはタイと，同6月にはブルネイと，8月にはインドネシアと次々とEPAを締結していった．2008年4月には，ASEAN全体との締結にこぎつけ，この時期までに，東アジア（ASEAN＋3）は，ASEANを媒介として，間接的ながらFTA網を形成していった．

　このようなASEANを媒介とした日・中・韓3カ国の緩やかな結びつきは，ASEANを「仲介役」とした東アジアの制度的地域統合の可能性に対する関心を呼び起こし，以後，「ASEAN＋3」による地域経済協力の進展への期待が急速に高まっていった．

　ASEAN自身も，AFTA（ASEAN自由貿易地域）の完成年度を前倒しするなど経済連携の強化と市場統合化を推し進める一方，域外に対しても積極的なFTA締結外交を追求していった[4]．こうして，ASEANの域内統合深化に向けた取り組みは（詳しくは，第4章，参照），ASEANを中核とした東アジアの「制度的地域統合化」への期待を膨らませ，以後，「ASEAN共同体」の実現が，「東アジア共同体」への鍵を握る中心的な位置におかれることになった．

　当時は，「広域自由貿易圏」のような「機能的地域統合」と，「東アジア共同体」と言われるような「制度的地域統合」の間に横たわる本質的な区別はほとんど問題にされることはなかった．したがって，「機能的地域統合」の延長線上に「制度的地域統合」を展望するような議論がしばしばみられたのである．「機能的地域統合」と「制度的地域統合」の違いが明確に意識されるようになるのは，グローバリズムに基づく地域経済協力（WTOプラス）の具体的可能性が議論されるようになってからである．

4）　ASEANは，オーストラリア，ニュージーランドとは2009年2月に，インドとは2009年8月に，それぞれFTAを締結した．

2　グローバリズムと地域経済協力

グローバリズムとは何か

　リージョナリズムに基づく地域経済協力が，目指すべき方向として「東アジア共同体」を描いたのとは対照的に，グローバリズムに基づく地域経済協力は，WTOを補完する「広域自由貿易圏」の創設（今日ではメガFTAとも呼ばれる）を目指す方向へと進んでいった．では，このような対照的な方向がどのようにして受け入れられていったのであろうか．グローバリズムが受け入れられていった経緯を説明する前に，まずグローバリズム（Globalism）とはどのような立場を代表しているのかを確認しておこう．

　グローバリズムという言葉が本格的に使われるようになったのは，1990年代後半以降のことであるが，その思想的起源は戦後の世界経済の再編過程にまでさかのぼることができる．すなわち，グローバリズムの思想的起源は，第2次世界大戦後，米国によって主導されてきた経済の「自由化，無差別化，多角化」の理論的支柱となった「グローバル・スタンダード」（Global Standard）に基づく世界的な自由・無差別主義に求めることができる．この理念に基づいて再編された国際経済秩序が，先に述べた「IMF・GATT体制」と呼ばれるものである．

　しかし，このような理念は，戦後の冷戦構造の下では，さまざまな例外措置や譲歩措置（たとえば南北問題の高揚を背景として発展途上国の製品輸出に与えられた一般特恵関税制度：GSP，など）を認めるなど，一定の制約を受けていた．しかし，20世紀末にいたって，冷戦構造が崩壊するに及んで，グローバリズムの潮流はいっきに勢いを増していった．これこそが，「グローバリズムのビッグ・ウェーブ」と呼ばれるゆえんである．

　ただし，こうした理念としてのグローバリズム（世界的自由・無差別主義）と急速に進展した情報通信革命によって導かれた現象としての「グローバリゼーション」（Globalization：グローバル化・ボーダレス化）は，Column 13（55頁）でも述べたように，グローバリズムと不可分に結びついているとはいえ，差し当たっては区別されなければならない．今日の時代において，「ボーダレス化」という現象は，抗いがたい現象であり，これによって世界中の多くの人々が少なからぬ恩恵を受けてきたことは，否定しがたい現実である．

　グローバリズムは，無差別的に経済の自由化という統一基準（グローバル・スタンダード）の採用を要求するものであり，「大競争時代」へとわれわれを導いていくものであることは否定できないが，「グローバル化」，「ボーダレス化」

は人々の結びつきを強め新しいビジネス・チャンスをもたらすものでもある．今日の時代に生きるわれわれは常に，この「グローバリズム」と「グローバリゼーション」というジレンマを抱えていかざるを得ないのである．

グローバリズムとAPEC

実は，米国（具体的には通商代表部）が，グローバリズムという理念に基づいて，最初に経済のグローバル化を意図的に推し進めようとした場がAPECである．オーストラリアの首相の提案によって1989年から始まったAPEC（アジア・太平洋経済協力）は，1993年の米国シアトル会議において，米国のイニシアティブによって非公式ではあるが初の首脳会議の開催を実現した．このシアトル会議において，APEC参加国間での経済自由化に向けた結束の強化をうたい，翌1994年インドネシアで開かれた第6回閣僚会議では，貿易・投資の自由化・円滑化をAPECの活動の中心に置くことが確認された．さらに，併せて開催された第2回非公式首脳会議では，「ボゴール宣言」が採択された．この宣言ではAPEC参加国による「自由で開かれた貿易・投資の実現」という長期目標を採択し，先進国は遅くとも2010年までに，発展途上国は2020年までに，この長期目標を達成することを謳った．

APECは，当初は「開かれた地域主義」(open regionalism) を掲げ，参加国も12カ国から出発したが，ヨーロッパでみられたような「地域主義」とは明らかに無縁であった．あえて指摘すれば，APECが掲げた「開かれた地域主義」というキャッチ・フレーズは，グローバリズムを強要されることに警戒心をもっていた発展途上国の懸念を払拭するための口実に過ぎなかった．APECの主たる狙いは，当時難航していたGATTのウルグアイ・ラウンド（1986-1995年）の早期妥結をはかるために，米国主導による自由化のための「モデル・ケース」をつくろうとしたものであった．換言すれば，APECは，米国が主導するグローバリズムの延長に位置づけられたアジア・太平洋地域における自由化戦略の一環を担うものであった．

米国は当初，「ボゴール宣言」に基づいて，APEC加盟国全域での自由貿易圏の創設（FTAAP：アジア太平洋自由貿易圏）を目指していた．しかしAPEC自身は発足時からの「非拘束の原則」（全会一致の原則）を堅持し，しかも今日では加盟国が21カ国にも及び，中国，ロシアおよびASEANの大部分を含むなど，APECを母体とした水準の高い自由貿易圏の創設は現実的には実現が不可能になってきた．しかも，東アジアでは，「ASEAN+3」あるいは「ASEAN+6」

など，米国抜きの地域統合構想がにわかに浮上し，このような東アジアの動向に対して米国は強い危機感をもつようになったのである．

押し寄せたグローバリズムのビッグ・ウェーブ

このような状況を前にして，グローバル化推進の新たな手段として米国が注目したのが，「環太平洋経済連携協定」（TPP）である．TPPは，もとは，2006年にシンガポール，ニュージーランド，ブルネイ，チリの4カ国によって発足した自由貿易協定にすぎなかったが，米国が参加の意向を示したことによってオーストラリア，ペルー，ベトナム，マレーシアなどが相次いで参加を表明するようになり，環太平洋地域の経済連携としてにわかに現実味を帯びるようになった．しかも，TPPは，締結当初から品目ベースで90％以上の自由化率を目指すなど，高いハードルを設定することによって，これをクリアーできる国同士でまず経済連携協定を結んで連携強化を進め，締約国を段階的に拡大していくというAPECとは対照的な方向性をもっていた．このような方式は，多様性の強いアジア・太平洋地域においては，地域経済統合を進める上でもっとも現実的なアプローチであった．

2008年以降，米国がTPPに積極的に関与し始めた背景にはこのような事情がある．以後，米国は，米国抜きで進められようとしていた東アジアの地域経済統合構想に打ち込む「楔（くさび）」としてTPPを積極的に利用する政策に転じていったといえる．

日本では当時，ASEANとの連携を中心とした東アジアでの「ASEAN＋3」，または「ASEAN＋6」という枠組みでの地域経済統合議論が主流をなしており，TPPはほとんど注目されることはなかった．2009年8月に行われた総選挙において政権の座についた民主党も，そのマニフェストにおいて「東アジア共同体の構築をめざし，アジア外交を強化する」という構想を表明していた．

ところが，2010年11月の横浜でのAPEC首脳会議を前にした10月，民主党の菅首相（当時）によるTPP交渉への参加を検討するという突然の表明によって，TPP参加問題がにわかに注目されるようになった．当時は，同年9月7日に起きた尖閣諸島での中国漁船による海上保安庁の巡視船への衝突事件によって日中関係が極度に悪化しており，中国によるレア・アースの日本への輸出差し止めなどあからさまな中国側の対応に対して，反中感情が急速に高まっていた時期であった．このような対中感情の悪化を背景に，日中間の経済協力気運は急速に後退していったのである．

日本に対してTPP参加交渉という踏み絵を突きつけてきた米国は，中国がTPPへの参加を見送ることになるのは当然想定していたことである．原則として例外規定を認めない，ハイレベルの自由貿易協定は，中国として受け入れ難いことであることは明らかであった．輸出拡大を願う中国は，自由貿易協定の締結を積極的に推進していこうとしてはいるが，「社会主義市場経済」を標榜する共産党政権にとって，例外規定を認めないハイレベルな自由貿易協定に参加することは，「政治体制と経済体制のミスマッチ」をいっそう拡大し，国内矛盾を激化することにつながりかねない．

　結局，中国がTPPへの参加を見送ったことによって，日本のTPPへの参加問題は，日中関係を重視した東アジアでの地域統合か，日米関係を重視した環太平洋経済連携か，という問題に矮小化され，「日中関係重視」対「日米関係重視」という対立の図式で語られることになった．

　このような状況の下で，最も苦しい立場に立たされたのは韓国であった．当初，TPP参加へ前向きな姿勢をみせていた韓国は，結局対中関係とのバランスを考慮し，当面は韓米FTAを優先するという方向に転換し，TPPへの参加を見送った．韓中経済連携が著しく進展している現状を考慮すれば（第3章，第2節，参照），韓国の選択肢は限られていた．

　ASEANの中でも，TPPへの参加を巡って大きく立場が分かれた．当初から交渉に参加していたシンガポール，ブルネイに加えて，マレーシア，ベトナムも交渉参加を表明することになり，ASEAN加盟国の立場は二分されることになった．このように，東アジアは，TPPというグローバリズムのビッグ・ウェーブが押し寄せたことによって，地域経済協力を巡る厳しい選択を迫られることになったのである．

第2節　東アジア地域経済協力の行方

1　リージョナリズムの後退と東アジアのジレンマ
ASEANのジレンマ

　みてきたように，東アジアの地域経済協力には，2つの道筋が示されている．では，東アジアの地域経済協力は，どちらの方向に進んでいくのであろうか．「東アジア共同体」（制度的地域統合）の方向に進んでいくとすれば，その前提はASEANの結束の強化と「制度的地域統合」に向けた東アジアでの強いリーダー

シップの発揮か（ASEAN媒介論），あるいは日本と中国の間の「コア・パートナーシップ」の実現［山下2006］であろう．では，その可能性はあるのだろうか．

たしかに，ASEANは，これまで地域経済統合（機能的地域統合）を進め，2015年末には，「ASEAN経済共同体」を創設したとの立場を表明した．それに合わせて，「ASEAN共同体」も発足したとの立場を明らかにした．だが，はたしてASEAN自身の「制度的地域統合」（実態としての「ASEAN共同体」）は今後も順調に発展していくとみなすことができるのであろうか．完成したとされる「ASEAN経済共同体」も，実態は「AFTA（ASEAN自由貿易地域）プラス」に過ぎないという指摘は多い．「経済共同体」という限りは，たとえばかつてのEEC（欧州経済共同体）のように域外諸国に対して共通関税を設定する（関税同盟の実現）というような共通の通商政策が実現されていかなければならないであろう．関税を引き下げたり，非関税障壁を撤廃したりするだけの域内協力であれば，「経済共同体」と呼ぶ積極的な意味はなかろう．

さらに，「ASEAN共同体」の発足という限りは，国家主権の一部を第三者機関へ移譲するとか，国家間での国家主権の制限に踏み込むとかといった，経済的Win-Win関係を超えた国家主権の調整が行われなければならないだろう．だが，現状のASEANに関する限り，国家主権の問題にはまったく触れられていない．それどころか，南シナ海の「行動規範」策定を巡るASEANの内部対立などは，逆にASEANの結束力さえ疑わせる事態である（Column 55）．結局のところ，現状では，ASEANがいう「共同体」とは，修辞的な意味でしかない．

よく知られているように，ASEANには，「ASEAN Wayのジレンマ」と呼ばれる決定的なジレンマが存在している．「ASEAN Way」とは，「内政不干渉」，「全会一致」（コンセンサス方式）を基本原則として，国家間の対立を最大限回避しつつ緩やかな統合の道を歩もうとするASEANが苦肉の策として生み出した道である．しかし，この原則を尊重しようとすれば，コンセンサスを得られない重要問題は先送りされざるを得ず，結果として地域統合化のペースは緩やかなものとならざるを得ない．逆に，統合化のスピードを速めようとすれば，「国家主権」の制限という課題に踏み込まざるを得ず（例えば多数決原理の導入など），先発国と後発加盟国（CLMV）という「二層構造」（ASEANディバイド）を内包するASEANの結束は大きく損なわれる可能性がある．

しかも中国は，この「ASEANディバイド」に着目して，経済援助の拡大などを通じて後発加盟国との関係を強化することによってASEANへの影響力の

> **Column 55　難航する南シナ海「行動規範」策定**
>
> 　ASEANと中国は，南シナ海の領有権問題の平和的解決を目指して，2002年に「南シナ海行動宣言」に署名した．しかし，実際には，その後も南シナ海の領有権をめぐって中国との間でたびたび緊張状態が続き，「行動宣言」は有名無実化していた．ASEAN加盟国は，新たに，法的拘束力をもった「行動規範」作りに着手していったが，2012年4月のカンボジアでのASEAN首脳会議では，「行動規範」策定過程に中国の参加を求めるか否かについての結論が内部対立により先送りされた．さらに，2012年7月にカンボジアの首都プノンペンで開かれたASEAN外相会議では，「行動規範」の策定をめぐって意見が対立し，中国に配慮した議長国カンボジアの主張によって，ASEAN成立以来始めて外相会議の共同声明が発表されないという異例の事態に直面した．
>
> 　この問題をめぐる内部対立は，中国との間で南シナ海での領有権を争っているベトナム，フィリピンと，中国との関係を重視する国との対立という形で表面化している．この間，南シナ海の南沙諸島（スプラトリー諸島）では，中国による実効支配と埋め立て基地化が着々と進められている．

拡大をねらっている．ASEANが，この二層構造を解消しようとすれば，CLMVに対する中国からの経済援助と投資の拡大（経済連携の強化）は欠くことのできない要素となっている．したがって，「ASEANディバイド」の存在は，ASEANが中国との距離のとり方に苦慮する最大の要因となっている．

　いうまでもなく，ASEANにとって「中国ファクター」は，きわめてセンシティブな問題である．「内政不干渉」と「全会一致」を基本とするこの「ASEAN Way」は，ASEANの結束を大前提にしたものであり，ASEANの結束が乱されるような「外部因子」がもち込まれることを極端に警戒している．したがって，ASEANにとって中国との関係において，利害関係を調整するような統一した方向性を打ち出すことはきわめて困難である．「ASEAN Wayのジレンマ」と並んで，「中国ファクター」はASEANにとって厳しいジレンマとなりつつある．

　ASEANには，今のところこれらのジレンマを克服する方向性は全くみられず，「ASEAN共同体」の発足という表明も，対外的に結束の強化をアピールするための宣伝文句に過ぎない．ASEANには，今のところ東アジアの「制度

的地域統合」においてリーダーシップを発揮できるような状況にはない．

中国のジレンマ

では，日本と中国の間での「コア・パートナーシップ」の実現という方向性についてはどうであろうか．この点について，さほど多くを語る必要はなかろう．最大の課題は，まず中国において「政治体制と経済体制のミスマッチ」［山下 2006］が解消されることであるが，その道筋はこれまでのところ全く示されていない．中国共産党の一党独裁体制を前提とした「日中コア・パートナーシップ」の実現を期待することは非現実的である．

しかも，中国にとって，グローバル化が進展する世界市場に身を置く限り，「WTOプラス」（WTOを超える自由化）の潮流に正面から抗うことはできない．中国経済はこれまでにもグローバル化の恩恵を最大限享受してきた．しかし同時に，「国進民退」（第6章，第4節，参照）と批判されている巨大な国有企業の存在や多くの非市場経済措置（市場への国家介入や規制）などは，中国共産党が「社会主義」の看板を掲げている以上，一朝一夕に克服できるものではない．

中国は，迫られる市場経済化の深化と巨大国有企業の温存というジレンマにも直面している．このような状況の下で，中国は，「ASEAN+3」という枠組みでの地域経済協力を目指そうとしたわけであるが，中国政府のこれまでの対応からは，「ASEAN+3」をリージョナリズムに基づく「制度的地域統合」の場と考えるのか，「WTOプラス」を基本とした地域経済統合（機能的地域統合）の場と考えるのかという立場の違いは明確ではない．おそらく中国の本音は，TPPのようなハイレベルでの地域経済統合（広域自由貿易圏）はとても受け入れることはできないし，だからといって「WTOプラス」の潮流に全く背を向けることもできない，というところであろう．

そうであるならば，中国は，東アジアのリージョナリズムをうまく利用しながら，自国に都合のいい地域経済統合（おそらく「WTOプラス」ではあるがTPPよりも低いレベルでの広域自由貿易圏の創設）を目指そうとしているといえるであろう．中国が，本気で「制度的地域統合」（東アジア共同体）を目指しているなどと考える根拠はどこにもない．

このように，東アジア経済危機（1997年）をきっかけとして高揚した東アジアのリージョナリズムは，進展するグローバル化の前にかつての勢いを完全に失っていった．東アジアには，多様な国家スタンスが混在しており，強力なリーダーシップを発揮できる国は今のところ見当たらない．結局のところ，東アジ

アでは,リージョナリズムに基づいた制度的地域統合(「東アジア共同体」)の道筋は現実性をもっていないと言わざるを得ない.[5]

2　グローバリズムの2つの潮流

RCEPを巡る駆け引き

　東アジアでは,リージョナリズムが大きく後退していく一方で,グローバリズムの2つの潮流がせめぎあいを行っている.1つは,TPP(環太平洋経済連携協定)であり,もう1つはRCEP(東アジア地域包括的経済連携)である.TPPもRCEPもどちらも「WTOプラス」を目指すものであるという点においては,グローバリズムの新しい潮流と呼びうるものであり,本質的な違いはない.ただし,TPPの場合には,自由化率においてかつてない高いハードルが設定されており,「グローバリズムのビッグ・ウェーブ」と呼ばれているのに対し,RCEPの場合には,ASEANの10カ国と中国が大きな比重を占めているため,必ずしもハイレベルの「広域自由貿易圏」を目指しているわけではない.

　RCEPは,もともとは,日本政府が,東アジア域内における経済連携構想として,「ASEAN+3」に代えて,「ASEAN+6」を打ち出したことから,にわかに注目されるようになった地域経済協力枠組みである.日本政府が,2007年に突如,東アジア包括的連携構想として「ASEAN+3」に代えて,「ASEAN+6」を打ち出した背景には,成長しつつある巨大市場インドを自由貿易圏に取り込もうと企図したこと,オーストラリア,ニュージーランドとのEPA(経済連携協定)を東アジアでの自由貿易圏につなげようと考えたことなどに加えて,何よりも,当時ASEANに急接近しつつあった中国への牽制という意味合いが強かった.日本政府は,オーストラリアやインドを加えることによって,中国の影響力の低下を狙ったのである.

---

5)「東アジア共同体」への期待が見事に裏切られた最大の理由は,「共同体」の内実を国家間協力に基づく「地域経済統合」の延長線上でしか把握してこなかった点にある.このような立場からは,国家間関係が良好な時代には地域協力への期待は大きく膨らんでいくが,ひとたび国家間関係が悪化するとたちまちその期待は雲散霧消してしまうことになる.「共同体」と呼ばれるものの本質は,あくまでも「制度的地域統合」であり,「地域経済統合」のような機能的な統合とは次元が異なっている.「制度的地域統合」に至る最大のハードルは,「国家主権」の問題をどのように乗り越えるかということである.

当然のことながら，日本政府のこの提案に対しては，「ASEAN+3」という枠組みで，東アジア自由貿易圏を構想していた中国は猛反発を示した．日本政府の「ASEAN+6」という提案には，ASEAN諸国内でも意見が分かれた．「ASEAN+3」か「ASEAN+6」か，といった議論に決着がつけられたのは，米国が東アジア諸国に突きつけてきたTPPという新たな選択への対応を迫られた結果である．

RCEPからTPPへ

日本の民主党政権（菅首相）は，2010年10月，横浜でのAPEC首脳会議を前にして，「TPP交渉への参加を検討する」という突然の表明を行い，多くの東アジア諸国を驚かせた．日本政府のこのような突然の表明に最も驚いたのは中国政府であろう．

周知のように，原則として例外規定を認めないハイレベルの自由貿易協定であるTPPは，中国としては受け入れがたいものであることは明らかである．自由貿易協定の締結を積極的に推進している中国ではあるが，米中間の自由貿易協定締結には，中国の「市場経済国としての地位」の承認という積年の懸案事項の解決が前提となる．しかも，「社会主義市場経済」を標榜する中国にとって，例外規定を認めないハイレベルでの自由貿易協定に参加することは，「政治体制と経済体制のミスマッチ」を一層拡大することになり，国内矛盾を激化することにつながりかねない．

中国がTPPに参加する見通しがまったくない中で，日本政府がTPPに積極的になることは，中国主導で進めてきた「ASEAN+3」の枠組みさえ崩壊しかねないと懸念した中国政府は，突然日本政府が主導しつつあった「ASEAN+6」の枠組みでの東アジア経済連携構想に柔軟に対応するようになった．

こうして，2011年には，「ASEAN+3」と「ASEAN+6」を調整する形で，ASEAN側に対して日中両国政府による新しい作業部会の立ち上げが共同提案され，以後ASEAN側の合意の下で「ASEAN+6」の枠組みでの包括的連携協定（RCEP）締結に向けた交渉がスタートすることになった．おそらく，当面は，RCEPを巡る交渉においては，可能な限りハイレベルの協定に結び付けたい日本と，低いレベルでの協定にとどめておきたい中国とのせめぎあいが続けられることになろう．

東アジアでは，今後，RCEPをめぐる関係各国の対応が注目されることになるが，TPP交渉が決着し，各国の承認を待つまでになったことによって，地域

経済統合の枠組みとしてのRCEPの魅力は急速に色あせ，微妙な位置におかれることになったといえよう．

　他方，TPPは，さらにその先に「アジア太平洋自由貿易圏」(FTAAP) の実現を視野に入れており，「メガFTA時代」を切り拓くものとして期待されている．TPPの実現が現実味をもったことによって，RCEPかTPPかという選択の問題はさしあたり回避された（ただし，TPPは参加国の交渉が決着したとはいえ，各国での議会の承認を得る必要がある．米国では第45代大統領選挙をめぐってTPP見直し論が台頭しており，予断を許さない状況にある）．東アジアでは交渉に参加した日本，ベトナム，マレーシア，シンガポール，ブルネイ以外にも，すでに，韓国，タイ，インドネシア，フィリピン，台湾などがTPP参加の意向を表明しており，残された国はASEAN後発国のカンボジア，ラオス，ミャンマーと中国だけになっている．

　もちろん現状ではRCEPとTPPは二者択一的なものではない．しかしTPPが本格的に機能するようになればそれがもたらすであろう「WTOプラス」の経済効果はRCEPに比してはるかに大きく，しかもTPPの通商ルールが「世界標準」になっていくことは疑いなかろう．その場合には，TPPへの対応において中国が最も苦慮することになるであろう (Column 56)．

3　「メガFTA時代」の日本の針路

　日本がTPPへの参加を決断した以上，次に直面する課題は「アジア太平洋自由貿易圏」(FTAAP) への対応であろう．東アジアではすでに，米国を完全に排除した形での経済統合構想は，現実味をもたなくなっている．

　他方，日本と東アジアとの関係は，多国籍企業に主導された相互依存関係の深化（東アジア生産ネットワークの形成）によって，すでに実態としての経済統合へ向かって進んでいる．特に，日本と中国との経済関係は，好むと好まざるとにかかわらず，中・長期的にみて，相互依存関係を深化させざるを得ない状況にある．ASEANと中国の関係も，基本的には同様である．そのことは，たとえ中国の「政治体制と経済体制のミスマッチ」を解消する展望が見えてこないとしても，何人も否定できない現実である．

　このような状況の下では，東アジアでの地域経済統合（機能的地域統合）の進展は，日本と東アジアのWin-Win関係の形成という側面からは好ましいものであろう．その意味では，RCEP（東アジア地域包括的経済連携）を通じた「東アジ

Column 56　TPPと「中国包囲網」論

　TPPのもつ政治的性格について，これを「中国包囲網」とみる見解がある．馬田〔2013〕は，TPPは「21世紀型のFTA」ととらえたうえで，米国はTPPを利用して「中国包囲網」を形成し，中国の市場開放を迫っていると指摘している．馬田によれば，米国は将来的には中国もこのTPPに取り込むつもりではあるが，当面は，「与しやすい国を相手に米国主導で，米国の価値観を反映させたハードルの高いルールを作ってしまいたい」というのが米国の意図であると指摘する．「当面は中国抜きでTPP交渉を締結させ，その後，APEC加盟国からのTPP参加を通じてアジア太平洋地域における中国包囲網の形成を目指す．最終的には，投資や競争政策，知的財産権，政府調達などで問題の多い中国に，TPPへの参加条件として国家資本主義からの転換とルール遵守を迫るというのが米国のシナリオであろう．『TPPに参加したいのであれば，自ら変革する必要がある』というのが中国へのメッセージだ」〔馬田 2013：31〕というわけである

　このような「中国包囲網」論に対して，平川〔2016〕は，TPPを「対中包囲網」と捉えるならば，「例えTPPが成立しても，短期的にはともかく，中長期的には中国へのその効果の小さいことを日米は嘆くことになるかもしれない．変化はその先にまで進んでいる可能性が高いからである」〔平川 2016：15-16〕と述べて，新興国（中国など）の勃興のチャンスを，「アジア・コンセンサス」の創出によって日本経済の再生に結び付けることが必要不可欠であるとの認識を示している．「アジア・コンセンサス」とは，おそらく，「東アジア共同体」へ向けたコンセンサスと言い換えることができるであろうが，残念ながら，すでに指摘したように，東アジアでの「制度的地域統合」には，克服されなければならない課題が多すぎる．おそらく，日本にとって最も現実的な対応は，実効性のあるRCEPの実現と，そのためのASEANとの経済連携の強化であろう．

ア広域自由貿易圏」（ASEAN＋6）構想は，たとえ自由化レベルの低い「機能的地域統合」に帰結したとしても，日本としてはその実現に向けて主体的な役割を果たしていく必要があるだろう．とくに，1997年の東アジア経済危機を契機として東アジア諸国がみせた一体感が急速に退潮し，東アジアの求心力が低下しつつある現状においては，改めて東アジアにおける日本の立ち位置を明確にしておく必要があるだろう．

日本をサプライヤー，米国をアブゾーバーとして東アジアの成長をサポートしたかつての「太平洋（成長の）トライアングル構造」は，「鵜飼経済圏」（第1章，第4節，31頁）という批判にみられるように，東アジア諸国にとっては必ずしも満足できる関係ではなかった．日本と東アジア，米国の関係は，時代とともに変化していくとしても，日本にとっては基本的な経済関係であることに変わりはない．そうであるならば，今日，日本がTPPとRCEPの調整機能を果たしながら，アジア・太平洋地域でのWin-Win関係の構築を目指した新しい「太平洋トライアングル構造」の形成に向けて主体的な役割を果たすというスタンスは，最も望ましい道筋ではなかろうか．

　もちろん，われわれは，リージョナリズムに基づく「制度的地域統合」を目指そうとする立場を，頭ごなしに否定するつもりはない．「グローバリズムのビッグ・ウェーブ」の先に待ち構えているのは「大競争時代」である．このような社会が，働くものにやさしい社会であるはずはない．もしかりに，東アジアの地域経済協力を推し進めることによって，東アジアに「共生型」社会が切り拓かれるのであれば，日本がその方向に舵を切ることは当然であろう．

　しかし，そのためには，欠くことのできない前提条件が必要であるということも明確にしておかなければならない．現在の状況は，明らかにそれを欠いている．東アジアで叢生したリージョナリズムは，結局のところ国益の重視という偏狭な次元でのリージョナリズムに過ぎなかった．

　かりに，東アジアで「共生型」社会を目指すとしても，それはさしあたりRCEPのような「機能的地域統合」（広域自由貿易圏）の実現を通じて追求されるべきであり，いきなり「東アジア共同体」というような「制度的地域統合」の議論を持ち込むことではない．われわれにとって東アジアでいま必要なことは，「東アジア共同体」といった理想を語ることではなく，まず域内経済連携（経済的Win-Win関係）を着実に進展させることであり，そのための障害を1つずつ取り除いていくことである（Column 57）．

おわりに

　「ミネルバーの梟は迫りくる夕闇とともにはじめて飛びはじめる」（ヘーゲル『法の哲学』高峰一愚訳，創元社，1953年，序文）．残念ながら，理論というものは，常に現実を後追いする存在に甘んじてこざるを得ないものであった．現実の世

> ## Column 57 「ユーロ・リージョン」と「下位地域協力」
>
> 　ヨーロッパの「制度的地域統合」の過程では，「ユーロ・リージョン」と呼ばれる無数の「下位地域協力」の形成が重要な役割を果たしたことが知られている．高橋［1998］によれば，本来「ユーロ・リージョン」とは，欧州における「国境を跨ぐ自治体協力」によって協力関係を制度化した地域であるという．このような「ユーロ・リージョン」と総称される「下位地域協力」には，地方自治体だけでなく，地域住民，学術機関などさまざまなアクターによる国境を越えた地域間での問題解決型の地域協力への取り組みがみられる．ヨーロッパの地域統合は，このような地方自治体や市民レベルでの国境を超えた地域協力が，国家間での地域協力と相乗効果をもちながら進展していったと考えられる．
>
> 　すなわち，ヨーロッパの「制度的地域統合」を見る限り，無数の「下位地域協力」（サブ・リージョンと呼ばれることもある）の叢生が国家間協力に基づく「制度的枠組」作りを支えており，その「制度的枠組み」がさらに「下位地域協力」を発展させていくという関係を生み出していった．いわば，国家間の政府による「トップ・ダウン」型の交渉と地方自治体・NGO・NPO・地域住民などによる「ボトム・アップ」の運動が，互いに因となり果となって相乗効果をもたらしてきたとみることができる．もちろん，だからといって欧州の地域統合を理想化できるわけではない．2015年に深刻化したギリシャの債務問題への対処，欧州に流入する大量のシリア難民への対応の混乱，イギリスのEU離脱など，近年とくに欧州統合の弱点が露呈している．現状では，欧州統合における大国と小国の利害対立まで解消されているわけではなく，制度的地域統合は依然として道半ばである［前田 2012］．
>
> 　それにしても，東アジアには今のところ欧州統合の過程でみられたような問題解決型の「下位地域協力」はみられない．東アジアの「制度的地域統合」を展望する場合，国家間のトップ・ダウン型の交渉にだけ期待を寄せるのは危険である．

界は，人間が組み立てた浅はかな理論をあざ笑うかの如く，ことごとく歴史のくずかごに葬り去った．「理論」をもって現状を分析しようとする者は，とくにこのことを銘記しなければならない．これは，われわれが歴史から得た重要な教訓である．

さしあたって,「グローバリズムのビッグ・ウェーブ」の先に待ち構えているのは「大競争時代」であるとしても,さらに,その先の行きつくところを,われわれはいまだ知らない.しかし,「グローバリズムのビッグ・ウェーブ」に東アジアの「制度的地域統合」の実現によって立ち向かうという構図（理論）は,すでに破たんしていることは明らかである.そうであるならば,グローバル時代に対応した地域経済協力の在り方を模索することこそが,日本に求められる姿であろう.

経済のグローバル化,ボーダレス化が抗うことのできない現実である以上,グローバリズム（WTOプラス）かリージョナリズム（制度的地域統合）かという議論はそれほど意味のあるものではない.グローバリズムに与すると否とにかかわらず,世界経済はグローバル化の恩恵を受けて発展してきたし,日本もその最大の受益者であった.日本にとって都合のいいグローバル化だけを受け入れるという姿勢は,もはや許されなくなっているといえよう.

それゆえ,好むと好まざるとにかかわらず,われわれはこれからもグローバル化が進展する社会で生きていかなければならないのである.とくに,グローバリズムとリージョナリズム,さらにはナショナリズムさえもが同居する東アジアでは,日本は厳しい選択を迫られることになろう.繰り返しになるが,今われわれにできることは,「機能的地域統合」に向けた域内経済連携（経済的Win-Win関係）を着実に進展させること以外にはないのである.

参考文献

〈邦文献〉

赤松要［1959］『経済政策論』青林書院.
荒巻健二［1999］『アジア通貨危機とIMF』日本経済評論社.
石川幸一［2007］「ASEAN共同体形成の現状と展望」『季刊・国際貿易と投資』No. 67.
─── ［2008］「ASEAN経済共同体とは何か──ブループリントから読めるもの──」『季刊・国際貿易と投資』No.72.
─── ［2009］「ASEAN経済共同体とブループリント」，石川幸一・清一史・助川成也編『ASEAN経済共同体──東アジア統合の核となりうるか──』ジェトロ.
石田正美編［2005］『メコン地域開発』ジェトロ・アジア経済研究所.
石田正美・工藤年博編［2007］『大メコン圏経済協力──実現する3つの経済回廊──』アジア経済研究所.
伊藤正二・絵所秀紀［1995］『立ち上がるインド経済』日本経済新聞社.
岩崎育夫［2001］「比較国家論──開発主義国家を中心に──」，中村哲編『講座：東アジア近現代史・1』青木書店.
馬田啓一［2013］「TPPとアジア太平洋の新通商秩序」『世界経済評論』57（5）.
絵所秀紀［2008］『離陸したインド経済──開発の軌跡と展望──』ミネルヴァ書房.
大塚久雄［1966］『社会科学の方法──ヴェーバーとマルクス──』岩波書店.
─── ［1969］「国民経済」『大塚久雄著作集』第6巻，岩波書店.
外務省アジア大洋州局［2008］『東南アジア諸国連合（ASEAN）の基礎知識；2008年版』外務省アジア大洋州局地域政策課.
加藤弘之［2013］『「曖昧な制度」としての中国型資本主義』NTT出版.
金田一郎［1997］『環日本海経済圏──その構想と現実──』日本放送出版会.
川田敦相［2009］「ASEAN経済統合に向けた新規加盟国の現況と課題」，石川幸一・清一史・助川成也編『ASEAN経済共同体──東アジア統合の核となりうるか──』ジェトロ.
川田侃［1976］『今日の南北問題』日本評論社.
関志雄［2015］『中国「新常態」の経済』日本経済新聞出版社.
金日坤［1992］『東アジアの経済発展と儒教文化』大修館書店.
金泳鎬［1988］『東アジア工業化と世界資本主義』東洋経済新報社.
黒柳米司［2003］『ASEAN35年の奇跡──ASEAN Wayの効用と限界──』有新堂.
─── ［2011］『ASEAN再活性化への課題』明石書店.
高龍秀［2009］『韓国の企業・金融改革』東洋経済新報社.
小島清［2004］『雁行型経済発展論』第1巻・第2巻，文眞堂.
小谷汪之［1979］『マルクスとアジア』青木書店.
小段文一［1965］『低開発国工業化論』東洋経済新報社.

小林伸夫［1995］『台湾経済入門』日本評論社.
小山正久［2014］「内陸国の制約を越えて――ラオスの持続可能な発展を考える――」，西口清勝・西澤信善編『メコン地域開発とASEAN共同体』晃洋書房.
坂田幹男［1979］「インド5カ年計画における農業部門支出の位置と農業生産の発展」『経済学雑誌』80（4）．
――――［1995］「図們江地域開発計画の現状と展望」，本多健吉・韓義泳・凌星光・坂田幹男『北東アジア経済圏の形成』新評論.
――――［2001］『北東アジア経済論』ミネルヴァ書房.
――――［2010］「東アジア地域統合をみる眼」，坂田幹男編『東アジアと地域経済』京都大学学術出版会.
――――［2011］『開発経済論の検証』国際書院.
――――［2015］『グローバリズムと国家資本主義』御茶の水書房.
――――［2016］「ラオスにおけるNAIC型工業化の可能性について」『大阪商業大学論集』11（3）．
佐藤隆広［2002］『経済開発論――インドの構造調整計画とグローバリゼイション――』世界思想社.
佐藤隆広編［2009］『インド経済のマクロ分析』世界思想社.
JETRO［2006］『日中韓ビジネス・アライアンスの現状と今後の可能性調査』JETRO海外調査部.
進藤榮一・平川均編［2006］『東アジア共同体を設計する』日本経済評論社.
末廣昭［1994］「アジア開発独裁論」，中兼和津次編『講座 現代アジア・2』東京大学出版会.
――――［1998］「開発主義とは何か」，東京大学社会科学研究所編『20世紀システム・4 開発主義』東京大学出版会.
――――［2000］『キャッチアップ型工業化論――アジア経済の軌跡と展望――』名古屋大学出版会.
――――［2014］『新興アジア経済論――キャッチアップを超えて――』岩波書店.
杉谷滋［1978］『開発経済学再考』東洋経済新報社.
杉谷滋編［1999］『シンガポール：清廉な政府・巧妙な政策』御茶の水書房.
助川成也［2009］「経済統合の牽引役AFTAとその活用」，石川幸一・清一史・助川成也編『ASEAN経済共同体――東アジア統合の核となりうるか――』ジェトロ.
――――［2011］「ASEAN経済共同体に向けて――現況と課題――」，山影進編『新しいASEAN――地域共同体とアジアの中心性を目指して――』ジェトロ・アジア経済研究所.
高橋和［1998］「欧州における下位地域協力」北東アジア学会編『環日本海研究』4．
谷口誠［2004］『東アジア共同体――経済統合の行方と日本――』岩波書店.
唱新［2016］『AIIBの発足とASEAN経済共同体』晃洋書房.
趙甲済［1991］『朴正煕――韓国近代革命家の実像――』（永守良孝訳）亜紀書房.
趙容範［1974］『韓国経済論』東洋経済新報社.
丁士晟［1996］『図們江開発構想』（金森久雄監修）創知社.
徐照彦［1990］『東洋資本主義』講談社.
――――［1995］『台湾からアジアのすべてが見える』時事通信社.

藤間丈夫［1991］『動き始めた環日本海経済圏——21世紀の巨大市場——』創知社.
中村哲・安秉直編［1993］『近代朝鮮工業化の研究』日本評論社.
西口章雄［1986］「インドにおける輸入代替工業化政策と工業技術発展」『同志社商学』37（5・6）.
西口清勝・西澤信善編［2014］『メコン地域開発とASEAN共同体』晃洋書房.
朴一［1992］『韓国NIES化の苦悩——経済開発と民主化のジレンマ——』同文館.
朴一編［2004］『変貌する韓国経済』世界思想社.
服部民夫編［1987］『韓国の工業化——発展の構図——』アジア経済研究所.
服部民夫［2007］『東アジアの経済発展と日本』東京大学出版会.
玄永錫［1991］『韓国自動車産業論——技術発展にかんする実証分析——』（佐藤静香訳）世界思想社.
平川均［2016］「アジア経済の変貌と新たな課題——アジア・コンセンサスを求めて——」，平川均・石川幸一・山本博史・矢野修一他編『新・アジア経済論——中国とアジア・コンセンサスの模索——』文眞堂.
福山龍［2010］「中国独占禁止法の施行と対中ビジネスへの影響」，坂田幹男編『東アジアと地域経済2010』京都大学学術出版会.
本多健吉［1986］『資本主義と南北問題』新評論.
前田啓一［2012］『溶解するEU開発協力政策』同友館.
丸川知雄［2013］『現代中国経済』有斐閣.
山影進［1991］『ASEAN——シンボルからシステムへ——』東京大学出版会.
山崎恭平［1997］『インド経済入門——動き出した最後の巨大市場——』日本評論社.
山澤逸平［1984］『日本の経済発展と国際分業』東洋経済新報社.
山下英次［2006］「ヨーロッパに学ぶ地域統合」，進藤榮一・平川均編『東アジア共同体を設計する』日本経済評論社.
尹春志［2009］「東アジアの成長と生産ネットワークの変容の力学」，坂田幹男編『中国経済の成長と東アジアの発展』ミネルヴァ書房.
吉野文雄［2011］「ASEAN経済共同体の現実」，黒柳米司編『ASEAN再活性化への課題』明石書店.
劉進慶［1990］「台湾の経済計画と産業政策」，藤森英男編『アジア諸国の産業政策』アジア経済研究所.
凌星光［1996］『中国の経済改革と将来像』日本評論社.
渡辺利夫［1986］『開発経済学』日本評論社.
─── ［1993］『転換するアジア』弘文堂.
渡辺利夫編［1992］『局地経済圏の時代』サイマル出版会.

〈欧文献〉

Balassa, B. [1961] *The Theory of Economic Integration*, Homewood, Ill. : Richard D. Irwin（中島正信訳『経済統合の理論』ダイヤモンド社，1963年）.
Baran, P. A. [1959] *The Political Economy of Growth*, New York: Monthly Review Press

（浅野栄一・高須賀義博訳『成長の経済学』東洋経済新報社，1960年）.

Barrett, R. E. and Soomi Chin [1987] "Export-oriented Industrializing States in the Capitalist World System：Similarities and Differences," in F. C. Deyo ed., *The Political Economy of the New Asian Industrialism*, Ithaca, N.Y. :Cornell University Press.

Boeke, J. H. [1953] *Economics and Economic Policy of Dual Societies, as exemplified by Indonesia*, New York：Institute of Pacific Relations（永易浩一訳『二重社会論──インドネシア社会における経済構造分析──』秋童書房，1979年）.

Bremmer, I. [2010] *The End of the Free Market: Who Wine the War between State and Corporation?*, Portfolio/Penguin（有賀裕子訳『自由市場の終焉：国家資本主義とどう闘うか』日本経済新聞社，2011年）.

Dobb, M. H. [1955] *Some Aspects of Economic Development*：*Three Lectures*, Delhi；Ranjit：Delhi School of Economics（小野一一朗訳『後進国の経済発展と経済機構』有斐閣，1956年）.

Gerschenkron, A. [1962] *Economic Backwardness in Historical Perspective*, Cambridge, Mass.：The Belknap Press of Harvard University Press.

Geertz, C. [1963] *Agricultural Involution: The Process of Ecological Change in Indonesia*, Berkley, Los Angeles and London: University of California Press（池本幸生訳『インボルーション──内に向かう発展──』NTT出版，2001年）.

Halper, S. [2010] *The Beijing Consensus :How China's Authoritarian Model Will Dominate the Twenty-First Century*, New York：Basic Books（園田茂人・加茂具樹訳『北京コンセンサス──中国流が世界を動かす？──』岩波書店，2011年）.

Hirschman, A. O. [1958] *The Strategy of Economic Development*, Yale University Press（小島清監修・麻田四郎訳『経済発展の戦略』厳松堂出版，1961年）.

Krugman, P. [1994] "The Myth of Asia's Miracle," *Foreign Affairs*, November/December（「まぼろしのアジア経済」，竹下興喜・監訳『アジア成功への課題──「フォーリン・アフェアーズ」アンソロジー──』中央公論社，1995年）.

Kuznets, S. [1955] "Economic Growth and Income Inequality," *American Economic Review*, 45.

Marx, K. [1853a] "The British Rule in India," *New York Daily Tribune*, June 25（「イギリスのインド支配」，大内兵衛・細川嘉六監訳『マルクス・エンゲルス全集』第9巻，大月書店，1962年）.

────── [1853b] "The Future Results of the British Rule in India" *New York Daily Tribune*, August 8（「イギリスのインド支配の将来の結果」，大内兵衛・細川嘉六監訳『マルクス・エンゲルス全集』第9巻，大月書店，1962年）.

Myrdal, G. [1968] *Asian Drama：An Inquiry into the Poverty of Nations*, London：Allen Lane the Penguin Press（板垣與一監訳『アジアのドラマ──諸国民の貧困の一研究──』東洋経済新報社，1974年）.

McCain, J. [2007] "An Enduring Peace Built on Freedom：Securing America's Future," *Foreign Affairs*, November/December.

Nurkse, R. [1953] *Problems of Capital Formation in Underdeveloped Countries*, Oxford：B. Blackwell（土屋六郎訳『後進諸国の資本形成』厳松堂出版，1955年）．

――― [1961] *Equilibrium and Growth in The World Economy: Economic Essays*, Cambridge, Mass.：Harvard University Press（河村錥男・大畑弥七・松永嘉夫他訳『世界経済の均衡と成長』ダイヤモンド社，1967年）．

OECD [1979] *The Impact of the Newly Industrialising Countries, on Production and Trade in Manufactures*, OECD（大和田悳朗訳『新興工業国の挑戦』東洋経済新報社，1980年）．

O'Neill, J. [2001] "Building Better Global Economic BRICs," *Global Economics Papers*, No.66, Goldman Sachs.

Piketty, T. [2013] *Le Capital au XXIe Siècle, Paris*：Éditions du Seuil（山形浩生・守岡桜・森本正史訳『21世紀の資本』みすず書房，2014年）．

Prebisch, P. [1964] *Toward a New Trade Policy for Development*, United Nation（外務省訳『プレビッシュ報告――新しい貿易政策を求めて――』国際日本協会，1964年）．

Stiglitz, J. E. [2002] *Globalization and its Discontents*, New York：W.W.Norton & Company（鈴木主悦訳『世界を不幸にしたグローバリズムの正体』徳間書店，2002年．）．

Tan, G. [1992] *The Newly Industrializing Countries of Asia*, Singapore: Times Academic Press.

The Economist [2012] "SPECIAL REPORT, The Rise of State Capitalism", January 21st.

Vernon, R. [1966] "International Investment and International Trade in the Product Cycle," *Quarterly Journal of Economics*, 80（2）．

Weber, M. [1905] *Die Protestantische Ethik und der »Geist« des Kapitalismus*, Tübingen：J.C.B.Mohr（大塚久雄訳『プロテスタンティズムの倫理と資本主義の精神』岩波書店，1988年）．

World Bank [1993] *The East Asian Miracle: Economic Growth and Public Policy*, New York, N. Y.；Tokyo：Oxford University Press.（白鳥正喜監訳『東アジアの奇跡――経済成長と政府の役割――』東洋経済新報社，1994年）．

〈その他〉

日本貿易振興会編『ジェトロ世界貿易投資報告』各年版．

JOI（海外投融資情報財団）『海外投融資』2009年．

中華人民共和国国家統計局編『中国統計年鑑』中国統計出版社，各年版．

IMF, *World Economic Outlook Database*, April 2016.

Korea Statistics Promotion Institute, *Monthly Statistics of Korea*, Statistics Korea, monthly.

The Export-Import Bank of Korea, Overseas Direct Investment Statistics, yearly.

人名索引

〈ア 行〉

赤松要　21
荒巻健二　111
石川幸一　122
石田正美　25
李承晩（Rhee Syng-man）　64
李明博（Lee Myung-bak）　73
ウェーバー（Weber, M.）　1, 2
馬田啓一　259
絵所秀紀　194, 197, 198
袁世凱（Yuan Shi-kai）　80
王洪文（Wang Hong-wen）　154
大塚久雄　2, 23
オニール（O'Neill, J.）　199
オルブライト（Albright, M.）　231

〈カ 行〉

ガーシェンクロン（Gerschenkron, A.）　17, 19
加藤弘之　176
金田一郎　228
川田侃　45
ガンディー，インディラ（Gandhi, Indira）　195, 196
ガンディー，サンジャイ（Gandhi, Sanjyay）　196
ガンディー，マハトマ（Gandhi, Mohandas）　196
ガンディー，ラジブ（Gandhi, Rajiv）　196
ギアツ（Geertz, C.）　6
金日坤（Kim Il-gong）　229
金正日（Kim Jong-il）　231
金大中（Kim Dae-jung）　70
金泳三（Kim young-sam）　47, 52, 69
金泳鎬（Kim young-ho）　31
クズネッツ（Kuznets, S.）　39
クリントン（Clinton, B.）　231
クルーグマン（Krugman, P.）　48, 49, 189

黒柳米司　108, 109, 114, 117, 123
小泉純一郎　247
江青（Jian Qing）　154
江沢民（Jiang Ze-min）　160
ゴー・チョクトン（Goh Chok Tong）　96
小島清　21
小谷汪之　4
小段文一　6
小林伸夫　86
小山正久　144
胡耀邦（Hu Yao-bang）　159
ゴルバチョフ（Gorbachev, M.）　152, 159, 214, 217

〈サ 行〉

蔡英文（Tsai Ing-wen）　92, 93
坂田幹男　101, 170, 174, 192, 225, 227
佐藤隆広　196, 197
周恩来（Zhou En-lai）　18, 151, 154, 159
習近平（Xi Jin-ping）　91, 179
蔣介石（Chiang Kai-shek）　81
蔣経国（Chiang Ching-kuo）　87
進藤榮一　248
末廣昭　37
スカルノ（Sukarno）　105
杉谷滋　93, 94, 188
助川成也　121, 124
スティグリッツ（Stiglitz, J. E.）　177
スハルト（Suharto）　28, 43, 105
孫文（Sun Wen）　80

〈タ 行〉

高橋和　261
谷口誠　247
タン（Tan, G.）　21
チャーチル（Churchill, W.）　44
チャチャイ（Chitchai, W.）　28
趙甲済（Cho Gap-jae）　65

人名索引

張作霖（Zhang Zuo-lin） 80
張春橋（Zhang Chun-qiao） 154
趙紫陽（Zhao Zi-yang） 158, 159
鄭周永（Chung Ju-young） 71
全斗煥（Chun Doo-hwan） 40, 67
陳水扁（Chen Shui-bian） 89
丁士晟（Ding Shi-cheng） 220
涂照彦（Twu Jaw-yann） 85, 86
鄧小平（Deng Xiao-ping） 150, 151, 156
藤間丈夫 218
ドッブ（Dobb, M.） 13, 187

〈ナ 行〉

西口章雄 193
ヌルクセ（Nurkse, R.） 6, 7
ネルー（Nehru, Jawaharlal） 187, 190, 196
盧泰愚（Roh Tae-woo） 215
盧武鉉（Roh Moo-hyun） 73

〈ハ 行〉

ハーシュマン（Hirschman, A. O.） 7, 156
バーノン（Vernon, R.） 22
ハーパー（Halper, S.） 176
朴　一（Park Il） 71
朴槿恵（Park Geun-hye） 65
朴正熙（Park Chung-hee） 19, 36, 40, 64, 65, 68
服部民夫 41
玄永錫（Hyun Toung-suk） 18
平川均 248, 259
バラッサ（Balassa, B.） 120
バラン（Baran, P.） 13, 187
ピケティ（Piketty, T.） 39, 181
ブーケ（Boeke, J. H.） 6
プーチン（Putin, V.） 230
フーバー（Hoover, C. B.） 189
ブーメディエン（Boumedienne, H.） 44
福山龍 179
ブッシュ（Bush, G. W.） 232
フルシチョフ（Khrushchev, N. S.） 152
プレオブラジェンスキー（Preobrazhenskii, E.） 189
プレビッシュ（Prebisch, R.） 15
ブレマー（Bremmer, I.） 173, 174
フン・セン（Fun Sen） 111
彭徳懐（Peng De-huai） 151
本多健吉 31

〈マ 行〉

馬英九（Ma Ying-jeou） 91
前田啓一 261
マハティール（Mahathir, M.） 38
マハラノビス（Mahalanobis, P. C.） 186, 187
丸川知雄 176
マルクス（Mark, K.） 2-4
ミュールダール（Myrdal, G.） 8
毛沢東（Mao Ze-dong） 148, 150, 151
モディ（Modi, N.） 199, 201, 210, 212

〈ヤ 行〉

山影進 104
山崎恭平 197
山澤逸平 21
山下英次 253
姚文元（Yao Wen-yuan） 154
吉野文雄 123

〈ラ 行〉

ラッフルズ（Raffles, T. S.） 93
李克強（Li Ke-qiang） 171
李登輝（Lee Teng-hui） 87, 88
リー・クアンユウ（Lee Kuan-yew） 12, 28, 38, 94-96, 100
リー・シェロン（Lee Hsien Loong） 96
劉少奇（Liu Shao-qi） 150, 151
凌星光（Ling Xin-guang） 153, 161, 162
林彪（Lin Biao） 154

〈ワ 行〉

渡辺利夫 21, 23

事項索引

〈アルファベット〉

ACFTA（ASEAN中国自由貿易協定）　170
ACMECS（エーヤワディ・チャオプラヤ・メコン経済協力戦略会議）　135
ADB（アジア開発銀行）　136, 171, 172
AFTA（ASEAN自由貿易地域）　109, 125
AFTAプラス　122-125, 253
AIIB（アジアインフラ投資銀行）　170-172
AMF（アジア通貨基金）構想　113
APEC（アジア太平洋経済協力）　250
　　——シアトル会議　250
　　——ボゴール宣言　250
ARF→ASEAN地域フォーラム
ASEAN中国自由貿易協定→ACFTA
ASEAN（東南アジア諸国連合）
　　——安全保障共同体　115, 117
　　——共通有効特恵関税（CEPT）スキーム　124
　　——共同体　103, 121, 126, 248
　　——経済共同体　103, 115, 120-124, 145, 253
　　——経済共同体・ブループリント　121, 122
　　——憲章　115, 117, 118
　　——後発加盟国（CLMV）　123
　　——社会・文化共同体　115, 119
　　——政治・安全保障共同体　118-120
　　——地域フォーラム　109
　　——特恵貿易取り決め協定（PTA）　108
　　——媒介論　253
　　——ビジョン2020　114
　　——物品貿易協定（ATIGA）　124
ASEANの
　　——サービス貿易　121
　　——全会一致の原則　117, 118, 125
　　——内政不干渉　117, 118, 125
　　——二層構造　123, 124, 127-129, 138, 144, 145, 253, 254
　　——ハノイ行動計画　114
　　——バンコク宣言　107
　　——ビエンチャン行動計画　115, 116
　　——人の移動　121
　　——BBCスキーム協定　108
　　——輸出指向工業化　110
ASEAN諸国の貿易統計　140
ASEAN Way　117, 126, 253
　　——のジレンマ　253
ASEAN10　104, 110
ASEAN＋3　201, 255-257
ASEAN＋6　202, 256, 257
ASEAN 4　20, 21, 125, 129, 155
ASEANディバイド→ASEANの二層構造
ASEM（アジア欧州会議）　110
ATIGA→ASEAN物品貿易協定
BBCスキーム協定→ASEANの
BRICs　199
CAFTA→中国・ASEAN自由貿易地域
CEPT→ASEAN共通有効特恵関税
CLMV諸国→ASEAN後発加盟国
EAC→東アジア共同体
EC→欧州共同体
ECFA→海峡両岸経済協力枠組み協定
ECSC→欧州石炭鉄鋼共同体
EEC→欧州経済共同体
EPZ→輸出加工区
EU→欧州連合
EURATOM→欧州原子力共同体
FDI→海外直接投資
FTA（自由貿易協定）　243
FTAAP→アジア・太平洋自由貿易圏
GATT　15, 243
GATTの
　　——ウルグアイ・ラウンド　108, 250
　　——相互主義　16
　　——低開発条項　16
　　——24条　243
GMSプログラム（大メコン圏開発計画）　30,

事項索引　*271*

　　135-138
GSP（一般特恵関税制度）　16
HID→人間開発指数
HPAEs　10, 11
IAEA→国際原子力機関
IMF・GATT体制　15, 44, 242
IMF（国際通貨基金）　53-55
IMFの
　——SDR（特別引き出し権）　173
　——構造調整プログラム　54
　——構造調整融資　53, 195, 196
　——コンディショナリティー　53, 54, 177
　——8条国　198
JETRO（日本貿易振興機構）　27, 239
KEDO（朝鮮半島エネルギー開発機構）　232
LLDC　46
MSAC　46
NAIC型工業化→ラオスの
NEAFTA→北東アジア自由貿易圏
NICs（新興工業国）　8-10, 31, 101, 155
NIEO→新国際経済秩序
NIES（新興工業経済群）　8, 15, 20, 31, 59-62, 101
OBM　85
ODM　85
OECD（経済協力開発機構）　1, 8, 155
OEM　85
OPEC（石油輸出国機構）　45
RCEP（東アジア地域包括的経済連携）　201, 256-258
TFP→全要素生産性
TPP（環太平洋経済連携協定）　251, 252, 257-259
UNCTAD（国連貿易開発会議）　15, 16, 44
UNDP（国連開発計画）　220-222
Win-Win関係→経済的Win-Win関係
WTO　47, 241
TRIM協定　108
WTOプラス　241, 255, 258

〈ア　行〉

アジア
　——インフラ投資銀行→AIIB
　——欧州会議→ASEM
　——開発銀行→ADB
　——経済危機→東アジア経済危機
　——通貨危機→東アジア経済危機
　——通貨基金構想→AMF構想
アジア・太平洋
　——経済協力→APEC
　——自由貿易圏（FTAAP）　250, 258
アジア的
　——専制主義　3
　——停滞（論）　1, 3, 5
アセアン（東南アジア諸国連合）→ASEAN
圧縮された発展　16, 18, 78
イギリス・東インド会社　184
委託加工取引　26
一次産品の交易条件不利化傾向　14, 186
一般特恵関税制度→GSP
インドシナ戦争　106
インドネシアの
　——「9・30事件」　105
　——通貨危機　111
インドの
　——IT産業　200
　——インフラ整備計画　203
　——エネルギー問題　209
　——黄金の四角形　203
　——カースト制度　199
　——環境問題　209
　——観光資源　210
　——ガンディー家の悲劇　196
　——金融自由化　198
　——高速鉄道建設計画　211
　——国民会議派　185, 186
　——混合経済　188
　——自動車産業　200
　——資本自由化　197
　——食糧問題　208
　——自立的国民経済→自立的国民経済
　——新経済政策　194, 196, 198
　——新農業戦略　191
　——人口問題　204, 205
　——第13次5カ年計画　203

──地域貿易協定（RTA） 204
──チェンナイ・バンガロール間産業回廊構想 201
──デリー・ムンバイ間産業大動脈構想 201
──土地改革 186, 191
──農業近代化 191, 192
──ヒンドゥ成長率 194
──貿易依存度 197
──緑の革命 191, 192
──民主主義 199, 210
──モディノミックス 201
──輸入代替工業化 184-186, 190, 193
──輸出指向工業化 194
──ライセンス・ラージ 190, 193
──累積債務 194
印パ戦争 195
鵜飼経済圏 31
迂回輸出（基地） 31, 32
ウルグアイ・ラウンド→GATTの
エートス 2
オイルショック 45, 46
欧州
　　──共同体（EC） 120, 245
　　──[諸]共同体（EC） 120, 244, 246
　　──経済共同体（EEC） 120, 244, 246
　　──原子力共同体（EURATOM） 246
　　──石炭鉄鋼共同体（ECSC） 246
　　──連合（EU） 120, 244-246
オフショア市場 50, 51
オランダ病 139, 141, 142

〈カ 行〉

海外直接投資（FDA） 21, 22
海峡両岸経済協力枠組み協定（ECFA） 89, 91
下位地域協力 261
開発主義
　　──国家 19, 35
　　──体制 35, 61, 84, 174, 176
　　──体制の後遺症 42
開発独裁 37
華僑・華人 29, 38, 62, 63
華人経済圏 63

華南経済圏 24, 27
韓国経済サンドイッチ論 77
韓国の
　　──OECD加盟 19, 34, 77
　　──漢江の奇跡 215
　　──官治金融 52
　　──業種別専門化政策 47, 69
　　──組立型工業化 40, 41, 77
　　──経済危機 52, 53, 69
　　──権威主義体制→権威主義体制
　　──現代（HYUN DAI）財閥（グループ） 71
　　──現代自動車 17
　　──光州事件 40
　　──構造改革 54, 70
　　──国連加盟 216
　　──コスダック（KOSDAQ） 72
　　──財閥（チェボル） 53, 67, 68
　　──財閥改革 54
　　──産業合理化措置 19
　　──三星（SAM SUNG）財閥（グループ） 52, 57
　　──三低景気（三低現象） 68
　　──自殺率 78
　　──指導される資本主義 66, 162
　　──自動車産業 17, 18, 52
　　──重化学工業化宣言 19, 68
　　──首都移転計画 41
　　──首都圏人口 41
　　──新行政都市（世宗特別市） 41
　　──人口集中の悪循環 40
　　──セマウル運動 66
　　──大宇（DAE WOO）財閥 71
　　──対中貿易依存度 76
　　──蛸足経営 41, 69
　　──地域格差 79
　　──チャイナ・エクソダス 166
　　──チャイナ・ラッシュ 73, 166
　　──土地改革（農地改革） 66
　　──韓宝（HAN PO）財閥 52
　　──不正蓄財処理政策 64
　　──不良債権処理 70
　　──包容（太陽）政策 231

事項索引　273

────馬山輸出自由地域　22
────民主化宣言　37
────輸出指向工業化　41
────輸入先多角化品目制度　19
雁行形態　12, 20-22, 49, 207
────からの離脱　56
関税同盟　243
韓ソ国交樹立　215
環太平洋経済連携協定→TPP
カントリー・リスク　32, 60, 61
環日本海経済圏構想→北東アジア経済圏構想
カンボジアの
────ASEAN加盟　111
────内戦　128
────比較優位産業　142
カンボジア和平　29
北朝鮮の
────核開発問題　226, 231, 232
────経済特区　216
────合営法　221
────国連加盟　216
────主体思想　229
────瀬戸際外交　232
────労働力輸出　218
機能的地域統合　125, 244-246, 253
キャッチ・アップ型工業化　33, 133
局地経済圏　23, 227, 238
局地的市場圏　23
共同体　245, 246
均衡（均整）成長論　7, 188
クズネッツ曲線（逆U字仮説）　39, 180, 181
組立加工型工業化　40
グローカリゼーション　216
クローニー・キャピタリズム　42, 43
グローバリズム　55, 177, 249
グローバリズムのビッグ・ウェーブ　249, 251, 256, 262
グローバリゼーション　55, 249
グローバル・スタンダード　42, 47, 53, 56, 244, 249
経済協力開発機構→OECD
経済的

────Win-Win関係　238, 244, 253, 262
────補完関係　23, 217-219, 226, 229
経済特区　22
経済連携協定→EPA
権威主義体制　11, 35-38, 61, 64, 84, 94-96, 100, 178
構造的脆弱性　54, 55
後発性の利益　16-19
国際稲作研究所（IRRI）　192
国際原子力機関（IAEA）　232
国際短期資金（ホット・マネー）　50
国際通貨基金→IMF
国連
────開発計画→UNDP
────資源特別総会　45
────貿易開発会議→UNCTAD
国家資本主義　11, 173, 174, 176, 259
国家主権　243-245, 256
────の相対化　245, 253
国家主導型発展　36, 61, 67, 179
ゴルバチョフの
────ウラジオストク演説　214
────クラスノヤルスク演説　214
────中国訪問　159
────ペレストロイカ　214
混合経済→インドの

〈サ　行〉

債務不履行（デフォルト）　14, 194
サブ・リージョン　238, 240, 261
サポーティング・インダストリー（裾野産業）　41
産業構造の高度化　20, 24, 68, 207
三大経済回廊　135-138
資源ナショナリズム　45
ジニ係数→中国の
資本主義の全般的危機論　189
社会主義的本源的蓄積論　189
社会的生産知識体系→北東アジアの
重工業優先発展論　13, 186, 187
重層的追跡過程　21
儒教　62, 230

——経済圏　229
　——文化圏　62, 229
植民地近代化論　62
自立的国民経済　13, 184, 185
自由貿易協定→FTA
小国モデル　132
シンガポールの
　——権威主義体制→権威主義体制
　——ジュロン工業団地　22, 95, 97
　——人口分類　98
　——人種暴動事件　99
　——人民行動党（PAP）　12, 94, 96, 100
　——選挙制度　100
　——全国賃金評議会　95
　——トレード・ネット　97
　——輸出志向工業化　95
　——中継貿易　97
新興工業経済群→NIES
新興工業国→NICs
新興市場→BRICs
人口オーナス　204, 205
人口ボーナス　204, 205
新国際経済秩序（NIEO）　44, 45
裾野産業→サポーティング・インダストリー
生産ネットワーク→東アジア
成長の三角地帯　28, 96
成長のトライアングル構造→太平洋
制度的地域統合　125, 243-248, 252, 256, 261
世界銀行　1, 10, 155
　——報告書（世銀報告書）　10, 11, 36, 38, 61
世界貿易機関→WTO
石油輸出国機構→OPEC
前方・後方連関効果　38, 39, 156
全要素生産性（TFP）　48, 49
村落共同体　3-5

〈タ　行〉

大競争時代　56, 58, 260
大国モデル　132
第三世界　44, 45
第2 ASEAN共和宣言　121
タイプラス1　130, 133

タイの
　——オフショア市場→オフショア市場
　——外貨準備　51
　——外資導入政策　51
　——地場産業保護　50
　——直接投資規制　50
　——通貨危機　50-52
　——バブル経済　51
太平洋（成長の）トライアングル構造　30, 260
大マレーシア構想　105
大メコン圏開発計画→GMSプログラム
台湾
　——共和国　83
　——経験　86
　——独立　83, 92
台湾の
　——戒厳令　38, 84, 87
　——外省人　80, 82
　——金融改革　88
　——経済計画　87
　——権威主義体制→権威主義体制
　——国民党　80-83, 87-89, 91, 92
　——新竹科学工業園区　86
　——新南向政策　93
　——重化学工業化　85
　——10大項目建設計画　86
　——12大項目建設計画　86
　——中小企業　85
　——電子産業　85, 88
　——独裁体制　84
　——土地改革　84
　——2・28事件　82
　——ひまわり学生運動　92
　——本省人　80, 82
　——民主進歩党（民進党）　83, 87, 89, 92
　——輸出加工区　85
　——輸出指向工業化　12, 85
多国籍企業　20, 22, 97
脱・ナショナリズム　242
ダブル・スタンダード（二重基準）　42-44, 46, 70, 178
地域主義→リージョナリズム

事項索引

チェンマイ・イニシアティブ　113
チャイナ
　——エクソダス　166
　——プラス1　133, 134, 145
　——リスク　134
チャイニーズ・ネットワーク　29, 62, 63, 88
中国・ASEAN自由貿易協定→ACFTA
中国の
　——「一帯一路」（シルクロード経済圏）構想　170-173
　——「失われた10年」　154
　——沿海地域発展戦略　158, 160
　——延辺朝鮮族自治州　224
　——改革・開放政策　110, 156
　——外資導入政策　162, 163
　——核実験　155
　——郷鎮企業　26, 158
　——経済調整期　150, 152
　——経済特区　24, 158
　——紅衛兵　151, 153
　——「国進民退」論と「国退民進」論　173, 175, 176
　——市場経済化の「第三局面」　163, 165
　——ジニ係数　180, 181
　——社会主義市場経済　160-162, 178
　——社会主義初級段階論　158-160
　——重工業優先発展戦略　148, 152
　——周四原則　18
　——自力更生路線　24
　——新動態（ニューノーマル）　180, 182
　——人民公社　26, 148, 149, 158
　——選別的外資導入政策　163
　——対外開放都市　158
　——第1次5カ年計画　148
　——第2次5カ年計画　148, 149
　——第13次5カ年計画　180, 182
　——対日貿易依存度　235
　——大躍進　148-150
　——台湾同胞投資奨励規定　27, 88
　——WTO加盟　178
　——朝鮮族　218
　——天安門事件　159, 160
　——鄧小平の「先富論」　156, 157
　——鄧小平の「南巡講話」　27, 110, 160, 161
　——東北現象　220
　——東北振興　231
　——独占禁止法　179
　——農家生産請負制　26, 158
　——農業基礎論　152
　——海爾（ハイアール）　170
　——非市場経済措置　178, 255
　——一人っ子政策　183
　——華為（ファー・ウエイ）　165
　——文化大革命　150-154
　——法人税　163, 165
　——輸出指向工業化　154, 157
　——輸入代替工業化　152
　——4つの現代化　154, 157
　——四人組　151
　——労働契約法　165
　——和平演変論　160
中国ファクター　254
中国包囲網　259
中国モデル　173, 176, 178-180
中所得国の罠　24, 27, 95, 206
中ソ対立　152
朝鮮戦争　148, 214
朝鮮半島エネルギー開発機構→KEDO
朝鮮半島の
　——緊張　231
　——南北経済交流　215
　——南北首脳会談　231
　——分断　227
チンタナカーン・マイ→ラオスの
通貨スワップ協定　114
低開発
　——均衡　7
　——条項→GATTの
低所得均衡　6
ドイ・モイ→ベトナムの
東西経済回廊　30, 203
東西問題　44
東南アジア
　——諸国連合→ASEAN

──友好協力条約　107
都市国家　12, 97, 98
ドップ＝マハラノビス・モデル　187
図們江（豆満江）　220, 223
　──経済開発区（大三角地帯）　220, 221
　──国際自由貿易区（小三角地帯）　220-222
　──国際自由貿易港　223
　──地域開発計画　220-226
　──地域開発株式会社　224
　──地域開発計画管理委員会　222-225
　──地域開発調査報告書　221, 223
　──書記局　225
トリクルダウン（効果）仮説　39, 180

〈ナ　行〉

ナショナリズム　242, 243
ナショナル・スタンダード　42, 53
77カ国グループ（G・77）　46
南巡講話→中国の鄧小平の
軟性国家　8
南部経済回廊　136
南北
　──経済回廊　30, 136
　──問題　15, 44-46
南南問題　46
二重基準→ダブル・スタンダード
二重社会　6
日印
　──経済連携協定　204
　──戦略的グローバル・パートナーシップ　210
　──特別戦略的グローバル・パートナーシップ　210
日韓FTA交渉　238
日中「コア・パートナーシップ」論　255
日中国交回復　79
日本海の呼称問題　228
日本の
　──資本主義的工業化　9, 10
　──殖産興業政策　9
　──対外直接投資　110
　──対中直接投資　73

　──対中貿易依存度　234
　──地域格差　40
　──地租改正　9
　──領土問題　213
人間開発指数（HID）　130, 132
農業インボリューション　6

〈ハ　行〉

バーツ経済圏（インドシナ経済圏）　28
ハイコスト・エコノミー　12, 13, 184, 193, 194
パラダイム転換　9
バングラデシュの独立　195
反グローバリズム　176, 177
比較優位　20
　──産業の育成　132, 142-144
　──の位階構造　21
東アジア
　──共同体（EAC）　245-248, 256
　──経済危機　43, 49, 111-113, 255
　──広域自由貿易圏　103
　──コミュニティ構想　247
　──生産ネットワーク　33, 56, 77, 202, 239
　──地域包括的経済連携→RCEP
　──ビジョン・グループ　247
　──モデル　10, 11, 38, 43, 49, 178
東アジアの奇跡　10, 11, 35, 48, 178
東ASEAN経済圏構想　30
ビジネス・アライアンス　239
ビジネス難易度ランク　129, 132
非同盟諸国　44
1つの中国　81, 83, 87, 91
貧困の悪循環　6, 7
ファブレス企業　57
不均衡成長論　7, 38-40, 156
2つの中国　83
ブミプトラ政策→マレーシアの
プラザ合意　31, 32, 110, 130
プレア・ビヒア寺院　119
ブレトン・ウッズ体制→IMF・GATT体制
プレビッシュ報告　15
プロダクト・ライフ・サイクル論　22
ブロック経済化　242

事項索引　277

分裂効果　50
米朝枠組み合意　231, 232
北京コンセンサス　176
ヘッジ・ファンド　52
ベトナム戦争　106, 128
ベトナムの
　　——ASEAN加盟　111
　　——華僑・華人　29
　　——カンボジア撤退　29
　　——ドイ・モイ　28, 110
ペレストロイカ→ゴルバチョフの
北東アジア
　　——経済圏構想　216, 219, 221
　　——自由貿易圏（NEAFTA）　237
北東アジアの
　　——経済的補完関係→経済的補完関係
　　——社会的生産知識体系　228
　　——人的交流　235-237
　　——相互貿易　234
　　——多国間協力　219, 226
　　——二国間経済連携　233, 234
　　——特殊性　227-229
ホット・マネー→国際短期資金
香港の
　　——委託加工取引　26, 27
　　——産業構造　24

〈マ　行〉

マレーシアの
　　——通貨危機　112, 113
　　——ブミプトラ政策　38, 94, 112, 125
緑の革命→インドの
南シナ海
　　——行動規範　253, 254
　　——行動宣言　254
ミャンマーの
　　——軍事政権　125, 135
　　——ティラワ経済特区　135
　　——貿易構造　142
民際交流　216
ミラクル・ライス（IR-8）　192
メガFTA時代　202, 249, 258

メコン圏　135
メコン広域圏→大メコン圏
メコン川国際橋　29
モデュラー
　　——型アーキテクチャー　56
　　——生産ネットワーク　57
モノイクスポート　5, 13
モノカルチャー　5, 13

〈ヤ　行〉

ユーラシア・ランド・ブリッジ　218, 223
ユーロ・セントリズム　5
ユーロ・リージョン　261
輸出加工区（EPZ）　22
輸出指向工業化　12, 15, 20
輸出自由地域　22
輸入代替工業化　12, 13

〈ラ　行〉

ラオスの
　　——AEAN加盟　111
　　——主要貿易相手国　141
　　——チンタナカーン・マイ　28, 111
　　——NAIC型工業化　133
　　——農業　133
リージョナリズム　241-247
リーマン・ショック　73
ルイスの転換点　206
累積債務　53
冷戦構造　44, 45, 214, 249
　　——の溶解　216, 226, 249
歴史的中国機会　28, 72, 88, 89, 147
レント・シーキング　42, 43
ローカル・コンテンツ規制　108
労働集約的産業　20
ロシアの
　　——極東地域の天然資源　229
　　——ペレストロイカ→ゴルバチョフの

〈ワ　行〉

ワシントン・コンセンサス　54, 176, 177, 196

《著者紹介》

坂田　幹男（さかた　みきお）

 1949年　山口県生まれ.
 1980年　大阪市立大学大学院経済学研究科博士後期課程単位取得満期退学.
     経済学博士.
     福井県立大学経済学部教授・副学長を経て，大阪商業大学大学院教授.
     現在，福井県立大学名誉教授.
 専　門　アジア経済論，開発経済論.
 主　著　『グローバリズムと国家資本主義』御茶の水書房，2015年.
     『ベーシック・アジア経済論』晃洋書房，2013年.
     『東アジアの地域経済連携と日本』（共編著）晃洋書房，2012年.
     『開発経済論の検証』国際書院，2011年.
     『中国経済の成長と東アジアの発展』（編著）ミネルヴァ書房，2009年.
     『北東アジア経済論』ミネルヴァ書房，2001年.
     『北東アジアの未来像』（共著）新評論，1998年.
     『アジア経済を学ぶ人のために』（共編著）世界思想社，1996年，ほか.

内山　怜和（うちやま　れお）

 1985年　福岡県生まれ.
 2014年　福井県立大学大学院経済・経営学研究科博士後期課程修了.
     博士（経済学）.
     大阪商業大学比較地域研究所嘱託研究員を経て
     2015年より，桃山学院大学経済学部講師.
 専　門　アジア経済論，ASEAN経済論.
 主　著　「新興メコン（CLMV）諸国の現状と将来展望」坂田幹男・唱新編『東アジア新興市場と地場産業』晃洋書房，2015年.
     「ASEAN市場統合とラオスの開発戦略」『経済経営研究』（福井県立大学）第29号，2013年.
     「メコン圏後発国における比較優位産業の育成」北東アジア学会編『北東アジア地域研究』第19号，2013年.
     「ASEANの市場統合と大メコン圏開発」坂田幹男・唱新編『東アジアの地域経済連携と日本』晃洋書房，2012年，ほか.

アジア経済の変貌とグローバル化

2016年11月20日　初版第 1 刷発行	＊定価はカバーに
2023年 4 月15日　初版第 2 刷発行	表示してあります

著　者	坂　田　幹　男 ⓒ
	内　山　怜　和
発行者	萩　原　淳　平
印刷者	河　野　俊一郎

発行所　株式会社　晃 洋 書 房

〒615-0026　京都市右京区西院北矢掛町 7 番地
電話　075(312)0788番(代)
振替口座　01040-6-32280

ISBN 978-4-7710-2791-6　　印刷・製本　西濃印刷㈱

|JCOPY|〈㈳出版者著作権管理機構　委託出版物〉

本書の無断複写は著作権法上での例外を除き禁じられています．
複写される場合は，そのつど事前に，㈳出版者著作権管理機構
(電話 03-5244-5088, FAX 03-5244-5089, e-mail:info@jcopy.or.jp)
の許諾を得てください．

晃洋書房　好評既刊書籍

西口清勝・西澤信善　編著
メコン地域開発とASEAN共同体
――域内格差の是正を目指して――

菊判／418頁／定価4,800円（税別）

坂田幹男・唱新　編著
東アジア新興市場と地場産業
――地方中小企業と東アジアの経済共生――

A5判／326頁／定価3,800円（税別）

坂田幹男・唱新　編著
東アジアの地域経済連携と日本

A5判／284頁／定価2,800円（税別）

松野周治・今田治・林松国　編著
東アジアの地域経済発展と中小企業

A5判／260頁／定価2,900円（税別）

唱新　著
AIIBの発足とASEAN経済共同体

四六判／232頁／定価2,500円（税別）

佐々木信彰　編著
現代中国の産業と企業

A5判／232頁／定価2,800円（税別）

坂田幹男　著
ベーシック アジア経済論

A5判／232頁／定価2,300円（税別）